贵阳文化资源利用与文化园区发展研究

Research on the Utilization of Cultural Resources and the Development of Cultural Parks in Guiyang

王伟杰 著

中国科学技术大学出版社

内 容 简 介

多彩贵州文化资源是贵州民族文化产业发展的重要基础,也是实现贵州文化大发展大繁荣的重要保障。作为贵州省的首府和黔中城市群中心城市的贵阳市,拥有多姿多彩的文化资源。随着贵州改革开放程度的加深和文化产业的发展,贵阳市形成了以多彩贵州城、多彩贵州文化创意产业园、孔学堂、青岩古镇等为代表的文化园区(街区)。这些文化园区(街区)走出了一条适合贵阳市发展的道路,但也有园区存在着盈利模式单一、发展后劲不足、亏损严重等问题,亟待改变发展方式,将社会效益和经济效益有机结合起来,走差异化的发展道路。本书利用文献资料法、实地调研法、定性研究与定量研究相结合、比较研究法、态势分析法等,在对文化资源开发利用与文化园区发展进行理论研究的基础上,对贵阳市所有文化园区进行了摸底调研,详细分析了其开发思路、发展现状、发展经验、存在问题以及未来发展对策,以给中西部城市利用自身文化资源进行文化园区发展提供经验借鉴和指导。

图书在版编目(CIP)数据

贵阳文化资源利用与文化园区发展研究/王伟杰著. —合肥:中国科学技术大学出版社,2020.3

ISBN 978-7-312-04540-0

Ⅰ.贵… Ⅱ.王… Ⅲ.地方文化—文化产业—产业发展—研究—贵阳　Ⅳ.G127.731

中国版本图书馆 CIP 数据核字(2018)第 198355 号

出版	中国科学技术大学出版社 安徽省合肥市金寨路 96 号,230026 http://press.ustc.edu.cn https://zgkxjsdxcbs.tmall.com
印刷	合肥华苑印刷包装有限公司
发行	中国科学技术大学出版社
经销	全国新华书店
开本	710 mm×1000 mm　1/16
印张	12.25
字数	247 千
版次	2020 年 3 月第 1 版
印次	2020 年 3 月第 1 次印刷
定价	50.00 元

基 金 支 持

2016年孔学堂课题招标研究项目"中华文化传播示范区建设研究：以孔学堂为例"阶段性成果

2017年贵州省哲学社会科学十大创新团队"少数民族非遗传承创新研究团队"阶段性建设成果

贵州省区域一流学科"贵州民族大学社会学"阶段性建设成果

贵州民族大学社会学学科博士点建设阶段性成果

国家民委人文社科重点研究基地南方少数民族非物质文化遗产研究基地阶段性建设成果

贵州民族大学人文科技学院特色重点学科"民俗学（非物质文化遗产）"建设成果

序　　言

　　文化是人类的全部精神活动及产品,文化在人们的生活中有着不可或缺的作用,伴随着我们生活的始终。2017年10月18日,党的十九大报告指出了我国现阶段的主要矛盾已经转化为人民日益增长的美好生活需求和不平衡不充分的发展之间的矛盾,主要矛盾的转化体现出了我国的社会经济在不断发展,人们的生活水平在不断提高,人们的追求不再仅仅停留在物质层面,对精神文化层面的追求也越来越重视,因此大力促进文化产业又好又快地向前发展,为广大人民群众提供喜闻乐见的精神文化产品和服务,逐步成为中国特色社会主义新时代文化建设中的重要任务。

　　随着我国经济社会的快速发展,中华人民共和国文化和旅游部及相关部门对文化产业的发展高度重视,先后制定了一系列有利于文化产业发展的政策和规划纲要,使得文化产业的发展取得了重大成就,文化事业和文化产业正处于蓬勃发展的新阶段。贵阳市作为一个文化资源大省的省会城市,文化资源类型多样且数量丰富,近年来文化园区如雨后春笋般出现。当今世界正处于信息网络蓬勃发展的时代,信息化、数据化发展快速席卷全球,大数据、云计算、物联网等开始进入人们的日常生活并飞速发展,互联网的发展迈上了一个新台阶。随着改革开放进程的逐步加快,贵阳市不断加快创新型城市建设,按照创新、协调、绿色、开放、共享的发展理念,推动信息化与实体经济深度融合发展,并制定实施大数据战略、"互联网+"等行动计划,出台了一系列重大举措,为网络信息时代的文化产业发展保驾护航。

　　目前,贵阳市文化产业的发展正迎来"高铁时代""大数据时代""轻轨时代"等多方面的发展机遇,贵州省也在大力实施多彩贵州民族特色文化强省建设工程,其文化产业的发展呈现出一片良好的态势,亟待开展文化资源保护与利用、文化产业助推与发展、文化园区建设与繁荣等相关领域的学术研究,为推动贵州文化产业的发展提供智力支持。本书主要是立足于贵阳市文化资源开发与利用这个主题而进行的研究,是我国较早对贵阳市文化资源进行保护、开发、利用研究的学术专著。本书以贵阳市为例,介绍了贵州省多元化多民族的多彩贵州文化资源,指出了在面临着巨大历史发展机遇的条件下,贵阳市文化资源的开发模式越来越多,"文化+旅游""文化+大数据""文化+科技""文化+大扶贫"等一系列融合创新发展模式相继出现,催生了一些新生文化业态。作者通过对不同文化代表的8个文化园区进行实地调研,分析了每个园区的文化由来、产品设计、发展现状,并提出了具体的发展对策,这将对促进贵阳文化产业稳定快速健康地发展起到重要推动作用,为如何保护、传承和利用多彩贵州文化资源等提供了经验借鉴和实践案例,也为一些城市建设和发展文化园区提供了众多值得借鉴的发展经验。

文化资源是文化产业发展的基础,文化创意是文化产业发展的核心,文化科技是文化产业发展的依托,而如何在文化资源开发过程中,利用我国的文化资源禀赋优势,将以文化创意为核心体现出来,并探索出具有切实可行的发展措施,是文化产业发展实践中广泛关注的重要问题。本书虽然在一定程度上分析了贵阳市文化资源的开发模式,也具体地对贵阳市及周边文化资源进行了发展模式探讨、发展经验总结、发展问题分析和发展路径探析,弥补了贵阳市文化资源开发利用研究的空缺,但不足之处是针对不同的文化资源类型,未能结合文化园区探索出可操作性较高的发展路径。总体来说,本书是一本可以为城市文化园区建设发展提供经验借鉴和实践指导的专著,具有较大的学术意义和极大的现实意义。

肖远平

2018年3月

目　录

序言 …………………………………………………………………………（ i ）

绪论 ………………………………………………………………………（ 1 ）

 第一节　贵阳市文化产业发展的新背景 ……………………………（ 1 ）
  一、大数据时代的到来 ………………………………………………（ 2 ）
  二、全域旅游概念的提出 ……………………………………………（ 2 ）
  三、高铁时代的到来 …………………………………………………（ 4 ）
 第二节　文化资源与文化园区 ………………………………………（ 5 ）
  一、文化资源 …………………………………………………………（ 5 ）
  二、文化园区 …………………………………………………………（ 6 ）
 第三节　国内外文化资源与文化园区发展相关研究 ………………（ 7 ）
  一、国外文化资源与文化园区的发展相关研究 ……………………（ 7 ）
  二、国内文化资源与文化园区的发展相关研究 ……………………（ 8 ）

第一章　贵阳市文化资源与文化产业发展 ……………………………（ 10 ）

 第一节　贵阳市文化资源类型及典型代表 …………………………（ 10 ）
  一、哲学思想文化 ……………………………………………………（ 10 ）
  二、历史文化资源 ……………………………………………………（ 11 ）
  三、红色文化资源 ……………………………………………………（ 12 ）
  四、民俗文化资源 ……………………………………………………（ 13 ）
 第二节　贵阳市文化资源开发利用经验总结 ………………………（ 13 ）
  一、政府高度重视并制定文化发展规划 ……………………………（ 14 ）
  二、"文化＋"创新模式助推文化产业多元化发展 …………………（ 14 ）
  三、传统媒介与新兴媒介相结合，文化品牌宣传力度加大 …………（ 15 ）
  四、完善公共文化服务体系，促进公共文化资源传播 ………………（ 16 ）

五、加大财政金融支持力度,实行资金奖励政策……………………（16）
　　六、积极搭建文化消费平台,促进文化经济增长…………………（16）
 第三节　贵阳市文化产业发展中的主要问题……………………………（17）
　　一、文化资源开发程度较浅,文化产品缺乏创意性…………………（17）
　　二、文化行业定位不明确,主题不明晰………………………………（18）
　　三、文化园区集聚能力差………………………………………………（18）
　　四、文化与科技缺乏深度融合,文化产业链较短……………………（18）
　　五、缺乏专业性的文化产业专业人才…………………………………（19）
　　六、文化市场中缺乏创新性的文化企业………………………………（19）

第二章　贵阳市文化园区发展模式及发展现状……………………………（20）
 第一节　贵阳市文化园区的类型及典型代表……………………………（20）
　　一、政府主导型:以多彩贵州文化创意园为代表……………………（20）
　　二、艺术创意型:以1958文化创意园为代表………………………（21）
　　三、休闲娱乐型:以贵阳欢乐世界主题公园为代表…………………（21）
　　四、地方特色型:以夜郎谷喀斯特生态园为代表……………………（21）
　　五、文化集聚型:以贵阳孔学堂为代表………………………………（22）
 第二节　贵阳市文化园区的主要发展模式………………………………（22）
　　一、政府主导模式………………………………………………………（22）
　　二、市场参与模式………………………………………………………（23）
　　三、产业集聚模式………………………………………………………（24）
　　四、科技创新模式………………………………………………………（24）
 第三节　贵阳市文化园区发展的现状问题………………………………（25）
　　一、融资渠道不完善……………………………………………………（25）
　　二、创意人才严重不足…………………………………………………（26）
　　三、发展建设滞后于整体规划…………………………………………（26）
　　四、发展定位模糊且文化资源利用不足………………………………（27）
 第四节　新背景下贵阳市文化园区的分类发展…………………………（27）
　　一、高新技术与民族文化相结合………………………………………（27）
　　二、合理利用生态文化资源……………………………………………（28）
　　三、构建政产学研一体化合作平台……………………………………（29）

第三章　创意文化资源的利用：以多彩贵州文化创意产业园为例 （30）

第一节　多彩文创园的产品整体设计 （30）
一、多彩文创园发展的基本情况 （30）
二、多彩文创园的园区整体设计 （35）

第二节　多彩文创园发展经验探析 （40）
一、开展周末非遗节，各县市轮番登台 （40）
二、号召非遗入驻园区，形成百花齐放格局 （41）
三、签订协同创新三方协议，实现政产学研一体化发展 （41）
四、文化产业与文化事业齐飞，文化创意与文化科技交融 （42）
五、借助文博会舞台，产品研发进入新阶段 （42）

第三节　多彩文创园发展存在的问题、机遇和挑战 （43）
一、多彩文创园发展的问题 （43）
二、多彩文创园发展的机遇 （46）
三、多彩文创园发展的挑战 （48）

第四节　多彩文创园未来发展的可行路径 （49）
一、明确发展定位，加强创意性宣传 （49）
二、引入创意设计公司，注重政策优惠和倾斜 （50）
三、加大人员培训力度，构建高水平的人才队伍 （50）
四、构建产供销链式服务，形成生产销售基地 （50）
五、策划并组织文化创意商品大赛 （50）

第四章　非物质文化遗产的保护与利用：以乌当区香纸沟为例 （52）

第一节　香纸沟及其传统造纸技艺 （52）
一、香纸沟的历史文化 （53）
二、香纸沟建设基本情况 （54）

第二节　香纸沟以古法造纸进行的发展模式 （56）
一、古法造纸技艺的由来 （56）
二、古法造纸技艺的工序 （57）
三、古法造纸技艺的传承现状 （58）
四、古法造纸技艺传承的危机 （59）
五、古法造纸技艺的发展与保护 （60）

第三节　香纸沟发展经验总结及现状问题……………………………（61）
　　一、香纸沟发展的经验总结 ………………………………………（61）
　　二、香纸沟发展中的现状问题 ……………………………………（63）
第四节　香纸沟与造纸技艺互动发展对策…………………………（65）
　　一、对景区进行科学规划,明确景区发展定位 …………………（65）
　　二、加强旅游公路建设,完善基础配套设施 ……………………（65）
　　三、打造造纸文化体验区,加快博物馆场馆建设 ………………（65）
　　四、保护当地的自然环境,坚守生态的发展底线 ………………（66）
　　五、保护非遗名录,加大生产性保护基地建设力度 ……………（66）
　　六、传统媒体与新兴媒介相结合,加大景区宣传力度 …………（66）
　　七、引进文化创意人才,打造专属景区文创产品 ………………（67）

第五章　外来文化的创意性利用:以多彩贵州城极地海洋世界为例 ………（68）
第一节　多彩贵州城极地海洋世界产品设计………………………（68）
　　一、多彩贵州城极地海洋世界基本情况 …………………………（69）
　　二、多彩贵州城极地海洋世界的园区产品整体设计 ……………（72）
第二节　多彩贵州城极地海洋世界发展的基本问题………………（77）
　　一、园区整体面积过小,场馆建筑数量不足 ……………………（77）
　　二、管理亟待提升,服务队伍有待优化 …………………………（78）
　　三、动态产品不足,门票性价比低 ………………………………（78）
　　四、配套设施不完善,相关产业不发达 …………………………（78）
　　五、旅游纪念品单一,专属产品研发相对滞后 …………………（79）
　　六、游客游园时间短,二次消费明显不足 ………………………（79）
第三节　新形势下多彩贵州城极地海洋世界发展态势分析………（79）
　　一、多彩贵州城极地海洋世界发展优势 …………………………（79）
　　二、多彩贵州城极地海洋世界发展劣势 …………………………（80）
　　三、多彩贵州城极地海洋世界发展机遇 …………………………（81）
　　四、多彩贵州城极地海洋世界发展挑战 …………………………（82）
第四节　多彩贵州城极地海洋世界未来发展策划…………………（83）
　　一、明晰定位并启动后期工程建设 ………………………………（83）
　　二、构建青少年科普教育基地 ……………………………………（85）

三、加大管理及服务人员培训力度 …………………………………………（85）
　　四、提升人才队伍的质和量 ……………………………………………………（86）
　　五、开展园区管理制度改革 ……………………………………………………（86）
　　六、进行门票价格改革 …………………………………………………………（87）

第六章　红色文化的弘扬与开发：以息烽集中营景区为例 …………………（88）
第一节　息烽集中营纪念馆及其文化内涵 …………………………………（88）
　　一、息烽集中营的由来 …………………………………………………………（88）
　　二、息烽集中营纪念馆的建设发展历史 ………………………………………（90）
　　三、息烽集中营纪念馆传扬的红色文化精神内涵 ……………………………（91）
第二节　息烽集中营景区发展的基本情况及园区设计 ……………………（91）
　　一、息烽集中营景区发展的基本情况 …………………………………………（91）
　　二、息烽集中营景区的红色产品整体设计 ……………………………………（93）
第三节　公共文化服务体系下息烽集中营景区发展的主要问题 …………（96）
　　一、地理位置交通不便 …………………………………………………………（96）
　　二、园区面积较小，数字化技术利用不足 ……………………………………（97）
　　三、缺乏高端的红色旅游产品 …………………………………………………（97）
　　四、亟待凝练园区红色文化精神内涵 …………………………………………（98）
　　五、景区互动节目少，游客参与度低 …………………………………………（98）
第四节　息烽集中营景区未来发展路径研究 ………………………………（99）
　　一、走多元化发展之路，开发相关影视产品 …………………………………（99）
　　二、结合"两学一做"等精神，吸引广大党员参加红色体验 …………………（100）
　　三、提升红色文化产品质量，开发红色文化旅游纪念品 ……………………（101）
　　四、根据历史渊源定位红色文化内涵 …………………………………………（102）
　　五、改变传统陈列模式，运用现代手段展示红色旅游产品 …………………（102）
　　六、加强导游队伍建设，提升人文底蕴和革命精神氛围 ……………………（103）

第七章　夜郎文化的开发与利用：以夜郎谷喀斯特生态园为例 ……………（104）
第一节　夜郎谷园区产品的创意性设计 ……………………………………（104）
　　一、夜郎谷园区发展的基本情况 ………………………………………………（104）
　　二、夜郎谷喀斯特生态园产品整体设计 ………………………………………（109）
第二节　夜郎谷发展的基本问题 ……………………………………………（111）

vii

一、可达性极差,交通状况堪忧 ……………………………………… (111)
二、管理手段较为落后,服务人员素质有待提升 …………………… (112)
三、经济收入过于依赖门票,产业链过短 …………………………… (112)
四、主题文化亟待明晰,夜郎元素体现较弱 ………………………… (113)
五、景区配套设施太少,安全隐患较大 ……………………………… (114)
六、受周边环境影响,生态破坏较为明显 …………………………… (114)

第三节 大学城背景下的夜郎谷发展态势分析 ……………………… (115)
一、夜郎谷发展的优势 ………………………………………………… (115)
二、夜郎谷发展的机遇 ………………………………………………… (115)
三、夜郎谷发展的挑战 ………………………………………………… (116)

第四节 夜郎谷未来发展路径探析 …………………………………… (116)
一、紧扣夜郎文化,后期建设中凸显夜郎元素 ……………………… (116)
二、争取政府政策性支持,改善交通条件 …………………………… (117)
三、加大基础设施的建设力度,注重艺术性与安全性统一 ………… (118)
四、延展产业链条,合理开展吃住行购等行业 ……………………… (118)
五、加大力度继续宣传,凸显贵州本土文化 ………………………… (119)
六、加强自身管理队伍建设,提升服务质量和服务水平 …………… (120)
七、加快生态环境治理工作,与周边高校形成互补关系 …………… (121)

第八章 山水文化的开发与利用:以天河潭为例 …………………… (123)

第一节 天河潭景区产品的创意性设计 ……………………………… (123)
一、天河潭发展的基本情况 …………………………………………… (123)
二、天河潭景区依托的产品及服务 …………………………………… (126)

第二节 全域旅游背景下天河潭发展的经验及问题 ………………… (129)
一、全域旅游背景下天河潭发展的经验总结 ………………………… (129)
二、全域旅游背景下天河潭景区发展的主要问题 …………………… (130)

第三节 天河潭未来发展路径探析 …………………………………… (132)
一、以自然生态文化为核心,合理开发利用其他文化资源 ………… (132)
二、加大宣传力度,提升文化内涵和知名度 ………………………… (133)
三、合理规划周边环境,加快周边基础设施建设 …………………… (134)
四、加快旅游纪念品研发步伐,合理开发专属旅游纪念品 ………… (135)

五、优化管理服务队伍，加大员工培训培养力度 …………………………（136）

第九章　历史文化的开发与利用：以时光贵州为例 …………………………（138）

第一节　时光贵州园区产品的创意性设计 …………………………………（138）
　　一、时光贵州的基本情况 ………………………………………………（138）
　　二、时光贵州园区的整体产品设计 ……………………………………（142）

第二节　时光贵州发展的现状问题分析 ……………………………………（144）
　　一、互动性节目极少，游客参与度较低 ………………………………（144）
　　二、存在安全隐患，管理服务水平有待提高 …………………………（145）
　　三、特色纪念品较少，与其他景区纪念品雷同 ………………………（146）
　　四、主题文化亟待明晰 …………………………………………………（147）
　　五、停留时间长，亟待提升游客消费需求 ……………………………（147）

第三节　全域旅游背景下时光贵州发展的态势分析 ………………………（148）
　　一、时光贵州发展优势 …………………………………………………（148）
　　二、时光贵州发展劣势 …………………………………………………（149）
　　三、时光贵州发展机遇 …………………………………………………（150）
　　四、时光贵州发展挑战 …………………………………………………（151）

第四节　时光贵州未来发展路径研究 ………………………………………（152）
　　一、紧扣主题文化，启动三期工程建设 ………………………………（152）
　　二、构建公共文化基地，借助承担公共文化职能提升知名度 ………（152）
　　三、加大资金投入力度，完善相关基础设施 …………………………（153）
　　四、合理利用创意资源，延伸文化产业链 ……………………………（153）
　　五、传统媒体与新兴媒介相结合，进一步加大宣传力度 ……………（154）
　　六、依托大学生消费群体，丰富园区民俗节庆活动 …………………（155）

第十章　草原文化的保护与利用：以高坡景区为例 ……………………………（156）

第一节　高坡景区的创意性设计 ……………………………………………（156）
　　一、高坡景区发展的基本情况 …………………………………………（156）
　　二、高坡景区产品整体设计 ……………………………………………（159）

第二节　高坡景区发展基本模式 ……………………………………………（161）
　　一、景区现有的文化旅游发展模式 ……………………………………（161）
　　二、景区的发展经验 ……………………………………………………（163）

第三节　高坡景区发展的现状问题 …………………………………… (164)
　　一、季节性变化明显,淡旺季游客差距较大 ………………………… (165)
　　二、景区的管理及服务水平亟待进一步提升 ………………………… (165)
　　三、宣传力度明显不足,缺乏多样化营销手段 ……………………… (165)
　　四、旅游纪念品研发力度不足,二次消费疲软 ……………………… (166)
　　五、旅游景区发展与精准扶贫工程亟待有效整合 …………………… (166)
第四节　高坡景区未来发展路径探析 …………………………………… (167)
　　一、明确发展定位,进行多元化创意性宣传 ………………………… (167)
　　二、开发专属旅游纪念品,扩大文化产业发展链条 ………………… (168)
　　三、加大管理人员及服务人员培训力度,提升管理服务水平 ……… (168)
　　四、结合草场与雪场的互补模式,弱化景区季节性文化程度 ……… (169)
　　五、深化草场文化主题,加快二期三期建设进程 …………………… (169)

参考文献 ………………………………………………………………… (171)

附录 ……………………………………………………………………… (176)
　　一、花溪夜郎谷景区调研问卷 ………………………………………… (176)
　　二、极地海洋世界周一至周五节目单 ………………………………… (178)
　　三、极地海洋世界周末节目单 ………………………………………… (178)
　　四、多彩贵州城极地海洋世界旅游满意度调查问卷 ………………… (178)

绪　　论

从世界各国的事例来看,发展文化产业对城市经济的促进作用是巨大的。文化产业的繁荣在城市。① 城市是一个不断完善、变化的有机整体,城市的现代化建设是建立在城市历史基础之上。有效地保护并合理利用有限的历史文化资源,使之传承后并加以可持续利用,是城市领导者义不容辞的历史责任。②

近年来,在贵阳市委、市政府的关注和指导下,贵阳市利用自身丰富的历史文化资源与自然文化资源,借助"大数据时代""高铁时代"和"轻轨时代"来临的重大机遇,系统深入地贯彻落实科学发展观,以改革创新为动力,以满足人民群众精神文化需求为出发点和落脚点,积极推进文化大发展大繁荣的建设,文化产业取得了迅猛的发展。尤其是大数据思维下,贵阳以大数据产业为优势力量,不断发展新型文化业态,创新文化产业发展方式,使自身文化产业在历史机遇面前稳步发展,并向繁荣新兴文化产业的发展道路上大踏步迈进。

第一节　贵阳市文化产业发展的新背景

当今世界正处于信息网络蓬勃发展的时代,信息化、数据化发展快速席卷全球,大数据、云计算、物联网等开始进入人们的日常生活并飞速发展,互联网的发展迈上了一个新台阶。随着改革开放进程的逐步加快,贵阳市不断加快创新型城市的建设,按照创新、协调、绿色、开放、共享的发展理念,推动信息化与实体经济深度融合发展,并制定实施大数据战略、"互联网+"行动计划等,出台了一系列重大举措,为网络信息时代的文化产业发展保驾护航。

---

① 赵志.文化产业与都市经济发展:兼论成都市发展文化产业的意义与定位[J].西南民族大学学报(人文社会科学版),2005(12):270-272.

② 温家宝.关于城市规划建设管理的几个问题[N].人民日报,2001-07-25(1).

一、大数据时代的到来

在信息产业高速发展的过程中,随着大数据技术及应用的发展,数以万计的海量大数据蕴藏着巨大的开发价值。然而事物的发展往往都有两面性,大数据在蓬勃发展的同时也存在着诸多隐患,在复杂的网络环境下,数据泄露、数据滥用、数据窃取以及非法数据交易等安全问题层出不穷,大数据安全薄弱这一问题开始逐渐暴露出来,大数据的安全问题也逐渐开始受到国家以及相关产业人士的担忧和重视。在国家创新驱动战略的指引下,贵阳市作为一个深居西南内陆,既不沿边也不沿海,有"高原明珠"之称的典型内陆城市,开始积极响应并推动实施大数据发展战略,并逐步取得了一定成就。2014年,贵州省先后制定出台《关于加快大数据产业发展应用若干政策的意见》《贵州省大数据产业发展应用规划纲要 2014—2020年》,明确提出了将发展大数据产业作为贵州省的重要经济发展战略选择。2014年3月21日,贵阳·深圳大数据和文化旅游产业发展推介会在鹏城举行,涉及大数据类、文化旅游产业及相关的带动类产业等企业项目纷纷在现场签约,同时贵阳市还在广州设立贵阳市人民政府投资促进局驻广州办事处,并利用这一招商平台进一步拓宽在珠三角地区进行招商的路径和形式,推动大数据和文化旅游及其他相关产业的投资信息向实体项目转化,吸引更多的企业项目投资;在此背景下,贵阳与深圳的深度合作与发展,不仅为双方的大数据和文化旅游产业发展增添了新活力,更对双方进一步深入实施创新驱动发展战略、实现产业升级和携手共赢具有重要的发展意义。① 2014年5月,贵州省颁布实施了《贵州省信息基础设施条例》,为贵州省大数据产业的发展保驾护航;2016年3月1日,贵州省颁布了全国首个大数据地方法规《贵州省大数据发展应用促进条例》,将大数据产业涉及的发展应用、共享开放、安全管理、法律责任等纳入法治轨道。有业内人士评价道:"此条例的出台不仅是贵州省作为大数据综合试验区迈出了坚实一步,对大数据的发展具有促进作用,更填补了中国大数据地方立法的空白。"② 2016年3月,贵州省获批成立了国内首个国家级大数据综合试验区,作为贵州省三大发展战略之一,发展大数据产业成为推动贵州省社会经济发展的主线。

二、全域旅游概念的提出

随着贵州省改革开放程度的逐步加深,人民经济生活水平日益提升,消费升级逐渐加快,可自由支配收入也随之大幅增长。再者,空闲时间的增加为民众提供了较多旅游休假时间,再加上高铁时代的到来为人们旅游出行提供了便利,于是人们

---

① 陈晓燕.贵阳·深圳大数据和文化旅游产业发展推介会在鹏城举行[EB/OL].[2014-03-22].http://gz.people.com.cn/n/2014/0322/c222152-20834555.html.
② 郝迎灿.贵州率先探路大数据发展立法[N].人民日报,2016-02-26.

开始寻求新的生活方式,借以提高自己的生活品质。因此,民众对于"吃、住、行、游、购、娱"的需求不断增长,开始选择具有鲜明地域特色、时代特色和民族特色等多样化的休闲度假旅游,由此旅游业开始进入快速发展的黄金时代。

近年来,我国休闲度假旅游虽然飞速发展,但还处于观光旅游向休闲旅游过渡的阶段,由于地域和时间等多种因素的限制,游客大多以中短距离为主,远距离的相对比较少,旅游时间也较短,以观光、拍照为主题的旅游居多,旅游内容也较为单一,缺乏有意义、有内涵且多样化的旅游形式。2016年1月19日,时任国家旅游局局长李金早[①]在全国旅游工作会议上提出,中国旅游要从"景点旅游"向"全域旅游"转变。其中,他将"全域旅游"解释为,在一个地区划分出某个区域作为旅游中的目的地来建设或者运作,实现地方区域资源的有机结合、产业的融合发展以及社会的建设与共享,并让旅游业带动和促进经济与社会的协调发展,打破行业、部门和区域局限。同时,将旅游业带入到推动新型工业化、城镇化、信息化和农业现代化的大格局中来规划,并推动旅游业与生态、文化、体育等产业的多层次、多角度融合,从而产生多点支撑的旅游发展格局。在此区域中,处处都是风景,而非处处都是景点或景区;处处都可以接待、服务,而非处处都是酒店和商店。相应地,全域旅游目的地就是一个全面创新并且配置完善的、能够满足顾客各种需求的服务性及开放性的旅游目的地。[②]

"全域旅游"概念自提出以来,在旅游产业以及相关学术界中都引起了广泛的关注和巨大的反响。全域旅游是一种积极有效的开发性保护模式,它的发展是时代发展的需要,也是大众旅游的必要选择,不仅符合旅游景区城市发展的基本规律,还能带动城市与旅游的协调发展,并促进城市转变发展方式以及调整产业结构、融合并优化旅游资源、疏解核心景区的承载压力等。在现代社会的经济发展中,旅游业是城市经济增长的重要组成部分,影响着城市各产业间的协调发展,全域旅游也成了国内诸多市、县推动旅游发展的新思路和新方法。2017年,贵阳市出台《贵阳市创建国家全域旅游示范区工作方案》,作为全域旅游示范区,将构建全域旅游的新格局,建设山地旅游名城,让山水美景成为地方经济发展的助力器。2018年持续发展全域旅游,加快推进重大旅游项目和精品旅游项目的建设,在巩固提升青岩古镇5A级旅游景区创建工作的同时,推进天河潭5A级旅游景区的建设,并且加快推进花溪国家级旅游度假区的创建工作,推动东方科幻谷、恒大童世界、乐湾国际、乡愁贵州、枫叶谷等景区的创建工作,着力打造以休闲生态旅游为特色的世界旅游名城。到2019年底前,全市旅游工作将紧紧围绕创建国家全域旅游

---

① 2018年3月,根据国务院机构改革方案,将文化部、国家旅游局的职责整合,组建文化和旅游部,作为国务院组成部门,李金早担任文化和旅游部党组副书记、副部长。

② 华政.何为全域旅游[EB/OL].[2016-08-26]. http://www.xinhuanet.com/local/2016-08-26/c_129256613.htm.

示范区,按照全景式打造、全季节体验、全社会参与、全产业发展、全方位服务、全区域管理的要求,查找缺项,弥补不足,加快实施全域化的发展战略。①

2018年3月,国务院办公厅印发了《关于促进全域旅游发展的指导意见》②,就加快推动旅游业转型升级、提质增效,全面优化旅游发展环境,走全域旅游发展的新路子等作出了部署。可以说,推进全域旅游是我国新时代旅游业发展的新定位,也是一场具有深远意义的变革。

三、高铁时代的到来

在当今社会,随着经济不断发展和科技水平的不断提高,民众对生活水平的要求也不断提升,对外出所花费的时间也希望有所缩短,而高铁时代的到来逐步解决了这一问题。高速铁路是一个国家或地区交通系统的核心运输方式。可以说,高铁时代的到来,不仅让人们出行的时间有了较大的缩短,给人们的生活带来便利,更为一个国家或一个城市的经济发展注入了强大动力。

2016年,沪昆高铁全线开通,这意味着贵州与上海、杭州、长沙等城市间的联系更紧密,从而打破空间格局,缩短时间距离,能很好地促进贵州旅游经济的发展。2018年,渝贵高铁的开通,不仅促进了贵阳与重庆的经济快速发展,更有利于缩短贵阳、重庆与广州之间的空间距离,提高运输能力以及质量,还促进了各地区经济的发展,强化了西南、西北、华南三大经济区的交流与合作。高铁的建设连通了贵州与各地的交流,有利于贵州的招商投资,对于外地商户来说,高铁使得两地之间的往返时间缩短,给外来投资的商人带来更多的便利,极大地提高了他们的积极性,能吸引更多的投资者前来贵州考察、投资,不仅能吸取外来优秀企业的经营和管理经验,还能提升本地企业的竞争力,不断促进贵州经济社会的向前发展。

高铁时代的到来为贵州旅游发展带来了新的发展机遇。高铁的快速与便捷,有效地拉近了两地的距离,缩短了出行在路途中所花费的时间,拓展了外出旅游的空间,给人们的出行带来了便利,提高了出行旅游的质量,从而延长了游客在目的地的停留时间,激发了游客对所在地的消费需求。高铁的建设也加强了贵州与各地的交通与联络,方便整合各地旅游资源,打造精品旅游路线,为游客提供更优质的服务和更便捷的旅游线路。

因此对于贵州来说,高铁时代的全面到来,使得深处内陆的贵州能够连通各界,处于"养在深闺人未识"状态的贵州,有更多机会向外地游客展示自己的美丽风采。

---

① 游红.贵阳今年将持续发展全域旅游,新增3个以上4A级景区[EB/OL].[2018-03-21].http://www.gzgov.gov.cn/xwdt/gzyw/201803/t20180321_1102322.htm.

② 国务院办公厅.国务院办公厅关于促进全域旅游发展的指导意见:国办发〔2018〕15号[EB/OL].[2018-03-22.http://www.cnta.gov.cn/zwgk/tzggnew/201803/t20180322_861199.shtml.

第二节 文化资源与文化园区

21世纪是信息与经济发展的时代,文化产业作为这个时期新兴产业的领军产业之一,发展速度迅猛,已经成为世界上大多数国家大力发展的朝阳产业。美国、英国、法国、德国等西方发达国家相继把文化产业看作本国的支柱型产业,并投入大量资源对其进行多方位、大规模的研究发展。在多个国家,文化产业俨然成为促进国家经济发展、增加就业岗位等多功能、多形式的产业。我国文化产业起步较晚,经过近年来发展开始进入全面发展的新时期,并在某些领域呈现出飞速发展的趋势。据统计,2016年,我国文化及相关产业增加值为30785亿元,约比上年增长13%,占GDP比重约为4.14%,比同期GDP名义增速约高4.4%,①新闻、出版、影视、演艺等领域的资产规模与经济效益也在成倍增长,而以"互联网+"为主要形式的文化信息服务产业增长速度最快。由此可见,文化产业逐渐成为我国积极发展的支柱型产业,对我国经济发展、就业带动等多方面具有重要的助推作用。

一、文化资源

当今世界正处于全球化时代,对于国家的综合国力不应只着眼于经济,文化也逐渐成为各国综合国力竞争的重要因素之一,因此只有经济与文化的融合互动才是提升国家综合国力的主要途径。在党的十九大报告中,习近平总书记提出要坚定文化自信,"只有坚定文化自信,推动文化的繁荣兴盛,才能实现中华民族的伟大复兴"。文化是一个民族的灵魂和血液,我国作为拥有五千年历史文化资源的大国,文化历史悠久,各类文化遗产项目数量众多,还拥有丰富的自然资源与其他文化资源。其中,文化资源是在人类历史文化的进步过程中不断产生并发展的,它贯穿于人类的物质生活与精神世界中,并深深地影响着人类的物质生活方式和精神生活方式的变化。作为人类在社会活动中长期实践所创造的物质与精神文化产品,它是文化产业发展的前提和基础,具有价值的潜在性、整体性和区域性等特点,文化资源不仅是人类社会中的重要资源之一,更是人类社会发展的重要推动力。

然而,由于不同学者对文化有着不同的理解,因而众多学者对文化资源也有着各种不同的解释。吴圣刚认为,文化资源是人类生存发展所需要的并以所有文化产品和精神现象为对象的精神要素;②与自然资源一致,文化资源也是人类生存发

---

① 国家统计局.2016年我国文化及相关产业增加值比上年增长13%[EB/OL].[2017-09-26]. http://finance.china.com.cn/news/20170926/4404935.shtml.

② 吴圣刚.文化资源及其利用[J].山西师范大学学报(社会科学版),2005(6):128-130.

展必要的重要资源之一,现代社会时常提到的信息技术也属于文化资源一类。李建国认为,文化资源指的是人类开展文化生产和文化活动所需要的各种物质和精神资源;文化资源是发展文化产业的基本条件和前提。① 在《文化资源学》中对文化资源的解释为,人类在漫长的历史发展过程中,所堆集和积累的,通过文化传承和创新而组成的,能够给社会的经济发展提供方向、环境、条件与智能的各种文化要素的总括。

根据不同的分类标准,可将文化资源划分为不同的类别,如根据文化资源的主题可以划分为历史文化资源、民俗文化资源、宗教文化资源和红色文化资源等各种类型。从本质上来划分,又可以分为物质和精神文化资源。按照地域来划分,文化资源分为世界文化资源、民族文化资源以及地方文化资源。按照形成时间的不同来划分,又可分为古代文化资源、近代文化资源以及现代文化资源等。

综上所述,文化资源是一种特殊的资源,正是由于它的特殊性,学术界暂无统一的定义和解释。根据以上学者对其定义可以看出,文化资源是在人类历史发展过程中不断积累而产生的一种能够创造精神和物质价值的,并可作为文化产业生产经营基础的各种物质要素和精神要素的总和。

二、文化园区

随着时代的发展,人们经济收入逐步提升,文化产业也开始逐渐兴起并成为我国经济发展的新动力。由于文化产业的发展进程不断加快,与它紧密相连的文化园区的建设与发展不断加快,相关的探索和研究也越来越多。建设文化园区是发展文化产业的一项重大举措,也是文化产业发展的重要载体,可以说文化园区越来越成为文化产业发展的一个显著特征和重要标志。然而,与国外的文化园区相比,我国文化产业起步较晚,发展也相对滞后,因此文化园区的出现也比较晚,对于文化园区的相关研究也较少。

文化园区也被称作"文化创意产业园区""文化产业集群""文化产业集聚区"或者"文化创意产业基地"等,它主要是指互相联系的多个文化公司或文化组织都在一个地区所划分的文化区域里,并形成产业间的资源聚合与协作,从而产生孵化效应和整体辐射力的文化企业聚集地,变成高级文化创意策划人才以及优秀文化创意作品的汇集交流中心,充分聚集文化资源、人才、技术、资本、市场以及文化企业等要素,发挥出更大的效益。② 我国与文化园区相似的概念有艺术园区、创意产业园区和文化产业园区等,因此,文化园区的概念可以理解为,与文化或文化产业联系紧密的,并在一个地理区域形成一定的产业聚集规模,以明确的文化形象表现出

---

① 李建国.城市文化产业发展研究[J].中共杭州市委党校学报,2000(4):5.
② 黄永林.从资源到产业的文化创意[M].武汉:华中师范大学出版社,2012:103.

来,而且对外界具有一定的号召力,集生产、消费、休闲等多种形式为一体的区域①,如上海的张江文化产业园区、北京798艺术区等。

不同的角度,文化园区又有不同的划分。在国外,瓦特·桑塔戈塔根据不同的功能将文化园区主要划分为:产业型、机构型、博物馆型、都市型。由于近几年我国文化产业发展较快,文化园区也开始逐渐崭露头角,按产业分为单一行业产业园、多功能产业园和综合性文化产业园;或是按照它的文化和创意划分为文化创意产业园和纯文化产业园;还有根据文化园区的形成机制划分为自发聚集产业园和政府主导产业园。本书主要采用德瑞克·韦恩提出的文化园区的观念,即在一个特定的地理区域里,将这个城市的娱乐和文化设施都集中在这个特定的地理区域里,并提供文化产品的生产、消费、工作和休闲等多种娱乐形式。由此本书探讨的文化园区包含一些公共文化服务示范园区、区域文化主题园区、旅游主题公园、创意产业园,以及以某个民族文化或区域文化为主题的旅游景区等。

近年来,为推动我国文化产业向规模化、专业化、聚集化的方向发展,原国家文化部从2007年开始,本着少而精的原则,对10个国家级文化产业示范园区以及12个国家级文化产业试验区进行命名,意图通过政府规划指引、政策帮扶、典型例子,促进我国文化产业的快速发展。

第三节 国内外文化资源与文化园区发展相关研究

自工业革命开始后,各国都以工业强国为战略性发展目标,尤其是西方资本主义国家经历了20世纪80年代的"后工业化"过程后,相继开始谋求城市发展的新动力和新能源。作为21世纪最具增长潜力的产业,文化产业既可以为城市就业人员提供大量岗位,也能成为后工业时代经济复苏、发展的新动力,开始成为各国争相发展的朝阳产业。此后,我国进行经济体制改革,确立了社会主义市场经济体制后,我国经济开始飞速发展。随着文化产业的提出和发展,人们意识到文化产业对于国家经济发展有着极大的促进作用,在整个经济社会中占据的地位越来越重要,也是助推我国经济继续繁荣发展的新产业,而发展文化资源和建设文化园区是发展文化产业的成功经验道路,因此我国争相开启关于开发文化资源和建设文化园区的讨论与研究。

一、国外文化资源与文化园区的发展相关研究

自20世纪90年代,学术界越来越认同"文化资源具有经济功能"的论断,对于

---

① 樊盛春,王伟年.文化产业园区理论问题探讨[J].企业经济,2008(10):9-11.

文化资源的保护与研究也逐步深入。在国外,人们认为以"创新"为基本特征的文化创意产业可以将现有的文化资源经过创意性开发研究,从而转变为经济效益,并为国家带来经济结构的调整以及就业岗位增加等优势。文化资源的产业化对各个国家、地区的发展具有重要的作用,因此西方国家纷纷将其作为本国制定经济政策和文化政策的重要原则及目标。

在西方有学者将文化园区论述为:"文化园区指的是在城市的一定地理区域里,把这个城市的文化与娱乐设施以高度集中的方式集中在这个地区里,是文化生产与消费的联结,也是多种使用功能的联结。"①然而,对文化园区的论述比较有代表性的观点是德瑞克·韦恩提出的,"文化园区指的是特定的地理区位,将一个城市的文化和娱乐设施都集中在这个地理区域里,并提供文化产品的生产、消费、工作、居住和休闲等多种功能";而 Hilary Anne Frost-Kumpf 将文化园区概括为:"文化园区指的是在一个城市中具有完备的设施、明确标示、能综合运用的区域,它供应人们夜间活动且能延长地区的使用时限,以便为这个地区增加吸引力;并提供艺术组织在艺术活动中所需要的条件或工具,给居民与游客提供相应的娱乐、艺术活动,还能给予当地艺术家更多就业机会,让艺术与社区发展相辅相成"。有很多的西方学者认为创意集群与文化产业园区的概念非常接近,他们认为创意集群汇聚了各种各样的机构与企业,例如非营利公司、文化机构、独立艺术集合点、科学院园和媒体中心等。可以说,这里不仅仅是工作的场所,还是生活的地方;不仅能生产文化产品,也具备对文化产品的消费能力,是一个有着本土特色又与世界相联系的多文化地区。如法国巴黎的左岸艺术区,由于历史悠久,并且众多艺术家、作家和诗人到此寻找灵感创作,拥有浓厚的艺术和文化底蕴,并以此为基础推动了当地文化园区的发展。又比如美国纽约著名的创意文化园区——SOHO 区,它是由一个废弃的地下工厂改造的,由于多余厂房的闲置、租赁价格低廉,被欧洲移居纽约的艺术家相中,经过政府出台的相关政策法规,再加上纽约开放多元的城市文化,使得城区与园区循环发展,从而成为当今的集时尚、艺术、休闲、购物等多重功能为一体的艺术聚集区。

综合上述观点,可以看出西方发达国家在对文化园区的研究论述中,都重点突出了文化园区关于文化活动、建筑以及园区综合效益的意义。

二、国内文化资源与文化园区的发展相关研究

中国的文化产业发展相对西方来说较晚,因此关于文化资源以及文化园区的相关论述也较少,对于文化产业的发展研究也没有西方国家成熟;国外已有的文化产业知识研究成果无法适应我国文化资源产业的开发和需求。而在当今世界,文

---

① 吴源.城市文化创意产业园向 RBD 的演进模式研究:以广州为例[J].城市旅游规划,2016(7):180-183.

化与政治、经济以及产业的融合越发紧密,将文化资源开发成文化产品,在产业发展的同时再附加上文化价值是提升我国文化软实力的一项重大举措。文化资源虽然在我国发展文化产业的过程中已经被广泛利用,但是对于如何才能更有效地开发利用文化资源,社会各界的说法各不相同,无法形成一个有效的定论。部分学者认为,文化资源指的是凝结了人类劳动成果的精髓和丰富思想意识的物质和精神的产品或者活动形式。吕庆华在《文化资源的产业开发》一书中把文化资源作为人类劳动制作的物质结果和它的转化[①];而欧阳友权在《文化产业通论》一书中将文化资源解释为,能够突出原生区域的文化特色以及历史进步,并具有地域特色和文化价值的一类资源,可以将其概括为历史遗迹、民俗文化、地域文化、乡土风情、文学历史、民族音乐、宗教文化、自然景观等。[②] 目前,我国许多优秀的传统文化开始不断走出国门,并形成了一定的国际影响力,但文化资源在开发过程中仍存在许多问题,比如,虽然孔子学院的建设使得儒家思想成为世界性的文化遗产,但对于有着五千年的中华历史文明来说,还有大量的历史文化和民族文化资源仍旧没有得到有效的开发和利用。

相对于国外文化园区来说,祁述裕认为文化产业集群是指在相对集中的地理区域内,由相关的文化企业和金融机构等构成的团体;向勇、康小明则认为文化产业集群是指在文化产业范畴中,大多以传媒产业为核心,有紧密联系的文化企业和其他相关联的支撑机构,包括研究机构等,在空间上集中,并将文化产业集群分成核心文化产业集群、外围文化产业集群以及相关支撑机构等。[③]

不过,与西方国家文化园区的建设相比,我国文化园区的建设及发展稍显不足,一方面是由于文化产业的萌发时间较短,对于文化园区的定位或是分类尚不明确,可能存在一个园区包含多种风格的现象,无法突出园区的特色,因此对于文化园区的建设,只有明确园区的核心主题,才能使园区稳固发展;另一方面是由于我国地域辽阔,各地域经济社会发展不平衡,文化产业的发展上也呈现出东高西低的状态,北京、上海、广州、深圳等属于一线城市,经济发展迅速,人均收入高,因而对于文化消费也比一般二、三线城市的消费要高,由于贫富差距的原因,文化园区的区域发展不平衡。因此文化园区的建设就很难集中于二、三线城市。虽然我国先后出台了一系列解决东西部在经济方面发展不平衡的政策,现在对于贫富差距的情况也有所改善,但是在建设文化产业园区这一方面,还需要投入更多的力量。

---

① 吕庆华.文化资源的产业开发[M].北京:经济日报出版社,2006:50.
② 欧阳友权.文化产业通论[M].长沙:湖南人民出版社,2006:138.
③ 樊盛春,王伟年.文化产业园区理论问题探讨[J].企业经济,2008(10):9-11.

第一章 贵阳市文化资源与文化产业发展

文化资源是一切与人们生产和生活息息相关的文化活动的总称,主要可以分为物质文化资源和精神文化资源。随着时间的推移,人们的生活状态不断地发生变化,文化资源的内容也不断地丰富和演化。文化资源是文化产业发展的基本要素,它的有效合理开发能够带动文化产业的发展。在文化产业蓬勃发展的大背景下,为促使文化资源得到合理开发利用,推动文化经济的快速增长,贵阳市政府及相关文化部门结合贵阳市文化资源的实际情况,充分利用大数据、大生态等优势,实行了"文化+大数据""文化+大旅游""文化+大扶贫"等一系列融合创新发展模式,促使贵阳市的文化经济逐步增长,文化品牌不断打响,文化产品逐步"走出去",进而加快了贵阳市文化产业的发展。

第一节 贵阳市文化资源类型及典型代表

对于文化资源的类型构成,国内的专家学者已有研究成果,根据姚伟钧《文化资源学》中对文化资源类型的介绍,结合贵阳市世居少数民族众多等实际情况,可以看出贵阳市的文化资源多种多样。本书将贵阳市的文化资源划分为哲学思想文化资源、历史文化资源、红色文化资源和民俗文化资源四种主要类型。仔细对四种文化资源类型进行研究,指出典型代表并介绍其具体情况,这对发展文化产业有着重要意义。

一、哲学思想文化

贵阳市的哲学思想文化主要是儒家学说。儒家学说起源于东周春秋时期,距今已有两千多年的历史,其创始人是孔子,主张"仁者爱人"。在贵阳市,阳明心学(即阳明文化)是儒家学说的重要体现,阳明心学的传承和发扬也受到了人们的高度重视,传播学习阳明心学的典型代表主要有贵阳孔学堂和中国阳明文化园两个场所。

(一) 贵阳孔学堂

在中华民族发展的五千年历史长河中,集聚、留下了许多优秀的传统文化资源,而在贵阳孔学堂,最具代表性的是儒、释、道。孔学堂是贵阳市传播儒家文化的重要圣地,是传承和弘扬儒学的圣殿,教化与开启新风的基地,其主要具有教化、礼典、祭祀、典藏、研究、旅游六大功能。该学堂以传统节日为脉络,每逢春节、清明、端午、中秋、重阳等传统节日都会开展猜灯谜、庙会、峰会、文化讲座及论坛等多种传播活动,旨在学习、传播、交流、分享传统文化。如2017年9月16日,海峡两岸暨香港人文社会科学论坛在贵阳孔学堂开幕,论坛以"儒学传统与现代社会——实现中华传统文化创造性转换和创新性发展"为主题,共同探讨儒学思想与现代文明的交织,弘扬中华文化跨越时空的精神价值。[①] 无疑,这样的论坛能够促进儒学的传播,带动儒学的发展。

(二) 中国阳明文化园

中国阳明文化园位于贵阳市修文县,为纪念圣人王阳明而建。王阳明先生是宋明理学的代表人物,他主张"心即理""心外无理",并提出"知行合一"的思想。园区结构为"一带、两心、三坊、六区",由阳明文化广场、阳明洞遗址区、王阳明纪念馆等组成,文化园还以阳明文化为主题,依托于文化游憩产业,倾力打造龙场驿站综合区、主题小镇、文化休闲住区、养生度假区、阳明文化核心区、文化产业住区六大功能区。以打造全国知名、世界驰名的中国文化园为目标,将其打造成为贵北综合服务中心区、世界性的"中国阳明文化园"文化旅游品牌。

二、历史文化资源

历史文化是人们在悠久的历史长河中积淀下来的并为人们所熟知的文化。贵阳市自元代建城至今,经历了数百年的发展建设,历史文化资源异常丰富,主要包括影响广泛的道教和佛教等宗教文化、历史悠久独特的夜郎文化和土司文化,其中,最具有代表性的是宗教文化和夜郎文化。

(一) 宗教文化

宗教文化是社会文化中的一项重要组成部分,是一种以信仰为核心的文化,这种信仰能够影响人类的生活观念、行为规范。在贵阳市有佛教、道教、伊斯兰教、天主教等多个宗教,但对人们影响最大的是佛教和道教。

据统计,佛教于汉代传入中国,并于唐代传入贵州省。目前,贵阳全市信教信徒共有45万人,信仰佛教的就有35万人,其中,比较著名的佛教圣地有黔灵山弘福寺、观音洞、黔明寺、金凤寺、觉园尼庵、东林寺、西普陀寺、迎祥寺、巢凤寺、九龙寺、万华禅院、佛光寺、西望山等,这些佛教圣地是佛教徒们上香、许愿、祈福的好地方。

---

① 贵州都市报.两岸三地学者齐聚贵阳,共论儒学传统与现代社会[EB/OL].[2017-09-17]. https://gz.people.com.cn/n2/2017/0917/c194827-30742158.html.

道教是中国本土的宗教,是宗教文化中的重要组成部分。道教自身经过在贵阳市的传播发展,成立了道教协会,形成了道教传播地,目前教徒共有 5.2 万人。最具代表性的道教传播地有仙人洞道观、万寿宫、三元宫、协天宫等。2018 年 3 月 9 日,贵阳市道教协会召开二届四次理事(扩大)会议,会议指出:2017 年,贵阳市道教协会在各级党委和政府的领导下,深入学习贯彻党的十九大报告精神、全国宗教工作会议精神和新修订的《宗教事务条例》,坚持宗教中国化方向,以创建宗教关系和谐示范区为抓手,不断加强和优化自身建设,不断增强在信教群众中的凝聚力和影响力,桥梁纽带作用得到了充分体现,为贵阳市创建公平共享中心型城市发挥了积极作用。①

(二)夜郎文化

据《汉书》《华阳国志》《水经注》记载,夜郎国的主体先是濮人、僚人,后来发展为仡佬人。夜郎文化是指夜郎政治、经济范围内所有民族文化的组合,包括古夜郎文化,也包括夜郎文化影响的当地民族文化。迄今为止,古夜郎国的历史面貌仍然是个"谜"。夜郎国是秦汉时期的西南数十个社会实体中"最大者"之一。贵州省的大部分地区都曾属于夜郎国的管辖地。贵阳市也是夜郎古国的管辖地之一,在历史上夜郎文化对贵阳市居民的生活有着深刻的影响。目前,贵阳市最具代表性的夜郎文化是位于花溪区大学城内的夜郎谷和白云区夜郎古城。夜郎谷由贵州著名艺术家宋培伦老先生所创作,集山、水、林、洞等自然景观为一体,兼顾"古屯堡""爱鸟园"和石板房等人文景观。夜郎谷中的石头建筑、雕塑和陶艺都充满着艺术气息,受到了省内外的广泛关注,不断吸引着游客的到来。

三、红色文化资源

红色文化作为一种宝贵的资源,是一种蕴含革命精神和厚重历史的并具有中国特色的先进文化,见证了革命战争年代中国共产党人、先进分子和人民群众共同创造的历史。贵阳市红色文化资源十分丰富,由于其特殊的地理位置,在贵阳地区留有极为丰富的红军长征和抗日战争时期的文化遗迹。贵阳市红色文化资源中,包括国家级爱国主义教育基地 6 处和全国红色旅游经典景区多处。目前,最具有代表性的是息烽集中营革命历史纪念馆,位于贵阳市息烽县城南 6 千米,是抗战期间国民党坚持"消灭抗日、积极反共"的反动政策而设立的关押共产党人和爱国进步人士的最大秘密监狱,景区主要分为集中营旧址、集中营纪念馆和玄天洞 3 个部分,设有监狱共 8 栋 43 间,是一个包括英烈事迹陈列区、营区、烈士陵园和玄天洞"一线四点"参观线路的大型革命传统教育基地。

---

① 李晨阳.贵阳市道教协会召开二届四次会议理事(扩大)会议[EB/OL].[2018-03-23].http://www.rmzxb.com.cn.

四、民俗文化资源

民俗文化与非物质文化遗产、民间文化等概念有着相通之处，也有不同的深层次内涵，但都包含了人们在生活过程中形成的风俗习惯。贵阳市是一个五方杂处、多民族杂居的城市，市内居有苗、布依、侗、彝、水、回、仡佬、壮、瑶、满、白、蒙古、羌和土家等17个世居少数民族，民俗文化丰富多彩。目前，贵阳市共有国家级非物质文化遗产代表性项目名录（以下简称"非遗名录"）2项，省级非遗名录31项，市级非遗名录86项，其中，第十大类民俗类共计31项（截至2017年12月31日），有苗族的"四月八"和服饰、布依族的"三月三""六月六"、仡佬族的吃新节、苗族布依族的杀鱼节、杜寨布依族丧葬砍牛习俗等。其中，最典型的代表是苗族服饰和布依族的"六月六"。

（一）苗族服饰

服饰是民俗文化的表象特征，也是折射民族历史的一面镜子。苗族是贵州省最多的少数民族，民俗文化多种多样。苗族服饰文化是苗族文化的重要组成部分。苗族服饰入选贵州省第二批省级非遗名录，由贵阳市开阳县、修文县、习水县、纳雍县、金沙县、黄平县、从江县、凯里市、水城县、兴仁县共同申报。苗族服饰分为童装、男装和女装，种类繁多、款式多样、色彩丰富，保持着织、绣、挑、染等传统工艺技法。

（二）布依族"六月六"民族风情节

布依族是贵州省人口较多的少数民族之一。布依族的"六月六"民族风情节入选贵州省第二批省级非遗名录，是布依族人十分重视的节日，有"小年"的称号。"六月六"是为了祭布依族的始祖盘古、供祖宗的活动。在"六月六"这一天，布依族同胞会身着节日的盛装聚在一起，以对歌和舞蹈的形式展示自己的风情风貌。例如2014年7月2日，乌当区偏坡布依族"六月六"民族风情节启幕，布依族村民齐聚偏坡村文化广场，共同欢度布依族节日。现场不但有肃穆古老的"祭盘古"仪式，还有簸箕舞、刷把舞、粑棒舞等表演，村民还为游客们展示了布依族语言、布依族山歌。①

第二节 贵阳市文化资源开发利用经验总结

作为贵州省的省会城市，集宗教文化、阳明文化、夜郎文化和多种民俗文化为

---

① 樊骥君.乌当区偏坡布依族"六月六"民族风情节启幕[N].贵阳日报，2014-07-03.

一体的贵阳市文化内涵多元丰富。随着社会的不断发展,在文化产业蓬勃发展的大背景下,贵阳市紧抓发展机遇,利用贵阳市的文化资源特色,结合互联网、大数据等新兴产业,充分深入地挖掘文化资源,使文化资源得到合理的开发利用,共同促进贵阳市文化产业的稳步发展。

一、政府高度重视并制定文化发展规划

贵阳市政府及相关文化部门是文化产业发展的主导者,对文化产业的发展高度重视。2017年,为贯彻落实《文化部"十三五"时期文化发展改革规划》,强化顶层部署,构建文化科技创新体系,切实推动科技创新引领文化发展,贵阳市积极贯彻执行国家文化部编制的《文化部"十三五"时期文化科技创新规划》[①],并于2016年编制了《贵州省非物质文化遗产保护发展规划(2014—2020)》(以下简称《规划》)。《规划》结合贵州省的实际发展情况,提出到2020年,全省保护发展整体水平要有明显提升,实现非物质文化遗产数字化保护;项目保护、传承人保护工作进入全国先进行列,整体性保护、生产性保护在量和质上要有较大改善,力争探索非物质文化遗产保护的"贵州经验";"多彩贵州"品牌成为中国著名文化符号和标志,贵州省成为中国原生态文化集聚展示交流重要基地的发展目标。[②] 此外,中共贵阳市委、贵阳市人民政府先后制定出台了《关于推动文化创新发展的意见》《关于加快发展现代服务业的意见》《关于加快现代公共文化服务体系的实施意见》《贵阳市"十三五"文化事业发展规划》等一系列文件,明确了贵阳市改革发展的主要任务、战略路径和工作目标,把发展的着力点放在整合特色文化资源上,不断促进文化资源的合理开发,促进特色文化产业的发展。

二、"文化+"创新模式助推文化产业多元化发展

文化科技重点研发工程、文化大数据工程是"十三五"发展的重点工程,大数据产业、数字内容产业都是贵阳市发展的新兴产业,与文化产业的发展密切相关。近年来,贵阳市的文化产业处于蓬勃发展的阶段,这得益于贵阳市的"文化+"融合创新的发展模式。贵阳市实行"文化+大数据"的融合模式,出现了目前最先进的虚拟现实技术、网络技术,让贵阳市的文化遗产在虚拟世界"活"了起来,形成了丰富的文化产品结构,促进了文化科技产业集群;"文化+科技"的模式,促使文化资源获得生动形象的表达;"文化+旅游"的模式,赋予了旅游景区"灵魂",促进了文化与旅游的相互融合,打造了具有贵阳市文化特色的文化园区;"文化+大扶贫"的模

---

① 贵阳市文化新闻出版广电局.文化部关于印发《文化部"十三五"时期文化科技创新规划》的通知[EB/OL].[2017-04-27]. http://whj.gygov.gov.cn.

② 贵州省文化厅.《贵州省非物质文化遗产保护发展规划(2014—2020)》起草说明[EB/OL].[2016-03-29]. http://www.gzwht.gov.cn.

式,促进了民族文化资源与文化产业的融合发展,新兴文创业态层出不穷,有助于脱贫致富,共享传承本土民族文化创新发展成果。"文化+"的发展模式,有助于催生文化产业发展的新业态,突出文化资源的亮点,展示文化资源的特色。出现了数字图书馆,打造了中国阳明文化园、时光贵州、乡愁贵州、四季贵州等一系列具有特色的文化园区,不仅能够将贵阳市的哲学思想文化、民俗文化、红色文化等文化资源充分地挖掘出来,还能多层次、多角度、多方位地展现文化元素,促进贵阳市文化产业的多元化发展。

三、传统媒介与新兴媒介相结合,文化品牌宣传力度加大

广告是以付费的方式通过媒体向消费者或者用户传播商品或服务信息的一种手段,是宣传的重要组成部分之一。任何事物的发展都离不开宣传,要做到真正的"走出去",就要通过媒体加大宣传力度。近年来,为进一步加快贵阳市文化产业的发展,将贵阳市所拥有的文化品牌推出去,一方面,贵阳市文化厅积极参加国内外文化活动,先后奔赴马耳他、墨西哥、莫斯科、泰国等多个地方参加文化交流传播活动,不仅为贵阳市对外开放、加强文化交流等提供重要机遇,而且为贵阳市的文化品牌作了大力的对外宣传;同时,将电视、广播、报纸、杂志等传统媒介与微博、微信公众号等一系列新兴媒介相结合,不断完善宣传方式;另一方面,在文化园区开展形式多样的活动,吸引更多游客的到来,例如多彩贵州文化创意园近几年来举办的"非遗文化周"、孔学堂内举办的论坛及峰会等活动。2017年9月27日,"2017全国网络媒体阳明心学贵州采风行"在贵阳孔学堂正式启动。来自全国的30多家网络媒体代表齐聚贵州省,围绕"人文贵州、知行合一"的活动主题,开启阳明心学寻根溯源之旅,深度探访贵州文化建设的新故事、新亮点和新面貌。① 贵阳市积极充分利用贵州省内出版、广播影视、演艺文化资源,创作生产符合对外传播规律、易于让国外受众接受的优秀产品,拓展境外商演渠道,对外讲好贵州故事,传播好贵州好声音;积极参与国家对外及对港澳台文化交流与合作,积极融入国家"一带一路"建设,坚持"走出去""请进来"相结合,形成"中央与地方相结合,官方与民间相结合,政府交流项目与民间市场运作相结合"的文化交流工作网络,提高文化交流水平,促进贵州省的文化、旅游及商贸发展。② 从以上活动开展可以看出,贵阳市对文化资源的宣传力度逐渐加大,使得夜郎文化、阳明文化、宗教文化等一系列文化品牌逐渐被人们熟知。

---

① 杨娅.2017年全国网络媒体阳明心学贵州采风行启动[EB/OL].[2017-09-27].http://sc.gog.cn/system/2017/09/29/016139397.shtml.
② 贵州省文化厅.《贵州省十三五文化事业和文化产业发展规划》解读[EB/OL].[2017-06-20].http://www.gzwht.gov.cn/xxgk/xxgkml/zcjd/201706/t20170620_1875267.html.

四、完善公共文化服务体系,促进公共文化资源传播

宣传文化品牌的强有力渠道、发展文化产业的必要条件是完善公共文化服务体系。党的十八大报告提出,要扎实推进社会主义文化强国建设,推动社会主义文化大发展大繁荣,兴起社会主义文化建设新高潮,提高国家文化软实力,发挥文化引领风尚、教育人民、服务社会、推动发展的作用。① 贵阳市坚持以丰厚的文化资源为基础,以核心技术为依托,建立完善公共文化服务体系,从而促进了公共文化资源的传播。2016年,贵阳市获评国家公共文化服务示范区,全市共建成并开放了图书馆9个、文化馆10个、先进文化站75个、社区文化服务中心94个、村文化室912个、图书馆小站51个,全市公共文化机构全部免费开放。近年来,贵阳市先后开展了"道德讲堂""筑城大舞台,逐梦展风采""文化惠民贵阳社区行""阳明读书会""戏聚星期五""百村千场公益电影演出"等多种活动共10万余场次,惠及850余万人次;同时也不断出现高品质文化活动和文艺作品,收获多个全国奖项。② 这一系列的活动丰富了市民的文化活动空间,为贵阳市增添了文化色彩,促进了公共文化资源的传播交流。

五、加大财政金融支持力度,实行资金奖励政策

为促进文化资源向文化资本的转变,促使文化资源优势转为文化经济优势,活跃文化市场,促进文化产业的蓬勃发展,贵阳市政府出台了一系列政策,为文化资源得到开发提供了一个良好的环境。贵州省委办公厅、省政府办公厅印发了《贯彻落实〈关于实施中华优秀传统文化传承发展工程的意见〉工作方案》,根据方案,各级财政部门将加大中华优秀传统文化传承发展相关工程和项目的资金保障力度,通过梳理相关财政扶持政策,完善财政投入、金融支持等政策措施,加大专项资金扶持力度。③ 根据贵阳市非物质文化遗产管理办法,贵阳市每年组织对省级非物质文化遗产项目进行相关申报,省级非物质文化遗产传承人每年能够申请5000元的资金,以此加大对非遗保护与传承资金的投入力度,鼓励各地积极申报各级各类文化遗产。

六、积极搭建文化消费平台,促进文化经济增长

文化经济增长是文化产业发展的体现,文化消费平台能够促进文化资源的传

---

① 赵子滟.共建共享 文化惠民:贵阳市公共文化服务体系建设掠影[EB/OL].[2017-10-07]. http://news.gog.cn/system/2017/10/07/016149054.shtml.
② 赵子滟.共建共享 文化惠民:贵阳市公共文化服务体系建设掠影[EB/OL].[2017-10-07]. http://news.gog.cn/system/2017/10/07/016149054.shtml.
③ 彭芳蓉.贵州加大资金保障和扶持力度推进优秀传统文化传承发展[N].贵阳日报,2018-02-28.

播。贵阳市结合其本身所拥有的文化资源,利用新型产业发展业态,持续举办了多次大型的文化创意节会活动,例如中国(贵州省)国际民族民间文化旅游产品博览会、中国大数据产业博览会等,不仅有效促进文化经济增长,也为贵阳市的发展带来契机,带动省内外人士及游客的文化消费。2017年中国大数据产业博览会以"数字经济引领新增长——开启数字化转型"为年度主题,活动包括开幕式、高峰对话会和电商峰会、77场论坛、6万平方米展览、1场大赛以及156场系列活动。峰会及论坛,吸引了来自全球30多个国家和地区2万余名嘉宾参会,其中不乏全球知名企业、研究机构、世界学府的科学家、高管及研究人员。展览会上有国内外316家企业和机构参展,现场展示了大数据方面千余项最新技术、产品和解决方案,参观人员超过8.7万人次。据不完全统计,仅2017年5月举办的大数据博览会,参展公司与贵州省签署了价值24亿美元的合同。文化消费平台的搭建,促进了文化经济的快速增长,也推动了贵阳文化产业的发展。

第三节　贵阳市文化产业发展中的主要问题

在贵阳市政府及相关部门的领导下,贵阳市文化资源的开发利用取得了一定成效,文化产业也在逐渐发展,但在文化资源开发利用的过程中仍然存在着一些不足之处。

一、文化资源开发程度较浅,文化产品缺乏创意性

文化资源是文化产业发展的基本要素,文化创意是文化产业发展的核心要素,对文化资源进行开发的过程即是将文化资源通过文化创意转向文化资本的过程。文化是一座城市的灵魂,彰显着一座城市的综合竞争力。然而,就目前的发展状况而言,贵阳市文化市场上出现的文化产品、旅游纪念品同质化比较严重,与其他景区文化产品的雷同度较高,而具有创意性的、独特的、新颖的文化产品较少,例如青岩古镇景区内的手工艺品、旅游纪念品与时光贵州景区内的大同小异,从而可以看出贵阳市对文化资源的深度挖掘还略显不足,对文化资源的整合力度较低,没有充分实现文化资源的价值,未能将城市的文化与消费者的需求有机整合形成文化创意新格局,为市场提供、打造出具有创意的文化产品,导致市场上缺乏文化精品,这就说明了贵阳市的文化资源开发还仅仅停留在表层。这是因为尽管贵阳市的文化资源十分丰富,但文化产品的生产者对于贵阳市文化资源的自信心稍显不足,未能充分推动贵阳市优秀传统文化资源的创新性发展和创造性的利用进程。

二、文化行业定位不明确，主题不明晰

文化行业定位是一座城市发展的方向，明确文化行业定位能够有利于指导文化产业向正确的方向发展。尽管贵阳市已制定了文化产业发展规划，但由于发展规划由多个单位来实施，规划内容涉及各个方面，从而规划没有真正做到具体化，难以落实，存在着部分难以实现的、不切实际的宏伟目标。贵阳市需要进一步深化对自身文化资源特色优势的认识，进一步增强文化认同，加大文化资源挖掘力度、传播交流力度，必须要明确文化行业定位，明晰定位发展主题。

三、文化园区集聚能力差

文化产业园区是新出现的产业，基本前提是文化生产与消费活动的体现。文化产业园区也是文化创造力集聚区的载体，将人才、知识、信息、科技、文化等创意资源高度集聚在一起，能够促进新思想、新智慧、新理念、新方法的流动与传播，并通过空间吸引、产销一体、资源整合、学习效应、品牌与社群、价值认同等方式加速资源的累积更新①，是促进文化交流传播、带动文化产业发展的场所。目前，文化产业园区在我国发展的历史仍较短。在文化产业蓬勃发展的大背景下，贵阳市兴建了一些文化产业园区，例如修文县阳明文化园、多彩贵州文化产业创意园、1958文化创意园等文化产业园区，但这些产业园区的集聚能力较差，由于文化园区发展缺乏人才，贵阳市的文化、科技、知识、信息等不能集聚为一体，吸引力较差，文化资源未能充分得到呈现，这是目前贵阳市文化产业发展的一个重要问题。

四、文化与科技缺乏深度融合，文化产业链较短

文化与科技的融合能够为市场带来好的反响，能够满足消费者的需求。文化资源是文化产品创作的源泉，文化资源要得到有效合理开发，就需要拥有一条完整的产业链。尽管贵阳市实行"文化+"的创新模式取得了一定的成效，但文化与科技的融合深度还存在着一些问题。例如贵阳市的苗族文化资源十分丰富，但由于贵阳市经济基础较为薄弱，文化投入占公共财政的比例较低。苗族文化虽得到开发，但其与科技的融合度仍然较低，市场上缺乏有代表性的文化产品。受到经济基础这一条件的限制，文化与科技的融合不足，从而导致文化产业链条不完善甚至缺失，没有形成资源—创意—技术研发—市场的文化产业链，存在着产业链有效延伸不足等现象。

---

① 余博.从文化园区来看文化创造力的集聚与外溢方式[J].文化月刊,2016(14):91-93.

五、缺乏专业性的文化产业专业人才

文化产业繁荣发展的关键是专业人才,要加快发展文化产业,必须要注重专业人才的培养,加大文化人才队伍的建设。文化产业的发展需要应用型、复合型、技能型、创新型的专业人才,这些人才既要具备专业的艺术素养、多元的知识储备、敏锐的市场意识,又要拥有创新精神和实践等能力。贵阳市作为贵州的省会城市,是贵州省文化、政治、经济的中心,贵州省内的36所高校聚集于此,其中开设文化产业管理专业的高校有贵州大学、贵州师范大学、贵州民族大学、贵州师范学院、贵州民族大学人文科技学院等,然而由于开设文化产业管理专业的时间较短,而开设的几乎是本科专业,培养出来的文化产业人才与市场需求仍有一定差别。较多毕业生的基础知识不扎实,实践能力差,自身所具备的能力较单一,尚不能满足贵阳市对文化人才的市场需求。

六、文化市场中缺乏创新性的文化企业

文化企业是对文化资源进行开发、整合营销的企业。就目前贵阳市的文化市场而言,贵阳市所建设、打造的文化企业数量较少,规模也有待扩大,如贵州省多彩贵州品牌研发基地运营管理有限公司、贵阳孔学堂文化传播中心、贵州黔粹行民族文化发展有限公司等,这些企业没能将文化资源很好地利用,例如在旅游景区中,对文化资源的开发大多只有苗族、侗族等民俗文化元素,开发的文创产品也大多是工艺品等,而对贵阳市其他少数民族的文化开发少,从而可以看出文化市场中存在的产品差异性小、雷同度高等问题。文化资源的开发需要创新型的文化企业,从而带动文化的传播并促进文化产业的发展,而贵阳市目前所具有的文化企业实力较弱、缺乏创新性,难以满足消费者或者游客的物质、精神需求,对其文化市场的发展有着强烈的限制性。

第二章 贵阳市文化园区发展模式及发展现状

随着全国各地文化产业的快速发展,多种类型的文化园区不断涌现,不同的专家学者对文化园区的定义和详细分类也不尽相同。在文化产业迅猛发展的大背景下,贵阳市文化园区的数量不断增加,发展步伐日益加快。根据贵阳市文化园区的具体发展状况,可将贵阳市文化园区主要分为政府主导型、艺术创意型、休闲娱乐型、地方特色型、文化集聚型五种类型。

第一节 贵阳市文化园区的类型及典型代表

贵阳市文化园区建设发展至今,已经形成了较为稳定的发展模式和发展特点,但其发展过程中仍存在着许多不足之处,主要体现在融资渠道不完善、创意人才不足、园区规划盲目、发展定位模糊等方面。

一、政府主导型:以多彩贵州文化创意园为代表

政府主导型是指由政府立足于地方发展或国家战略高度,确定文化园区的发展规模及发展方向,并对文化园区建设提供政策性、指导性意见。虽然市场在资源配置中起决定性作用,但政府能够出台政策统筹各方力量用于园区发展建设。政府主导型是贵阳文化园区发展的一种重要类型,以政府为主导,制定发展规划、扶持政策,将社会、文化与经济等效益相结合进行招商开发,对文化资源进行深度整合,在注重经济效益的同时也关注社会效益。目前,在贵阳市内政府主导型文化园区的典型代表是多彩贵州文化创意园。

多彩贵州文化创意园是以贵州省委、省政府的要求为指导,在贵州省委宣传部的领导下,由多彩贵州文化产业集团结合实施多彩贵州民族特色文化强省战略和多彩贵州风景眼战略规划的工作部署,以品牌为依托,以创意为核心,以产业为纽带,结合贵阳市文化资源状况而倾力打造的文化园区。

二、艺术创意型：以 1958 文化创意园为代表

艺术创意型园区是指立足于艺术创意特色，建设开发具有抽象美、艺术美和创意思路的文化项目。文化创意产业是以文化创意为核心而发展的产业，而文化园区作为文化产业发展存在的重要载体，其发展也与创意息息相关。艺术创意型文化园区的特点是创意，这得益于人们创意的思维想法，是人们以具体的物体为载体，通过细腻的构思、创新的手法以及象征性的特征所打造的文化园区，通过艺术、创意能够充分体现浓郁的文化气息、是人们的思维和价值的体现。在贵阳市内主要城区，根据文化元素来倾力打造，具有艺术造型、创意特点并能够凸显文化园区的文化艺术价值的文化园区，是以多彩贵州城内的 1958 文化创意园为典型代表。

1958 文化创意园是以文化创意为核心，以 1958 年建造的贵阳龙洞堡生物制药厂和新建的相似风格的建筑为载体，尊重老厂房的历史人文，重组文化元素与解构时尚符号，集艺廊、画廊、艺术工作室、休闲吧、主题餐饮为一体，倾力打造历史文化底蕴深厚的贵州后工业时代的文化休闲旅游地。园区内展示出多种文化元素，艺术氛围厚重，其中，具有民俗特色的真人雕塑、街头艺术、装置艺术以及一些乐器的行为艺术体现颇多。

三、休闲娱乐型：以贵阳欢乐世界主题公园为代表

休闲娱乐活动是现代社会人们放松的一种常态，能够让人们脱离生产劳动去放松身心、追求精神上的愉悦和充实，是人们提高生活品质的重要途径。休闲娱乐型文化园区即为人们提供休闲娱乐的一个空间场所，其包含着各种各样的娱乐方式。在贵阳市内的休闲娱乐型文化园区中，最典型的代表是贵阳欢乐世界主题公园。

贵阳欢乐世界主题公园是贵州省首个以动漫产业为主题的文化园区，由原来的白云公园改造而来，园区内包括悬挂过山车、摩天轮、双层豪华旋转木马、挑战者之旅、4D 影院等 40 余个游乐设施，是西南地区集山、水、林为一体的投资多、规模大、娱乐设施全的休闲娱乐场所。园区内动漫形象的娱乐设施能够舒缓人们的心境，使人们真正体验到休闲娱乐的愉悦感。

四、地方特色型：以夜郎谷喀斯特生态园为代表

文化产业的发展具有地方特色性，文化园区的发展亦是如此。贵阳市文化资源异彩纷呈，而文化园区是结合贵阳市的地域文化资源发展而来的，文化内涵源于当地的自有文化，地域性、民族性特色十分突出。在贵阳市内具有鲜明的区域文化特色的文化园区中，最典型的代表是位于花溪大学城的夜郎谷喀斯特生态园。

夜郎谷喀斯特生态园，简称夜郎谷，是由宋培伦老先生创作，以贵州省夜郎古

国的夜郎文化为文化背景，以原始的喀斯特地形为载体，以就地取材、变废为宝、人与自然和谐发展、村民共享为思路，结合贵阳市浓郁的民族风情，用20年时间建成的一座石头城堡。整个生态园包含在峡谷之中，与之相对的斗篷山相传曾是夜郎王后继金竹司的住所，山顶上至今仍保留着古夜郎屯堡的遗址。园区内的地方特色随处可见。花溪夜郎谷以夜郎文化建园，体现了贵州省的文化特色和民族特色，是贵阳市开发景区中独领风骚的神秘之谷，对于传播与传承区域民族文化有着重要作用。园区以石建筑为主要建园特点，具有很高的艺术审美价值，是宋培伦老先生对本土文化的热爱与创意思路的结合创作出的艺术作品和创意作品。花溪夜郎谷"以石为居、取石创艺、依山筑屋、依林为生、傍水而居"等借山水自然风光的建园特色，体现了生态观和可持续发展观。花溪夜郎谷以"夜郎文化＋本土文化＋创意思路＋生态旅游"进行文化园区定位，走出了一条夜郎谷特有的艺术特色之路。

五、文化集聚型：以贵阳孔学堂为代表

文化是文化产业发展的灵魂，文化产业的发展必须以文化为前提。文化集聚是指以某一种文化为核心，相关文化在一定地理上形成产业的集聚优势。文化集聚型的文化园区即是文化集聚在一起形成的文化园区。贵阳市文化集聚型的文化园区主要有孔学堂和阳明文化园，最典型的代表是孔学堂。

孔学堂是贵阳市集聚儒家文化的文化园区，是传承和弘扬儒家文化的重要圣地。园区内处处散发出文化气息，主要包括大成殿、杏坛、讲堂群、六艺学宫、乡贤祠、阳明祠、奎文阁等，集教化、礼典、祭祀、典藏、研究、旅游六大功能为一体，是能够使人们相互学习、传播、交流、分享传统文化的文化园区。为能够更好更广泛地促进儒家文化的交流与传播，园区内部经常举办各种各样的文化活动，如猜灯谜、庙会、峰会等。

第二节　贵阳市文化园区的主要发展模式

任何事物在发展过程中都会形成一定的发展模式，在文化产业发展的大背景下，文化园区也形成了自身的发展模式。根据贵阳市文化园区的发展状况，可将贵阳市文化园区的发展模式分为政府主导模式、市场参与模式、产业集聚模式、科技创新模式四种模式。

一、政府主导模式

政府主导模式是文化园区在发展过程中所存在的一种重要模式，以政府为主

导,政府参与文化园区管理,参与文化园区建设,并在文化园区发展中起着主导作用。文化园区的发展离不开政府以及相关部门的大力支持。贵阳市人民政府充分发挥政府的主导作用,先后制定了《贵阳市"十三五"文化事业发展规划》《贵阳市"十三五"旅游业发展专项规划》等。目前,贵阳市已经建立了部分以政府为主导模式的文化园区,这种发展模式能够充分发挥政府的主导作用,为园区制定合理的发展规划和完善的方针政策;同时园区也能够及时落实贯彻相关政策,积极学习,不断创新,促进文化园区的发展,并为文化园区的发展提供政策保障和法制保障。贵阳市有着丰富的民族文化资源,但如果要将民族文化资源转化为经济优势,在贵州省文化创意企业暂时还处于未形成合力的背景下,需要发展文化园区的集聚优势实现集群发展。贵州省花了10年的时间认认真真打造多彩贵州品牌,创建了坐落于贵阳市的多彩贵州文化园区,让多彩贵州风刮遍全球。目前,多彩贵州品牌已经成为贵州文化产业发展的重要驱动力量。

二、市场参与模式

市场是人们进行商品交易的场所,市场的参与是指以市场为主体,政府对其干预较少,从而能够使商家和消费者得到更大更广阔的交流空间。消费者需要什么产品,文化园区就生产什么样的产品;消费者需要什么样的服务,文化园区就提供什么样的服务。在一定程度上能够更好、更全面地满足消费者的需求,促进文化市场的和谐发展。贵阳市是民族文化资源十分丰富的城市,拥有苗、布依、侗、彝、水、回、仡佬、壮、瑶、满、白、蒙古、羌和土家等50个少数民族的民族文化资源。贵阳市文化园区充分利用其中的少数民族文化元素,积极发挥市场参与作用,对消费者的文化消费需求进行了较为充分的调查,针对消费者的需求偏好等方面的信息,打造消费者喜闻乐见的文化产品与服务,满足贵阳市民不断增长的多元化的文化需求。同时,贵阳市也开展了一些具有民族特色的、为消费者所喜爱的文化活动,如多彩贵州非遗周末聚,在充分发挥市场参与的同时,也促进了文化的传播交流。贵阳市以孔学堂、多彩贵州文化创意园等具有良好基础的园区作为发展文化旅游产业的先锋,以市场需求为导向,以创意设计为手段,将传统文化与现代文化元素相结合,将文化资源优势转变为产业发展优势和文化资本优势,研发设计出具有巨大市场潜力的民族工艺精品,同时不断开发贵阳市的传统文化资源,逐步完善传统文化产业链,提升文化园区的社会效益和经济效益。多彩贵州文化创意园中的餐饮产业,已经发展成为多彩贵州文化中的一个重要品牌。在历经多年的运作和经营之后,醉苗乡、亮欢寨、老凯里、新凯里等,这些与酸汤鱼有关的餐饮企业,从黔东南起航,在贵阳市壮大,如今正在全国铺开。以苗族文化为底色的酸汤鱼,已经形成贵州餐饮的品牌集群,成为黔菜出山的领头集团,同时也很大程度上提升了多彩贵州文化园区的经济效益。

三、产业集聚模式

产业集聚是文化产业发展的一种趋势,是指相同的文化产业聚集、集中在一起。随着社会经济的发展,文化产业正处于蓬勃发展的新时期,贵阳市文化产业也迎来了良好的发展契机,逐渐形成了文化产业集聚的新模式。在贵阳市内,产业集聚主要体现在文化与科技融合方面,以及文化与地产结合方面。如贵阳市国家高新区,截至2016年10月,园区内就有国家规划布局重点软件企业1家,国家火炬计划软件产业基地骨干软件企业5家,CMMI认证企业30家,高新技术文化企业30家,创业板上市软件企业1家,新三板上市企业9家,初步形成了集创意设计、文化软件、动漫游戏、新媒体与信息服务、数字出版、高端印刷等为支撑的文化科技产业集群。① 2018年初,备受市场关注与大众期待的贵阳恒大文化旅游城在贵阳市花溪区正式亮相,这个由世界500强的恒大文化旅游集团倾力巨制的建设规模宏大的国际顶尖文化旅游服务配套园区,填补了我国西南地区大型的高端文化园区的空白,这将对贵州省甚至西南整个片区的文化旅游、文化园区格局产生十分深远重大的影响。贵阳恒大文化旅游城完美地将文化园区与地产项目相结合,着力打造集游乐设施、文化氛围、休闲体验、商旅服务、优质居住于一体的世界文化旅游胜地。贵阳恒大文化旅游城,以国家推动"全域旅游"战略为契机,将自然、人文景观与旅游、居住需求有机融合,借助世界级文旅产业集群和航母级全能生活配套优势,必将成为引领贵州文化旅游大发展,推进区域文化旅游产业提质升级的重要引擎。②

四、科技创新模式

文化的发展离不开科技创新的支持,科技是文化发展的关键,科技创新也是文化园区发展的一种模式。近年来,随着社会现代化的进程逐步加快,贵阳市紧跟时代潮流,勇抓大数据发展机遇,成为中国南方大数据资源中心的核心区、中国大数据产业项目建设的集聚区、中国大数据创新服务贸易发展与大数据应用的示范区、中国大数据利用创新创业示范基地、中国大数据人才教育服务培训基地。贵阳市依托于大数据等高新技术,将科技与文化资源相结合,开发出先进的虚拟现实技术、网络技术、云技术等高新技术,让贵阳市的各级各类文化遗产,在虚拟世界中"活"起来,形成了丰富的文化产品结构。我国大数据产业在近年来得到了飞速发展,针对当今时代大数据发展的新形势,贵阳市对大数据进行大胆尝试及革新,在2018年"数博会"时期,贵阳市大数据交易所推出优化中国大数据发展结构及发展

---

① 贵阳文化大数据:初步形成文化科技产业集群[N].贵州日报,2016-12-30.
② 刘丽红.贵阳恒大文化旅游城,献给世界的文旅胜地[EB/OL].[2018-02-26]. http://house.china.com.cn/guiyang/view/1509933.htm.

模式的"数+12"发展战略,即依托自主开发的交易系统,打造数据确权、数区块链、数据创业、数据定价、数据资产、数据安全、数据指数、数据标准、数据工厂、数据监管、数据认证、数据开源。《中国大数据产业发展水平评估报告(2018年)》预计,2018年大数据核心产业规模将突破5700亿元,未来2～3年市场规模的增长率仍将保持在35%左右。① 贵阳市正在逐步通过以上发展战略着力提高我国数据流通的动力和发展效益,为建设具有中国特色的"数字中国"服务。

贵阳市大数据产业园还立足国家大数据(贵州)综合试验区,积极实现文化资源数据化,将静态文化数字化、活态化,让一些历史文物以及非物质文化遗产能够活灵活现地展示在人们的面前,促使文化资源获得生动形象的表达。这就体现出贵阳市的文化园区的科技创新模式,这一模式能够带动文化园区融合创新,实现又好又快地发展。

第三节　贵阳市文化园区发展的现状问题

现今,文化软实力越来越成为衡量国家综合实力的重要指标之一,而文化园区的建设和发展更逐步成为体现一个城市或是地区的文化形象,以及城市发展水平的重要指标之一。"十三五"时期,国家提出了发展文化产业的重要任务,全国各大城市也都推出了相关的政策和法规支持,以推动城市文化产业的发展。在此背景下,我国的各大城市也都纷纷开始投入到文化产业发展的实践探索道路上,文化产业进入飞速发展的新时期。然而,与西方发达国家相比,我国文化产业的发展起步相对较晚,相关文化产业体系的发展也不成熟,以贵阳市为例,就存在着诸多问题与不足。

一、融资渠道不完善

近年来,贵阳市文化产业发展迅速,相应的文化园区的建设发展也初见成效。由于投资发展文化园区需要具有独特的竞争优势和一定的开发经验,而贵阳市地处西南内陆腹地,与沿海一线城市相比,交通优势较弱,这就导致贵阳市大部分文化园区的发展处于较低水平,而外界对贵阳市的了解也停留在"天无三日晴,地无三里平,人无三分银"的错误认知层面。目前,贵阳市较多文化园区发展的整体实力不足,文化园区后期发展相对滞后,许多园区缺乏重大项目的支持和品牌企业的带动,后期发展相对乏力。文化园区是政府实施文化建设的重要项目,是政府部门

---

① 搜狐网.贵阳大数据交易所即将推出"数+12"战略[EB/OL].[2018-05-18].http://www.sohu.com/a/232097773_398084.

资助的重点对象，政府部门对于文化园区建设也有专项资金投入。但总体来看，政府投入文化园区建设的资金数额仍显不足，容易导致文化园区发展动力不足等不良后果。贵阳市虽有许多民间资本企业，但是这些企业认为文化园区建设发展存在一定的风险，对于投资文化园区发展建设的积极性和热情度不高，导致文化园区建设缺乏市场活力。随着高铁时代的到来，交通等制约贵州省文化旅游、会展业等发展的瓶颈将逐步消除。贵阳市将逐步加强与外界的沟通与联系，使得自身的文化经济一体化进程加快。然而目前对于大多外来投资者来说，贵阳市在交通区位以及经济发展上仍旧处于一个相对封闭、落后的水平，因此对于贵阳市的文化产业发展以及文化园区建设来讲，融资渠道不畅，将会继续制约贵阳市文化园区的建设与发展。

二、创意人才严重不足

建设和发展文化园区，获得有知识有创意的人才是关键一环。一个文化园区的运营，同样需要培养优秀的文化人才，如创意人才、管理人才是任何园区、任何企业发展都必须具备的重要因素。人才的培育对于文化园区的发展建设来说，更是十分关键性的竞争要素，关乎文化园区的核心竞争力。对贵阳市文化园区的发展来说，人才培养是推动文化园区发展的重要因素。缺少良好的运营管理者，文化园区的运转就会出现困难。贵阳市香纸沟文化园区的营运受阻，与该项目缺乏强有力的文化管理人才有着莫大的关系。由于我国文化产业发展起步较晚，文化产业的发展体系相对不完善，因而文化园区的发展和应用与发达国家相比仍有很大的差距。当然，影响我国文化产业和文化园区建设发展速度的因素有很多，但其中最重要的就是创意产业人才的缺乏。一个产业的发展基础条件就是人才的培养，它在产业发展中有着至关重要的作用，不管是在文化产业，还是其他产业中，产业的核心竞争发展要素便是对于人才的开发与利用。因此，当文化园区在开发建设时出现人才匮乏的现象，就会导致产业创新力不强、竞争力偏弱，从而使文化产业难以得到良好地发展。

三、发展建设滞后于整体规划

文化园区是一种集创意、合作、信息于一体的文化产业大网络，与传统产业集群相比，既有共同点又有独特之处，它的相关产业间关联性强、空间集聚度高、文化内涵丰富、创意设计鲜明、产品结构多样、环境宽松舒适，是一种较为新兴的产业形态。

近年来在国家政策的大力扶持下，文化产业发展迅猛。贵阳市也积极响应国家号召，致力于文化产业发展以及文化园区建设之中，然而目前贵阳市文化园区的发展建设仍旧处于初级探索阶段，存在文化产业发展水平较低、文化园区建设发展相对滞后、园区管理不规范以及盲目规划等问题,对园区的未来开发乃至贵阳市文化产业的快速发展都有着不良影响。由于近年来贵阳市文化园区数量迅猛增长,许多规划较早的文化园区没有适应市场需求从而未能走上正轨,新建设的园区又缺乏文化内涵,如一些文化园区基础设施建设相对落后,服务配套设施跟不上现实需要,在很大程度上造成了文化园区发展"欲速则不达"的局面。因而贵阳市文化园区的建设发展面临着十分巨大的挑战。

四、发展定位模糊且文化资源利用不足

对于一个文化园区发展来说,合理利用当地丰富的有特色的文化资源是其发展建设的重要前提。文化园区的地域性比较强,前期的文化资源依托对园区发展建设犹为重要,因而并非任何地方都能够有条件有实力建设文化园区。因为文化资源本身就拥有较强的区域性和民族性,具有地方区域特色,所以我国较多城市和地区在长期的历史发展进程中沉淀了数量繁多的、优秀的传统文化资源,这些资源在一定程度上为文化园区的建设和发展提供了潜在的可能性。

文化资源是文化园区发展的基本前提。从构成来说,贵阳市文化资源包含民族文化资源、红色文化资源、茶文化资源、酒文化资源、生态旅游文化资源等,虽然贵阳市文化园区的发展拥有这些独特的资源优势和区位优势,但实际上贵阳市文化园区发展情况并不如预期的乐观。在建设过程中往往出现盲目追求速度的现象,在很大程度上忽略了园区建设的经济发展规律。尤其是近几年来,贵阳市文化园区发展面临的困难逐步增多,文化园区数量急剧增长,一些文化园区的定位模糊不清,有效拉动当地居民的文化消费能力不足等,这些现象在一定程度上成为了阻碍贵阳市文化园区发展的瓶颈。

第四节 新背景下贵阳市文化园区的分类发展

由于我国文化产业以及文化园区发展起步较晚,导致我国文化产业的发展与发达国家相比还有一定的差距。贵州省属于我国文化产业发展较为落后的地区,虽然近年来贵阳市等城市文化产业发展迅猛,文化园区建设如火如荼,但由于缺乏实际操作经验,缺乏广阔的文化消费市场,贵阳市文化园区的发展还面临着较多困难和不足。未来,贵阳市文化园区发展可从以下几方面入手。

一、高新技术与民族文化相结合

中国作为拥有上下五千年历史的文化大国,流传下来的优秀传统文化资源具

有极高的开发价值,开发的方式也是多样化的,急需对优秀传统文化资源进行创造性转化,实现创新性发展。随着"大数据时代"的到来,传统文化与大数据的相互结合开始成为文化传播的一种方式。生活中无处不存在文化消费、文化创造,每个人都生活在文化中,所以要顺应"大数据时代"的发展趋势,确立合作、互通、共享的理念,提升传统文化传播的系统性、整体性和协同性,提高中华民族优秀传统文化的亲和力、吸引力和辐射力,推动高新技术与优秀传统文化的深度融合。

贵阳市是国家级大数据产业发展集聚区、呼叫中心与服务外包集聚区、大数据交易中心与数据中心集聚区。大数据在贵阳市落户,促使大数据与传统民族文化相互结合,使得人们探索开发出新的文化产业发展模式,在开发传统特色文化品牌上进一步融合现代元素,推进贵州省的文化与科技、创意、金融等融合发展,使得贵阳市经济水平得以快速提升和发展,更有利于贵阳市的传统文化传播与发展,借助大数据建立起对外传播方式,进一步加强外界对中国传统文化的了解和认识,让大数据成为我国优秀传统文化的传播平台。高新技术与传统文化结合,不仅可以加深地区的文化氛围与现代化技术融合,还可在此基础上提升文化园区发展活力和丰富文化园区发展内涵,有利于开发出具有民族特色文化和现代科技手段相互融合的特色文化园区。

二、合理利用生态文化资源

贵阳市地处黔中山原丘陵中部,地势西南高、东北低。年平均气温15.3℃,森林覆盖率为46.5%,有森林公园11个,是我国首个国家森林城市、国家循环经济试点城市和避暑之都①,并拥有5A级旅游景区青岩古镇、天河潭以及花溪国家城市湿地公园等生态旅游景区。

贵阳市建设依山傍水,不仅造就了山水城市,还将自然与现代化建设融为一体,充分利用自然生态资源,最大限度地保留和延续了原有的生态环境。把生态元素体现到城市规划建设中来,打造"绿色生态化"的特色城市综合体,不仅能充分体现习近平总书记提出的"绿水青山就是金山银山"发展理念,还有利于文化园区商业、旅游、教育、生态环境等综合性的开发建设。贵阳市文化园区建设应积极依托贵阳市的优势生态文化资源,树立世界观的眼光,按照国际生态园区标准、因地制宜、有特色有主题的统筹规划设计理念,构建以生态系统网络为基础的、将科学技术和创新思路作为战略主线的园区环境。文化园区建设要突出园林的特性、体现生态功能,可着重打造一条汇集生态居住、人文风情为一体的生态走廊,最终形成一个能够突出创新产业孵化、引领生态产业发展、提供高端文化服务、适合养生居住的现代生态文化园区。

---

① 爱自行. 中国第一个国家森林城市[EB/OL]. [2018-01-16]. http://k.sina.com.cn/article_6434931624_17f8d43a8001002s0w.html.

三、构建政产学研一体化合作平台

随着社会各界文化的逐步交融,政产学研成为文化产业发展过程中的一种必然趋势,有利于促进文化园区的发展并为其提供更多的发展机遇。而实现政产学研一体化发展,首先要获得政府相关部门的支持。政府是文化园区发展的主导者、实施者和监督者,其在文化园区的发展中占据着重要地位。为促进贵阳市文化园区的发展,应充分发挥政府在文化园区发展建设中的作用。一是政府要加大投入力度,为文化园区发展搭建平台,即政府在税收和人才招引等方面加快出台相关政策和激励措施,积极推进园区发展,为园区发展创造良好的外部条件。二是政府要以培育文化创意园区、营造宽松和谐的文化发展环境为重点,鼓励非公资本和民营企业进入文化园区建设中,活跃文化园区主体。三是要充分发挥龙头企业的带动作用,引领优秀文化资源合理融入文化园区,依托市场开发文化产品,激发园区发展活力。四是要充分发挥科研机构及高校的作用,培育大量的文化创意人才。高校作为人才教育培养的聚集地,它不仅培养人才也吸引着各个不同领域的优秀人才,使得人才队伍不断壮大,同时,大学又是一个开放且多元化的场所。它所提供多元文化促使学生的创新思想不断迸发,从而产生创意,进行新科技开发,形成一个创意中心。因此,依托大学发展文化园区,使人才与科技聚集,成为文化园区开发建设的另一重要途径。

第三章 创意文化资源的利用:以多彩贵州文化创意产业园为例

随着信息时代的到来,工业时代的生产方式将不再主导一切,人们正在进入一个新的时代——创意时代。在人们物质生活水平不断提升的同时,人们的精神娱乐需求也变得多样化,而创意是人类的一种与生俱来的能力,也是推动社会发展的巨大动力。可以说,文化创意是文化产业的主导部分,也是推动文化产业发展的原动力,文化创意的发展开始逐渐成为人类社会发展的重要动力,也是一种极具活力的巨大生产力。因此,充分发掘创意文化资源,积极把创意文化资源与产业优化整合,从而将文化创意产业作为带动贵州省经济发展有效资源和动力。

第一节 多彩文创园的产品整体设计

一、多彩文创园发展的基本情况

贵州省委、省政府为贯彻落实国务院于 2012 年颁布的《关于进一步促进贵州经济社会又好又快发展的若干意见》[①],将贵州省建设成为国内一流的旅游胜地,2012 年在贵阳市南明区小碧乡开工建设多彩贵州文化创意产业园(以下简称"多彩文创园"),园区于 2014 年建成。时至今日,园区已形成明确的文化定位、行业定位以及稳定的客源市场。

(一)基本情况

多彩文创园作为贵州省委、省政府的重大文化项目,也是贵州省第一个发挥贵州文化优势和特色的文化创意园区。园区将品牌资产作为打响园区知名度的依托,将非遗文化作为其所发展内涵,通过对文化资源的创意性开发,将文化产业作为支撑,通过多彩贵州品牌总部将非遗展示、文化创意孵化、文化休闲和文化外宣

---

① 中华人民共和国中央人民政府.国务院关于进一步促进贵州经济社会又好又快发展的若干意见》:国发〔2012〕2 号[EB/OL].[2012-01-16].http://www.gov.cn/zwgk/2012-01/16/content_2045519.htm.

等作为园区主要功能,实现贵州省非遗文化传承和创新、文化产业孵化、产业模式探索等目标。园区通过将文化资源整合到品牌资产中,从而将现代设计与文化创意相结合,有效地促进非物质文化遗产保护和传承、展示和研究、交流和发展利用。通过文化创意企业和相关产业链入驻园区,加之必要的生产和生活服务配套,实现对基于非遗的中小微企业的培育和孵化,让文化产业各环节能有效地融合与互动,积极促进贵州省文化品牌建设,推动贵州省文化产业的发展和升级。

贵阳市是西南陆路交通和西南出海大通道,是我国整个西部通往粤港澳、东亚、南亚、东南亚地区的出海出境重要通道和陆路交通枢纽,中国—东盟自由贸易区的成立,使贵阳市进一步成为泛珠三角经济圈的汇合部。多彩文创园位于贵州省贵阳市南明区东部新城小碧乡云盘村,结合这里的地貌特征,建筑物以"一轴两翼"的布局依山而建,背靠营盘山,面对渔梁河。距龙洞堡国际机场3千米,离市区8千米,总占地面积10万多平方米,总建筑面积7万多平方米,总投资4.94亿元,分两期建设。第一期占地约5万平方米,建筑面积4万多平方米,投资2.3亿元。由展示中心、研发中心、孵化中心、文化交流中心及多功能剧场组成,有皂角树广场、枫木广场、蝴蝶妈妈广场和多彩广场,4个广场分别落差24米。该园区被省委宣传部列为全省文化产业示范园区。

多彩文创园的建筑风格独具特色,景区整体建筑呈阶梯状排列,高差24米,逐级形成坡状,富有山地特色。从空中俯瞰,景区呈现鹡宇鸟的形状,那是苗族古歌中孵化生命的神圣之鸟。每一栋建筑都是基于贵州民族建筑元素,创意创新地将过去和现在、传承与发展、景区与园区有机融合在一起。方正的三层博览展馆,外立面仿青灰石材砌筑,厚重朴实;剧场与文化中心仿木立面及局部空间形成吊脚的意象,灵动优美;六幢屯堡意象的建筑群耸立园内,俨然创意标志。石、木、土三大贵州传统建筑元素,通过地域材料、生态材料嵌入建筑肌理。连接各建筑群落的文化主题广场,贯通广场的蜿蜒的石墙石路、石筑斜桥、石基石瓦石壁的布依村居、史诗般的民族石雕,石材多源于当地拆迁的布依老村,让人感受到丝丝来自历史的温馨。

(二) 文化定位

时任贵州省委书记陈敏尔曾在多彩文创园调研时强调,要将"文化创意+"做深做足,把文化创意产业培育成新兴支柱产业。贵州省有丰富的少数民族文化资源,并且其中大多还没有经过有效地开发和利用,多彩文创园结合贵州省丰富的文化资源,通过"文化+创意"的方式对这些未经开发和利用的文化资源进行创意性整合利用开发。

多彩文创园通过以一个中心(深挖多彩贵州原生态创意文化,将其转化成有型的经济利益与社会效益)、四个融合("品牌+文创""品牌+旅游""品牌+科技""品牌+生态")、三大创新(理念创新、机制创新、发展模式创新)、四大保障(政治保障、制度保障、人才保障、政策保障)为策略,以广大人民为服务对象,持续跟踪研究贵州省文化创意产业发展进程,使贵州省非遗创意走向世界的窗口和交流平台。

(三)具体类型

我国文化创意产业园区建设从20世纪90年代起步,发展到2014年时,全国共拥有2570个产业园区,到2015年时,全国正常运作的园区个数为2506个。通过20多年的发展,我国产业园区的数量较多,但是对园区的分类方式很少,目前主要从两个方面来对园区进行划分,即按区位依附划分和园区性质划分。

按区位依附划分,多彩文创园可以定性为开发区依托型。园区坐落在营盘山下、鱼梁河畔,距离贵阳市龙洞堡机场较近,周边还有正在开发的多彩贵州风景眼开发区。多彩贵州文创园以风景眼开发区为依托,合理利用周边资源,通过风景眼开发区的旅游资源及其便利的交通优势,从而进行景区的运行。

按园区性质来划分,多彩文创园首先是产业型。园区紧紧依托贵州省丰富而深厚的民族文化底蕴和旅游资源,通过市场化运作,将"多彩贵州"这一文化品牌进行发展和延伸,将品牌整合融入文化资源中,以文化创造价值,成为具有市场竞争力的文化产业实体。并且文创园以非遗文化展示、体验为内容,以创意为灵魂,将贵州品牌融入文化创意产业,通过规范化、标准化和专业化运作,打造业态产品,促进多彩贵州品牌的可持续发展。其次,多彩文创园可归为休闲娱乐型。景区内打造了皂角树广场、枫树广场、蝴蝶妈妈广场和多彩广场等运动保健型场所;品茶空间、布依村落、文创体验馆等文化休闲型场所;多功能剧院、三品美术馆、非遗展示厅等观赏体验型场所;民族文化数字体验馆中体验传统体育竞技、与动物互动等娱乐刺激型场所。最后,多彩文创园也可认定为政府运作型,该园是由贵州省委宣传部牵头,多彩贵州文化产业集团打造的贵州省十大产业基地项目。"多彩贵州"品牌是贵州省委、省政府倾力打造的省级形象品牌,具有超强的政府公信力,以帮助企业建立市场影响力。

(四)行业定位

多彩文创园是一个集游览、购物、娱乐、餐饮、美育、休闲六大功能为一体的贵州门户型文化旅游景区,其行业定位是一半由政府主导的公益性园区,一半为自主营利的公司管理园区。公益性表现在通过让游客游览传承厅、民族文化数字体验馆、布依村落、斜桥、中央生态湿地公园以及非物质文化遗产展示厅,从而达到对贵州省内少数民族文化的传播;同时,园区也积极吸引非物质文化遗产代表性项目、代表性传承人入园,加强了对非物质文化遗产的保护。

而在盈利性上,园区的盈利模式是多种的、综合性的盈利方式。其中主要的盈利方式为物业租赁和活动策划。首先,租赁收入是文化创意园最基本的收入来源,多彩文创园通过招商,形成文化创意企业聚集,并将各类不同层次的文化创意企业进行类聚,使其在竞争和合作的过程中有效地激发产业创新。其次,文创园通过活动策划收入进行盈利。主要表现在从2016年至今每周举行的"非遗周末聚",为贵州省各个参加非遗周末聚的县市提供活动策划以及举办产品展览、交易等,并向各个举办非遗周末聚的县市收取一定的费用。

(五)园区规划

多彩文创园为方便游客游览,景区按"一轴两翼八场馆"来布局。"一轴"即入园后自皂角树广场层层向下经枫木广场、蝴蝶妈妈广场和多彩广场,直至中央生态湿地公园;"两翼八场馆"即以广场为中轴线,建筑景观形成两翼八场馆,即左翼的非遗传承厅、文创体验馆、非遗生活馆、文化交流中心,右翼的非传承厅、贵州民族文化数字体验馆、三品美术馆、多功能剧院。如图3.1所示,虚线游览路线即为一轴,游览线两侧的规划区各点为两翼。

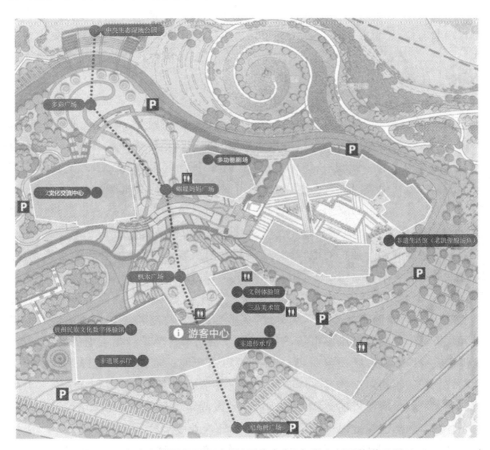

图3.1　多彩文创园平面示意图(图片来自《多彩文创园旅游手册》)

(六)发展阶段

多彩文创园于2014年正式营业,目前处于发展初期,经过一段时间的发展,已有"侗族大歌""苗族服饰""布依傩戏""民俗节日""民族医药""屯堡文化"等各具特色的少数民族多功能展厅及多功能的数字传媒展示厅,利用高新技术传承和发展少数民族传统文化。以"多彩贵州 山地百货"为品牌的贵州文创旅游产品将贵州省的少数民族文化符号化、形象化。另外,周末有展示独具特色的少数民族传统歌舞表演和寓教于乐的少数民族的儿童剧,还有大型的少数民族歌舞剧《天蝉地傩》。在初级发展阶段多彩文创园有与俄罗斯大学生的交流活动,因独具特色的文化IP"苗龙部落",不断有文化企业入驻,且已逐步形成多彩贵州品牌集群(如多彩贵州影业公司、贵州文化艺术有限公司、多彩贵州少儿艺术团公司、多彩贵州品牌推广公司等30多家文化企业形成的产业集群)。目前,多彩文创园的主要问题体现在以下4点:(1)园区内产业模式不完整,管理人员相对不足;(2)园区内尚未建立起有效的园区公共服务平台,缺乏交流平台;(3)贵阳市内相类似文化创意园区未能发挥优势互补、资源共享效应;(4)园区服务现阶段还未能充分挖掘个体经营户内在的需求,而园区服务主要为传统租赁服务。园区未来阶段的发展主要集中在引进人才、改善交通、提高教育水平,使多彩文创园能够更好地促进贵州省非遗文化的保护与传承。

(七)交通区位

贵阳市是西南陆路交通和西南出海的大通道,也是我国整个西部通往粤港澳、东亚、西亚、东南亚地区的出海出境重要通道和陆路交通枢纽。随着中国—东盟自由贸易区的成立,贵阳市进一步成为泛珠三角经济圈的聚合部。多彩文创园利用贵阳市天然地理优势,将园区建立在贵阳市南明区东部新城小碧乡,一方面可利用除贵阳市外其他县市到贵阳优渥的地理环境;另一方面也可依托多彩贵州风景眼开发区,合理地利用地理资源和开发资源,推进园区的旅游业发展。

多彩文创园拥有独特的地理位置,毗邻贵阳东客站,距市中心约8千米,离龙洞堡机场仅1千米,无缝连接贵阳龙洞堡机场(现已开通国际国内航线110条,每周有1800个航班连接60多个国内城市和7个国家或地区)及西部出海大通道(分别是夏蓉高速、贵新高速),与西南环线、兴业西路、龙腾路相连。交通的便利使得园区开拓了广大的外部旅游市场,不再局限于贵阳市甚至是贵州省内的游客市场。贵州省旅游产业发展委员会近两年推出了一系列促进贵州省旅游产业的发展举措,如在2017年初对京津冀三地游客实行门票半价优惠,2017年6月至9月对中国十大火炉城市所在省的游客实行门票半价及高速路段收费半价等一系列举措,这一系列措施从宏观上促进了多彩文创园的旅游业发展。

贵阳市区有46路、240路、258路、262路4条公交线路直达多彩文创园,交通极为便利。景区适合多种旅游方式,推荐自驾游、骑行和步行,景区内分别建设有人行道和车行道,车行道为双向两车道,车行道有无障碍通道设置。内部不同位置分别有3个室内3个室外共6个停车场,拥有400个车位,可容纳各类型客车停放。

（八）客源市场

影响客源市场的因素有各个方面的原因，应当从多方面对其进行分析，而影响多彩文创园客流市场的因素，可主要从以下两点进行探析：

1. 从地理位置分析

目前我国城镇居民的旅游方式大多是就近旅游，农村居民的旅游占小部分，而城镇居民在节假日时多半会选择离居住地近的游览景点进行游玩。若从游客所居地的地理位置进行分析，多彩文创园周边城镇将会是主要的客源市场，如毕节市、安顺市、遵义市、黔南州等。

2. 按人均消费结构分析

根据全球消费市场所得出的经验看，若人均 GDP 达到 3000 美元，则可刺激距游客所居地近的短途旅游；若人均 GDP 达到 10000 美元，由于人民的经济来源增加，则会促进国内旅游业的繁荣兴盛。2017 年，贵州全省 GDP13540.83 亿元，同比上涨 10.2%。2017 年贵州省各地 GDP 分别为贵阳市 3537.96 亿元、遵义市 2748.59 亿元、毕节市 1841.61 亿元、黔东南苗族侗族自治州 972.18 亿元、铜仁市 969.86 亿元、安顺市 802.46 亿元，2017 年贵州省各市人均 GDP 均达到 3000 美元。而距离贵阳市较近的人均 GDP 达到 10000 美元的城市有长沙市、武汉市、昆明市、成都市等。

综上所述，可将多彩文创园的客源市场分为以下三级：一级客源市场为贵阳市、安顺市、毕节市、遵义市等贵州省内州市，以及成都市、武汉市、昆明市；二级客源市场为北京市、广东省、天津市等东部沿海省市；三级客源市场为甘肃省、内蒙古自治区、西藏自治区等。

二、多彩文创园的园区整体设计

（一）主体建筑

多彩文创园拥有独特的建筑风格，景区整体建筑呈阶梯状排列，高差 24 米，逐级形成坡状，富有奇妙山地的特色。整个景区从空中俯瞰，呈现出鹡宇鸟的形状，这种鸟代表着苗族古歌中孵化生命的神圣之鸟，如图 3.2 所示。景区内的每一栋建筑都是基于贵州民族建筑元素的创新创意。整个景区按"一轴两翼八场馆"布局，共计 13 个场馆。

（二）娱乐节目

多彩文创园自建园以来，举办了"非遗周末聚""多彩贵州少儿艺术节"和"贵州文博会"等一系列活动。多彩文创园从 2016 年起，每年 6 月到 10 月每个周末都有不同县的不同少数民族宣传当地的特色周末聚表演，其主题为"周周有主题，县县有精彩"，展示了贵州各县市的传统非遗文化，让游客体验到当地少数民族最有特色的歌舞表演、民族文化、土特产等趣味风俗。通过各个县市的轮番登台表演，展现贵州省内各个县市不同的少数民族风情,体现出多彩文创园是一个以民族艺术产品为依托的无形的创意类文化产业园区(图3.3为大方县"非遗周末聚")。

图3.2　多彩贵州文化创意产业园鸟瞰图(图片来自多彩贵州文化创意产业园官网)

图3.3　大方周末聚(褚上摄)

除上述所说"非遗周末聚"外,多彩文创园还成功举办了"多彩贵州少儿艺术节"。来自全省各地的优秀少儿艺术团体、优秀舞台演职人员和市民近2000人欢聚一起,共同谱写"多彩童年,艺术造梦""爱心传递,创享互动"的主题,一批国家级非遗传承人、省级非遗传承人、知名学者等在现场向少儿观众演绎和传授贵州文化和传统技艺(图3.4为"多彩贵州少儿艺术节")。"多彩贵州少儿艺术节"是贵州省首个少儿大型综合艺术节。2015年"多彩贵州少儿艺术节"拥有"多彩演艺、亲子互动、文化传承、乐享美食"①四大部分,此次活动将观赏、娱乐、体验、乐教、美食融合在一起,满足了参加少儿艺术节的儿童吃、喝、玩、乐、学、游等多种需求。

图3.4 多彩贵州少儿艺术节(图片来自多彩文创园官网)

多彩贵州文化创意产业博览交易会(以下简称"贵州文博会")以"文化促发展,创意赢未来"②为主题,共七大展示区域和五大主题活动。七大展示区域分别为"非遗馆""文创馆""美术馆""民族文化数字体验馆""文创与相关产业融合发展馆""创客集市""特色非遗餐饮";五大主题活动则分别为多彩贵州文创大赛颁奖活动、文创与相关产业融合发展论坛、文创产业金融服务论坛、省内外文创产业交流活动、非遗文艺展演。贵州文博会的七大展示区域协同五大主题活动共同促进了此次贵州文博会的顺利举办。贵州文博会将130多家省内外优秀文创企业以及300多位投资人、采购商、专家、学者们齐聚一堂,一展贵州省文化创意产业风采。贵州文博会的举办促进了各地文创产品的相互融合,促进了文化创意产业的发展。

(三)园区管理

目前,我国国内的文化创意园区的管理模式不尽相同。通过对文创园园区管理公司的调查研究发现,多彩文创园的管理模式是以政府为主导、企业运营管理的混合模式。由政府提供政策支持和资金扶持,多彩文创园为平台,吸引企业入园孵化,促使企业成功转型,最终达到促进区域发展的目的。

多彩文创园园区具有主题鲜明、开放性和公益性等特征,园内展区租赁价格

---

① 周静."2015多彩贵州少儿艺术节"启幕[EB/OL].[2015-10-02]. http://expo.people.com.cn/n/2015/1002/c57922-27657318.html.

② 李易淋.首届贵州文化创意产业博览交易会 五大特色八点亮点[EB/OL].[2015-07-08]. http://news.gog.cn/system/2015/07/08/014422458.shtml.

低,且出租率高。由于园区主要是打造产业生态,整个园区作为一个大平台和产业聚集区,吸引相关企业进驻。通过减免租金和费用,以吸引更多的企业入驻,先聚集人气,然后再考虑赚钱。租赁方式主要有政府建设、委托经营、自己建设自己经营。园区在管理上的模式是以多彩贵州文化创意集团公司为主导,其他文创公司协助管理。在经营管理方面存在着多种经营管理方式,具体的方式是多彩贵州文化创意集团公司通过招商引资方式对入驻园区的公司及企业收取一定的管理费,同时向在园区内举办活动的会展公司收取场地出租费,收取的出租费由园区内的各个入驻文化创意公司分红。

2005年8月,在贵州省委、省政府的推动下创建了"多彩贵州"品牌。贵州省委、省政府为管理运作多彩贵州品牌,充分发挥品牌效应,推动品牌产业化发展,成立了品牌运营专门机构——贵州省多彩贵州文化产业发展中心。以品牌产权化为抓手,进一步加强多彩贵州品牌建设,同时对多彩贵州品牌实施全面保护性商标注册,从而对与多彩贵州品牌有紧密关系的10余个行业在内的20余家企业进行了商标授权,其中包括演艺、商业地产、工艺品、网站、酒、茶、教育、酒店等。

与企业合作发展打响"贵州品牌"的方式主要有以下5种:多彩贵州商标授权;多彩贵州商标授权＋多彩贵州品牌作价参股;多彩贵州集团国有独资,委托团队运营管理;组建混合制股份企业,多彩贵州集团参股,合作方控股;组建混合制股份企业,多彩贵州集团控股。多彩文创园中有几十家本土文创公司及其创意过程,可感受贵州省原生态文化的神奇,探索其奥妙,也有与现代接轨的三维空间交互式感应,科技与文化创新融合的体验方式。其加强了与国际知名公司的合作与获得认可。同时,其成立了多彩贵州文化旅游研究院,以多彩贵州品牌为引领,重点研究贵州文化产业的发展方向和品牌形象,继而探索如何将贵州所独有的多彩文化资源进行产业化梳理和转化,从而将研究和探索相结合推动贵州文化产业的发展和升级。目前园内已有30多家公司,并且仍不断有企业加入(如图3.5所示)。

(四)园区服务

多彩文创园的基础设施较为完善,园区内有方便带小孩的游客游览的婴儿车,也有方便伤残人士的第三方卫生间等。纵观整个园区,其服务可具体细分为以下几点:

一是空间载体服务,有多彩贵州品牌研发基地和文化产业孵化基地。前者以贵州品牌为根本,用品牌资产同企业进行合作,整合资源,组建平台,打造以多彩贵州品牌为引领的产业集群;后者通过类似"互联网＋"的模式进行孵化,利用"文创＋X"的复合型产业结构,以文化创意、现代设计、科技运用等手段对基于非遗的民族手工艺制品、生态农业、生活用品等中小微文化企业开展孵化,探索品牌、平台以及产业链的创新形式,推动企业发展。

二是基础设施服务。景区内分别设有人行道和车行道,车行道为双向两车道

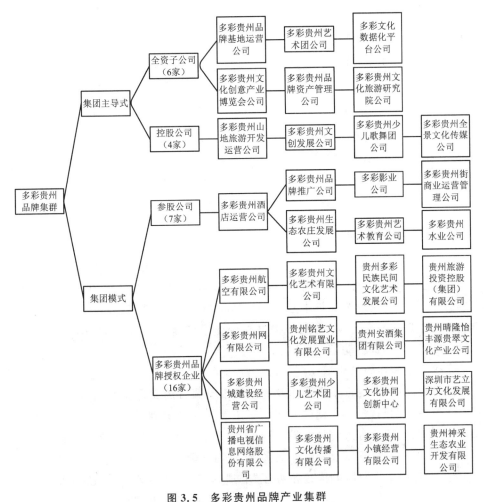

图 3.5 多彩贵州品牌产业集群

沥青路面,人行道有无障碍通道设置,内部不同位置分别有 3 个室内 3 个室外共 6 个停车场,拥有 400 个车位,可容纳各类型客车停放,还有互联网数据中心等。

三是公共设备设施服务。主要有新闻发布厅、公共会议室、非遗展示厅、游客接待厅、商务接待厅、仓储配套等。

四是物业及城市配套服务。景区内的垃圾桶、路标、指示牌、示意图等都很明确,距离不超过 10 米。传承厅右侧有存放私人物品的密码箱,左侧放有妇婴专用小推车。上下楼有电梯和步行梯两种(没有残疾人专用通道)。在危险区域设有护栏、救生圈、消防设施等。虽然进口与出口在同一个地方,但有保安人员维持秩序,无混乱现象。景区内暂无医院,但有临时医疗箱。多彩文创园非遗生活馆中,可以品味色香味俱全的老凯俚酸汤鱼及其他贵州特色小吃。

五是创业文化构建服务。主要有游客中心(业务受理、投诉中心、建议台、咨询导游中心等)促进环境保护、安全旅游、应急救援等公共设施服务。

第二节 多彩文创园发展经验探析

我国文化创意园的建设起步相对发达国家较晚。近年来,在各级各地政府的领导下,全国的文化园区建设进程逐步加快,并已初步形成了多个国家级文化产业示范园区。多彩文创园自2014年建成以来,已经逐渐形成较为成熟的发展模式,并且积累了属于自身的发展经验。

一、开展周末非遗节,各县市轮番登台

2016首届"多彩贵州文化艺术节·非遗展示篇周末聚"活动由贵州省委宣传部、省文化厅、省教育厅、双龙航空港经济区、多彩贵州文化产业集团有限责任公司主办,省非物质文化遗产保护中心、多彩贵州文化创意产业博览会有限公司、多彩贵州文化数据化平台公司、贵州广播电视台交通广播承办。①"非遗周末聚"活动自2016年6月9日启动,至今已成功举办两年。

多彩文创园在周末聚活动期间,推出各地的传统手工艺品和美食等特产,举行文创旅游产品展销,促进了贵阳市及周边城市节假日的文化旅游消费。如在2016年周末聚活动期间,多彩文创园共组织了近200家商家到活动现场展示和展销活动,其中较受欢迎的有大方臭豆腐、织金竹荪、正安顶箐方竹笋、威宁火腿月饼、威宁荞酥、道真灰扒豆腐以及安顺傩面具、印江油纸伞等。

除"非遗周末聚"外,园区还举办了"非遗周末课堂"活动。"非遗周末课堂"的开设,促进了非遗传承人与广大游客面对面交流,通过与非遗传承人近距离学习和交流,让更多的游客学习非遗并传承非遗。其中,在非遗课堂上进行现场授课的非遗传承人及非遗专家有50余名,授课的内容主要包含有蜡染、刺绣、银饰、剪纸、古法造纸、28势太极拳等,通过讲授非遗项目具体内涵及相关非遗技艺,吸引了大量的游客学习和游览,至今已有万余人参与学习。

多彩文创园以非遗周末聚活动为契机,邀请了参与非遗周末聚的10余个县(市、区)人民政府与多彩贵州文化产业集团合作交流,通过参加"非遗周末聚"活动,促成了这10余个县市区政府和文化产业集团签订了战略合作协议。战略合作协议的签订,将会在文化产业培育、文化旅游品牌推广、文创旅游商品设计研发、民宿酒店(客栈)经营管理、传统古村落保护和开发等方面开展深入合作,通过开展文

---

① 周远钢.2016首届多彩贵州非遗展示篇周末聚活动正式启幕[EB/OL].[2016-06-11].http://www.gzgov.gov.cn/xwzx/mtkgz/201606/t20160611_414061.html.

化服务、文化产业扶持等实现农民就业创业、脱贫致富。

二、号召非遗入驻园区,形成百花齐放格局

贵州省内拥有大量的非物质文化遗产资源,随着旅游产业发展速度逐步加快,其中部分非物质文化遗产的生存现状岌岌可危,如古法造纸术在面对现代造纸术的强力冲击下,其复杂难学的古法造纸技艺已遇到了"后继无人"的问题。为保护和传承非物质文化遗产,多彩文创园引入非遗项目及其非遗传承人。如已入驻园区的非遗项目有苗银制作技艺、牙舟陶制作工艺、蜡染制作技艺等。园区通过各个非遗传承人和非物质文化遗产项目已有的文化品牌效应,来扩大多彩文创园在外界的影响力以及自身的知名度,从而增加游客数量。

多彩文创园现已有数十位知名的非遗传承人入驻园区,其中包括侗族大歌的非遗传承人胡官美,思南花灯戏的非遗传承人刘胜杨,滚山珠非遗传承人王景才,德江傩堂戏的非遗传承人张月福,安顺地戏的非遗传承人顾之炎,锦鸡舞的非遗传承人李金英和印染技艺的非遗传承人杨光成等在内的51项非遗名录的56位非遗传承人。园区将逐步引进剑河锡绣制作工艺以及其传承人,以及思州石砚制作工艺以及其传承人、彝族赶毡制作工艺及其传承人、苗族剪纸、砂陶制作工艺等非遗项目,丰富园区非遗项目内容,以达到依托非遗项目进行创造性转化和创新性发展的目标。

三、签订协同创新三方协议,实现政产学研一体化发展

2016年2月4日,贵州省文化改革发展办、贵州民族大学和多彩贵州文化产业集团三方协同创新框架协议签约仪式在多彩文创园举行,同期举行多彩贵州文化协同创新中心揭牌仪式。① 当前,中国的经济正处于加速换挡期、结构调整期和动力转换期,我国推进供给侧结构性改革是我国经济发展进入新常态的必然选择,而政产学研的合作是推进供给侧结构性改革和实施创新驱动力发展战略的重要结合点。

此次三方框架协议签订,将多彩贵州文化协同创新中心落地多彩文创园,建设民族文化政产学研平台。贵州省文化体制改革发展领导小组办公室、贵州民族大学和多彩贵州文化产业集团将就民族文化产业研究课题和培训项目、民族文化商品转化展开相关合作,通过校地共建、校企合作,整合国内外优势资源,汇聚各种创新要素,产出重大创新成果,把多彩贵州文化协同创新中心建设成为西部乃至全国文化多样性传承传播和产业研发的示范中心。

三方框架协议的签订,将"研、学、产"融为一体,民族大学作为一个平台、一条

---

① 李中迪.多彩贵州文化协同创新中心落户多彩贵州文创园[N].贵州日报,2016-02-04.

纽带,把三方串联起来,实现强强联合优势互补。贵州省文化产业发展较为滞后,没有强大的智库支撑是一项重要因素。贵州省文化产业不仅要深入挖掘,还需要市场运作这只"手"去推动,三方合作将以此着力推进。"多彩贵州文化协同创新中心"顺应文化强省的大战略,做大做强文化产业,主动引入市场竞争机制,以市场化方式广揽国内外人才,必定能在多彩贵州文化产业的大潮中创新发展。

四、文化产业与文化事业齐飞,文化创意与文化科技交融

文化产业的兴盛与发展越来越成为衡量经济社会进步的重要标志。文化产业与文化事业之间有着千丝万缕的关系,文化产业是否兴盛从侧面反映和决定着文化事业建设是否成功到位。多彩文创园就体现出文化产业与文化事业齐飞的现象,景区中处处体现出文化的气息。多彩文创园的成功与很多企业有着密切关系,尤其是部分文化创意企业,努力为多彩文创园的发展建设贡献了自身的力量,使得多彩文创园发展越来越好。同时,这些企业在有了文化创意园的成功背景下,文化事业也跟着强大。景区内体现文化创意与文化科技的交融,使创意产业与互联网、物联网、信息处理、大数据及相关科技手段融合,从而展现出一个丰富的、多元化的多彩文创园。

创意与科技的融合同时也给文化事业提供了无限上升的空间,三维虚拟的风景区和三维360度的全景展示出创意与科技的结合,给人以真实般的感受,精彩绝伦。景区中处处展示着文化创意与文化科技交融的成果,处处体现出创意与科技结合的成果。因此多彩文创园的发展本身就是"文化产业与文化事业齐飞,文化创意与文化科技交融"的成果。

五、借助文博会舞台,产品研发进入新阶段

2010年深圳举办国际文化产业博览交易会(以下简称文博会),深圳文博会的举办成功推动了深圳市的产业布局,为深圳市集聚了大量的有关文化产业的资金、信息、人才,而深圳文博会的成功举办加速了深圳市成为全国文化产业发展的领头羊。多彩文创园借鉴了深圳文博会的成功经验,为贵州多民族文化产业转型及跨越发展打造高端文化品牌和专业宣传、交流、交易平台。2015年举办的首届多彩贵州文化创意产业博览交易会(文博会)是由贵州省委宣传部、省文化改革发展办、省经济和信息化委员会、省科技厅、省文化厅、省新闻出版广电局、省文联联合主办。①为贵阳市文化产业的发展提供了文化品牌宣传和文化产品推介的平台。贵州省文博会的举办,一方面得益于我国近年来为了推进文化产业的发展,从国家政策层面上相继出台了一系列发展文化产业的"利好政策",这些政策的出台表明了

---

① 曹雯.首届多彩贵州文化创意产业博览交易会月底举行[N].贵州日报,2015-07-06.

我国将会从政策上大力推动化产业的发展;另一方面是现阶段贵州省内的文化产业自身发展呈现出了良好的发展态势,拥有较大的发展空间和发展潜力,贵州省2016年的文化产业所贡献的GDP占到全省GDP的3%,相较于2015年有了近40%的增长,实现了299亿元的增加值。

贵州文博会主要具有以下五大特色:一是主题鲜明,突出和彰显文化创意,以现代设计、科技手段实现贵州省丰富文化资源的产业转化;二是布局创新,以"园区+会展"的模式呈现,文博会选址多彩文创园,环境优美,离市区近;三是内容独特、小而精,企业规模小,但展现精品,展现文化+景区、文化+非遗、文化+科技、文化+生态农业,为贵州文创产业做示范;四是服务配套,构建融资平台、法律服务、知识产权等一系列综合服务平台,以支撑会展业的发展;五是开放办展,邀请省外、境外文创企业、专业买家、投资商、学者参展,与贵州省的文创企业进行互动。① 2015年7月26日,贵州省首届多彩贵州文化创意产业博览交易会落幕。三天时间,入园人数达2万余人,集中签约近12亿元。此次通过文博会的举办,促进了各个企业及平台之间的相互交流合作,促进了资金、技术、信息及人才之间的交流。

正是有了首届贵州文博会的成功先例,贵州山地旅游百货作为后起之秀积极创新发展。山地百货店共计开出6家:织金洞景区门店、黄果树景区门店、习水土城景区门店、瓮安多彩贵州小镇门店、园区酸汤鱼门店以及园区文创体验馆店,总面积约2000平方米,设计研发文创产品300余款,经营销售产品80余款,同时建立完成微店和淘宝线上店,积极构建"O2O"文创销售渠道。

第三节　多彩文创园发展存在的问题、机遇和挑战

一、多彩文创园发展的问题

贵州省拥有丰富的少数民族文化资源,而目前入驻园区的文化企业仅有30余家。在2012年国务院颁布的《关于进一步促进贵州经济社会又好又快发展的若干意见》中提到建设国内一流的旅游胜地,贵州省委、省政府也加大了对旅游资源的投入,而在调查中发现,园区的建设投入资源并不多。多彩文创园目前处于发展初期向中期过渡阶段,园区的发展面临以下几个问题:

(一)文化企业入驻较少,文化传承人境遇堪忧

多彩文创园拥有众多的品牌,同样也有众多企业的融入,其中不缺乏其他景区

---

① 李易淋.五大特色八大两点闪耀贵州文博会[EB/OL].[2015-07-08]. http://gzrb.gog.cn/system/2015/07/08/014422515.shtml.

都拥有的特点,即美味可口的食物、精彩绝伦的表演等一系列吸引游客视觉的产品以及不同风格的品牌。但园区内文化企业入驻得较少,一方面是因为园区刚刚创立不久,各方面都还没有得到更好地完善,加上品牌的号召力还没有完全的打响,有关文化的企业还没有注意到景区的前景,导致有关文化产品的品牌入驻较少;另一方面,在当今的社会上越来越多的年轻人对民族文化知识缺乏了解,大多数人追求的是现代化的产品,并认为现代化的产品是顺应时代发展的表现,民族产品耗时长、难以赚钱。所以大多数人都不愿意从事有关民族文化的事业,导致民族文化的传承后继无人。另外,景区内在文化传承人方面的管理还不够完善,需要文化传承人方面的技术平台也不够突出,导致这方面比较薄弱,景区内民族文化传承人也较少,从而也就导致文化传承人境遇堪忧。加上文化企业入驻得较少,导致景区内有关民族文化品牌的内容产品较少,从而导致景区内需要文化传承人的地方也随之减少,就会造成文化传承人境遇堪忧的局面。

(二)金融企业缺乏,园区发展需待提供财力支撑

自从多彩文创园建立以来,多彩贵州文化产业集团相继投入了巨额资金。虽然多彩文创园有政府的支持,但是如何早日实现园区自身的造血功能,并实现自给自足是园区当下发展的关键。现今入驻园区的30余家企业大多为文化企业,缺乏相关的金融资本支持,这也成为了园区资金缺乏一个关键因素。

景区内需要建设和完善的基础设施还有很多,迫切需要更多的金融企业支持。景区内关于文化传承人方面的人才还太少,需要大力引进人才。再者,景区内要实现文化与科技融合创新发展领域的研究,更需要前期投入大量的研究资金。同时,为实现多彩文创园真正"走出去",也必须对景区进行一系列的宣传,鉴于目前需要宣传和传播的层面较多,因而这方面的宣传经费也会占据一定的比例。鉴于目前园区内财力雄厚的文化企业较少,迫切需要引进新企业,带来新的发展基础资金,来支撑文化创意园的发展。

(三)园区发展定位模糊,行业定位过于宽泛

园区的核心定位是非遗"两创"高地,文创发展引擎。打造非遗"两创"高地是矢志不渝的目标,这个目标需要用事业的理想和产业的方法共同去完成,做贵州省文创发展的引擎就是希望在"两创"精神的指导下,通过对产业的带动,实现跨越式的发展;通过产业的变革,实现"两创"高地的目标。多彩文创园基于贵州省非物质文化遗产的传承保护和发展创新规划了6大核心功能。

(1)文化展示交易基地占地11000平方米,包括全国首个省级非遗综合博览馆,以及民族文化数字体验馆、书画展馆、文创展示交易体验馆、文创临展馆在内的多个展示、交易空间。

(2)文化外宣基地建设省人民政府新闻发布厅,举行各类新闻发布会和外宣活动,成为世界了解贵州文化的重要窗口。

(3) 文化休闲体验基地在园区设置餐饮、观演、购物、游览等休闲生活业态,以景区的空间布局和文化特色成为贵阳市民和外地游客了解贵州非遗和文化创意产品的旅游目的地。

(4) 多彩贵州品牌研发基地将研发多彩贵州品牌作为园区的主要功能之一,遵循市场和产业结合原则,以多彩贵州品牌为根本,用品牌资产同企业进行合作,整合资源,组建平台,通过贵州文化传承和创新,探索品牌规律,打造以多彩贵州品牌为引领的产业集群。

(5) 文化产业孵化基地园区将集中力量打造非遗创意孵化基地,由政府相关部门牵头,出台政策、支持形成"文创+X"的复合型产业结构,以文化创意、现代设计、科技运用等手段对基于非遗的民族手工艺制品、生态农业、生活用品、家具产品、旅游商品、演艺动漫、餐饮食品等领域的中小微文化企业开展孵化、探索品牌、平台以及产业链的创新,推动企业发展。

(6) 文化研究交流基地园区建约有1700平方米的培训交流中心,将成为贵州本土文创内部和外部的沟通交流平台,借助平台开展"走出去,请进来"的相关活动将原生态的具有贵州地域特色的非遗、创意传播出去,同时吸收、学习对贵州文化发展有利的思想、方法、形式推动贵州文化产业发展。但从园区未来文化行业发展定位来看,其文化产品的研发功能偏弱,具体的产业盈利点还稍显不足,因此显得具体的定位过于宽泛,而核心的产品研发、产业升级等定位尚不明晰。

(四)管理人员相对不足,服务模式有待革新

多彩文创园景区里的管理层多为本科生和研究生,具有较高的文化素养。保安及环卫工人是周边居民,文化素质水平不高。景区有较为成熟的管理制度,但却无针对员工的技能培训及外出研修的机会,也暂无去国内旅游开发较成功的地方参观考察学习的机会。而且,由于景区建设年限较短,经验尚且不多,具有娴熟管理经验的管理人员数量相对不足。这对于一个建设成立时间较短的园区来讲是一个弊端。面对管理层人员较为缺乏的难题,要经过一段时间的摸索和探究,才能找到一套适合多彩文创园自身发展的经营管理模式。

多彩文创园景区内的服务人员多为园区周边的居民,由于较多居民的文化水平较低,且没有经过正规统一的技能培训,因此在接待服务工作水平上有待提升。这主要表现在以下方面:园区服务人员与游客交流时一般不会使用普通话,大多使用贵阳市地方方言,较多外地游客向他们咨询园区内问题时,可能会造成不必要的麻烦和误会。再者,多彩文创园内部的服务模式太过僵化,不适应文化创业园这种创意气息浓厚的氛围,所以多彩文创园的服务模式还有待改善。由于多彩文创园是综合性户型文化旅游景区,景区建筑与环境、室内与室外汇聚了贵州省多种类别的非物质文化遗产资源,体现了基于非遗的文化创意特色,且随着多彩文创园以非物质文化遗产为核心打造的独特贵州民族文化品牌越来越多,将需要逐步培养

一批懂文化懂管理的复合型的人才,继而培育一批具有核心竞争力的少数民族中小微文化企业,打造一批具有国际影响力的文化品牌,才能吸引各地的游客慕名而来。

(五)公共文化职能分担较多,经济效益明显不足

多彩文创园成立初期具有盈利性目的,基本靠收取入驻园区的微小企业租金,和通过每周举行的"非遗周末聚"来向贵州88个县(市)收取场地租金来获取经济效益。由于目前阶段入驻的大多数为非遗传承人,缺少大型的民族文化企业,导致目前园区客流量较少,园区的经济收入也较少,传承人处境堪忧。由于目前没有较多大型知名文化企业入驻,另外,在政府的主导下,文创园还需要承担一部分公共文化职能,使包括文博会、艺术节、三品美术馆和贵州省民族文化数字体验馆(全国文化信息资源共享工程)等在内的文化活动及文化场馆成为公共文化服务体系的一部分。此外,据调研显示,多彩文创园的知名度较低,来景区的游客多为贵阳市内的学生群体,能接受的文化消费范围在50元至100元之间,但目前园区内的文化产品价格偏高,可供选择的消费品不多,导致多彩文创园难以获得稳定的经济来源,经济效益明显不高。

二、多彩文创园发展的机遇

随着信息技术的发展以及大数据基地落户贵阳市,长江经济带、藏羌彝文化产业走廊的战略部署都为贵阳市的文化产业带来了多重优势。

(一)长江经济带、藏羌彝文化产业走廊的战略部署

藏羌彝文化产业走廊位于中国西部腹心,自古以来就是众多民族南来北往、繁衍迁徙和沟通交流的重要廊道,区域内自然生态独特,文化形态多样,文化资源富集,是我国重要的历史文化沉积带,在我国区域发展和文化建设格局中具有特殊地位。合理利用地方和民族特色文化资源,在与产业和市场的结合中实现民族文化的有效传承和保护,培育各具特色的民族文化产业品牌;以改善民生为出发点,加快发展特色文化产业,实现文化富民;推进文化与生态、旅游的融合发展,把藏羌彝文化产业走廊建设成为世界级文化旅游目的地;推动文化产业成为区域经济支柱性产业,为西部和民族地区的振兴繁荣注入强大动力。

2014年3月,经文化部和财政部发布的《藏羌彝文化产业走廊总体规划》指出了包括贵州省在内的中国西部7个省区,总面积达68万平方公里的地区发展文化产业。这些地区拥有较强的生态地位、综合实力以及巨大的发展潜力,应推进文化资源向旅游产品转化,培育一批具有藏羌彝特色的文化旅游景区景点,布局一批民族文化体验消费场所,鼓励发展自驾游、自助游等新兴文化旅游业态;重视历史文化名城名镇名村和传统村落保护,支持建设民族风情休闲街区、特色村镇、旅游度假区,鼓励特色旅游餐饮和主题酒店发展,延伸文化旅游产业链。由于贵州省毕节

市属于藏羌彝文化产业走廊的核心区,六盘水市属于辐射区域,贵阳市属于城市枢纽,为贵阳市文化园区的发展升级提供了重要的发展机遇。

长江经济带的发展和策划,也包括了贵州省在内的11个省市。长江经济带的发展,有利于在发展的过程中形成一条生态优先、绿色发展的道路。通过长江经济带的推动,可充分地挖掘长江中上游广阔的地域内蕴含的巨大发展潜力,从而将经济增长的空间由之前的沿海城市向内陆城市发展,形成长江经济带的各省市的经济优势互补,协同发展,加大、加快缩短中西部差距,推动了经济有效发展,促进我国经济新型转型,对于实现中华民族伟大复兴的中国梦有着积极的推动作用。而贵州省属长江经济带中的一员,贵阳市可通过依靠长江经济带的连带发展效应,积极参与长江经济带发展,则可借用丰富的资源探索一条适合自身发展的可行性路径。

(二)贵州会展业、旅游业迎来大发展

近年来,借助高铁时代、大数据时代、轻轨时代等东风,贵州省文化产业发展迎来了大发展,特别是会展业和旅游业。由于受地理区位优势不足及经济基础薄弱等因素影响,贵州省会展业和旅游业起步较晚,但发展潜力巨大,发展后劲十足。通过举办数博会、生态文明国际会议、文博会、酒博会等大型会展,贵州省内的会展业近年来发展进程逐步加快,为多彩文创园等园区文化产品的"走出去"打造了良好的展销平台。再者,贵阳市气候温和,冬季气温没有像国内其他城市严寒,夏季也没有较高的气温,气候湿度适中、夜雨较多,年平均气温为15.3℃,气温最热的7月下旬,平均温度为24℃,因此贵阳市得天独厚的气温优势为本地的旅游业带来了巨大的发展优势。2016年至2018年,为促进贵州省内的旅游经济提速发展,贵州省旅游发展委员会向国内10个火炉城市所在的省市推出了优惠政策,吸引了大量外地游客光临"爽爽的贵阳"。贵阳通过"中国避暑之都"的品牌效应而催生"清凉经济",加上"山地公园省,多彩贵州风"的品牌效应,以及宜人的气候,为贵州省和贵阳市发展旅游产业提供了有利条件。

(三)大数据带来的技术优势

近年来,随着现代数字产业的产生,大数据的技术优势也愈发明显。贵安新区逐步成为南方数据中心核心区、全国大数据产业集聚区、全国大数据应用与创新示范区、大数据与服务贸易融合发展示范区、大数据双创示范基地、大数据人才教育培训基地,贵阳市可充分借助大数据带来的技术优势,以科学准确的信息服务于贵阳市文化产业的发展。"作为经济欠发达地区,贵州省不能走先污染后治理的老路,大数据产业是贵州后发赶超科学跨越的战略选择。大数据涉及数据产生和聚集、组织与管理、分析与发现、应用与服务相关行业和企业,是推动现有产业升级与新兴产业诞生的重要力量。"①近年来,我国文化产业领域内的专家学者均认为,文化产业是具有广阔发展前景和深远意义的朝阳产业,但是我国文化产业现今还处于初级阶段,贵州省的文化产业发展更是处于起步阶段,且受到众多因素的制约,目前还处于发展的较低水平。随着大数据产业及相关技术的迅猛发展,人类发展的进程很大程度上取决于信息流通的发展。贵州省拥有抢先的资源技术优势,已占得先机,且产生了大数据产业的带动效应。

(四)高铁、BRT、地铁带来的交通优势

贵阳市1.5环BRT道路于2016年12月20日正式开通,贵阳市地铁一号线关山湖段已于2017年12月底开始运营,使贵阳市的交通相较于之前变得越来越便利。随着高铁的开通,基本实现贵阳至省内其他城市1至2小时到达,贵阳至周边省会城市及全国主要经济区形成2至7小时的铁路交通圈,让贵阳市周边的游客到达贵阳市旅游的便利性大幅提高,从而促进了旅游业的发展,使得贵阳市的旅游业呈现繁荣发展的趋势。贵阳市在贵州省内相较于其他城市区位优势更加明显,这为贵阳市的交通发展打下了坚实的基础,通过连接贵阳市到其他城市及省外的高铁路线,缩短了外地游客到达贵阳市的时间,尤其是贵广高铁、沪昆高铁的建成,加速了贵阳市旅游业发展。

三、多彩文创园发展的挑战

(一)贵阳市文化产业园区如雨后春笋般出现

与沿海其他大城市相比,贵阳市的经济基础较为薄弱,因而贵阳市文化园区的出现较为缓慢,发展建设也较为滞后,并不具备其他大城市文化园区完整成熟的经营管理体系,以致类似于多彩文创园等文化园区的发展会存在一些缺憾,这将是园区发展所需要面对的一个挑战。尤其是在我国大力发展文化产业并逐步使其成为国民经济支柱行业的大形势下,贵阳市文化产业园区大量涌现,仅多彩贵州风景眼旗下,就包含多彩贵州城、1958文化产业创意园、贵阳极地海洋世界等,但由于文化产业创意园区发展雷同,多彩文创园面临着怎样突出重围的极大挑战。

(二)贵州文化产业发展面临的问题

当前贵州省内的民族文化资源丰富,但尚未进行有效的开发和利用,民族文化资源产业层次较低、文化产业集群聚合度不高等都是贵州省当前文化产业发展面临的问题。

1. 民族文化资源产业化层次低

贵州省拥有海量的民族文化资源,但总体来看,贵州省的文化资源集中度较低,处于较为散、广、虚等状态,庞大的民族文化资源还处于较低层面的开发水平。

---

① 颜茵.大数据时代贵州文化产业发展机遇探析[J].新西部.2015(11):12-13.

贵州省文化资源为贵州民族文化创意产业发展提供了有利的资源,但总体上没有更多地对当前所拥有的民族文化资源进行有效合理地开发,对民族文化资源的开发和投入都在较低水平徘徊,还未能形成规模化和产业化的优势。

2. 区域竞争优势不明显

由于贵州省文化资源呈现出一种多而散的状态,也未对文化资源进行有效的创意性开发和利用,导致现阶段贵州省内的文化创意产业还没形成聚集效应,同时文化创意企业也各自为营,分散发展,各企业间开发的文化产品与服务有相互重叠的部分,导致同行业间的同质化竞争,缺乏应有的差异性。在同其他区域竞争时,自身区域内部缺乏协调,同时也缺少合作,导致区域核心竞争力不强,文化产品和服务的竞争优势不明显。

3. 缺乏自主创新能力

贵州省内现阶段缺乏能够实现价值链上高附加值活动的文化企业集团,反观发达国家及地区,实力雄厚的文化创意集团在文化产业价值链上占据重要地位。而我国贵州省的文化创意企业在文化资源的开发利用上多为粗加工阶段,对文化资源的创意性设计也较为落后,高端的设计也只能依靠国内的其他创意设计企业。如果能加大科技对于文化资源的投入,加强文化资源和科研机构之间的合作,将科技和文化进行创意性融合,则可提升创新能力。

第四节 多彩文创园未来发展的可行路径

多彩文创园经过近5年的探索发展,逐步取得了一定的经验和成果,但对于未来的发展,则需要通过明确自身的发展定位,加强创意性宣传等,实现自身的长远发展。

一、明确发展定位,加强创意性宣传

多彩文创园走"文化+创意"的路线,但未来的产业发展定位方面仍有待进一步明确。通过调查发现,听说过多彩文创园的人数仅占少数部分,而知道园区的人数中到访过园区的仅占其中的极少一部分。这从侧面反映了多彩贵州文创园的宣传力度不大,在外界尤其是省外的知名度还不高。现今多彩贵州文创园属于多彩贵州文化风景眼的一部分,可利用多彩贵州文化风景眼的板块旅游优势进行扩大知名度的宣传,并充分结合园区游览路线,在宣传发展中凸显"文化+创意"的路线。

二、引入创意设计公司,注重政策优惠和倾斜

每一个文化创意园都需要创意设计公司的支持和贡献,创意的好坏直接影响着该景区是否打造成功。选择创意设计公司并入驻园区,是文化园区建设发展的重要一环。园区经营者可以根据自己园区的主要特点来加以挑选,并对这些创意设计公司进行一系列的考察,最终选取适合该园区发展的创意设计公司。因此应构建公司进入园区的较为严格的市场准入机制。在对这些设计公司进行考察时,需要正确认识园区自身的特点来加以选择。引入创意设计公司之后,要在文化产品的设计中充分考虑到民族特色,以便推出最出色的设计方案,符合该景区的主打特色。同时应该给予入驻企业一定的政策支持和税收优惠,如在企业入驻短期内应给予免收租金的优惠等。

三、加大人员培训力度,构建高水平的人才队伍

多彩文创园景区内的服务人员、保安和环卫工人多为周边居民,相对来说文化知识水平不足,因此急需加强对服务人员和管理人员的培训力度,并派遣园区管理层赴我国文化产业发展良好的东部沿海地区文化园区学习管理经营,构建高水平的管理队伍和服务员工队伍。另外,园区建有约1700平方米的培训交流中心,成为贵州省本土文创内部和外部的沟通交流平台,借助平台开展"走出去,请进来"活动,将原生态的具有贵州地域特色的非遗、创意传播出去,同时吸收学习对贵州文化发展有利的思想、方法、形式,推动贵州文化产业发展;并在此基础上通过聚集文化学者、专家、创意推广人才,结合现实需求、文化发展规律等,挖掘非遗及各种文化内涵,研究、分析、探索文化保护、传承、创意、包装、转化的方法与途径,力争成为贵州省文化产业发展研究的智库。

四、构建产供销链式服务,形成生产销售基地

贵州省可借鉴供应链视角下的生产企业与供应商、分销商的关系,将以产品为核心转向以合作为核心。通过构建产供销链式服务,将市场机遇、客户需求有机结合起来,形成生产与销售基地。产供销链条服务的构建,让园区实现线上线下销售,扩大自己的实力,通过直接与生产商商谈,来实现商品直销,从而实现产供销一体化,形成一个生产与销售一体化的创新发展模式。

五、策划并组织文化创意商品大赛

产业园的发展必须与园区的品牌运作相结合。现阶段多彩文创园是多彩贵州风景眼开发区的一员,要做好园区的宣传工作,则可借鉴贵州省旅游发展委员会宣传贵州时所做的旅游推介的案例,即依托贵州省丰富的民族文化风,结合贵州省独

特的地质特点,推出"山地公园省,多彩贵州风"宣传方式。另外,多彩文创园则可依托贵州省丰富的民族文化资源,策划出一个以民族文化资源为基础,通过对文化资源的创意加工而形成的商品设计大赛。

策划商品设计大赛则须先对文化资源进行分类,为进一步深化和整合资源做准备。创意大赛的举办将会吸引对少数民族有兴趣、有能力、有创意的创客参加。大赛的举办同时也将充分发挥民族文化的特点,保护贵州现有的民族文化。大赛结束后,从参赛中选取较好的创意产品可进行大批量的生产和销售,从而拉动园区的经济发展,同时也将促进贵州特色民族文化和区域文化的传播。从长远来看,大赛可每年举办一次并长期坚持,这样才能带来长远性的社会效益和经济效益,提高多彩文创园在国内外的知名度,吸引更多对文化创意产业感兴趣的人前往参观,从而有力助推多彩文创园的发展和建设。

第四章　非物质文化遗产的保护与利用：
以乌当区香纸沟为例

近年来,非物质文化遗产的保护、发展与利用成为众多学者、专家的研究课题,引起了政府及相关部门的高度重视。在贵州省文化产业蓬勃发展的大背景下,贵阳市深入贯彻省第十二次党代会精神,提出大力实施大扶贫、大数据、大生态三大战略行动,为乌当区香纸沟景区的发展带来广阔的市场前景,也对香纸沟景区内的非物质文化遗产——古法造纸的保护与利用具有重大的意义。

第一节　香纸沟及其传统造纸技艺

香纸沟属于贵州省省级风景名胜区,风景名胜资源主要分为自然景物和人文景物两大类。香纸沟是一个历史文化底蕴深厚、文化资源丰富、布依民族特色鲜明的景区,在香纸沟景区内,有着一项颇为独特的传统手工技艺——古法造纸技艺。据历史记载,古法造纸技艺距今已有600多年的历史,是当今社会不可多得的传统技艺,于2006年被列入第一批国家级非物质文化遗产代表性项目名录。

图 4.1　香纸沟大门(李肖红摄)

一、香纸沟的历史文化

香纸沟的历史可以追溯到 600 多年前,明朝朱元璋调北填南,从浙江经转湖南带领屯军来到此地。其中有中国造纸先师蔡伦的后裔彭氏三兄弟,见香纸沟漫山遍野茂林修竹,景色秀丽宜人,是一块造纸难得的风水宝地,便定居于此。他们充分利用当地的溪流、竹林、石料等资源,以竹为料,分别从砍竹、破竹、蒸竹、沤竹、水车碾竹、竹帘抄纸等 72 道工艺流程进行造纸,从此中国造纸文明便在这里出现,因此将这里取名为湘纸沟。香纸沟的纸纸质绵韧,纸面平整,有隐约竹帘纹,色泽金黄、艳丽,吸水性好,因造纸时加入香叶,故作冥纸焚烧时,灰成白色,还带有淡淡清香味,名字便从湘纸沟变成了香纸沟,并一直沿用至今。

香纸沟古法造纸的传承历史悠久,据说在明朝洪武年间,香纸沟只有一户彭姓人家造纸,做的纸主要是为越国汪公提供死难将士的祭品,但到清朝就发展到 10 多户人家共同造纸。在清朝乾隆年间,由于彭氏家族与当地胡、汪、罗三姓进行通婚,造纸技艺便传到胡、汪、罗三姓家族,再加上香纸在这时候被皇帝御赐为御贡"神圣"冥品,因此名声大噪,这种造纸技艺就迅速发展到 40 多户。当时的整个造纸过程非常讲究,主要原因是造纸艺人要表达对皇帝、神灵的敬重。直到民国后期,香纸的作用除部分用于冥品、祭祀书写外,一些大户人家还将其用作"卫生纸"。香纸沟古法造纸作坊可以说是蔡伦造纸技艺与造纸作坊保存最完善的地方之一。

香纸沟的快速发展始于 1995 年,名为贵阳香纸沟风景名胜区。直至 2000 年,景区开发总投入资金达 500 多万元,并于 2000 年 2 月被贵州省人民政府批准为省级风景名胜区。香纸沟的土法造纸技艺与东汉蔡伦的造纸技艺是一脉相承的,被称为"世界上最古老的造纸术活化石",2006 年被列入第一批国家级非物质文化遗产代表性项目名录。

香纸沟古法造纸的历史传承主要经历以下几个阶段:在清明时期,香纸沟古法造纸已经发展为 40 多户;民国至解放战争年代,香纸沟的土纸除作冥纸之外,还作为卫生纸用于日常生活,这时发展到了 60 多户;20 世纪 60 到 70 年代,国家提倡破除封建迷信,香纸沟土纸很少制作冥纸,而是由集体抽调技艺精干的村民专门制作土纸,主要是由供销社收购,批发到各地作为卫生纸用;党的十一届三中全会后,各地实行联产承包责任制,各家各户又都掀起了古法造纸的热潮,造纸作坊从原来的 30 座增加到了 60 座,参与造纸行业达到 160 户;20 世纪 70 到 80 年代,随着现代科技的发展,纸的制作工艺普遍工业化,制作成品越来越快、质量也越来越好,其用途范围也越来越大,然而这种古法造纸在人们的生产生活中,除用于冥品外,已无他用,正一步步走向衰亡,现仅存 8 户人家。①

---

① 贵州旅游在线.乌当手工土纸制作工艺[EB/OL].[2010-12-28]. http://www.gz-travel.net/rwgz/whyc/gy/201012/10742.html.

二、香纸沟建设基本情况

香纸沟景区是由贵州香纸沟旅游开发公司建设,力图将香纸沟风景名胜区打造成为"吃、住、行、游、购、娱"的全能景区,并逐步将古法造纸、布依文化、自然风景、温泉度假、宗教文化、休闲娱乐作为景区的六大亮点。以下将从文化定位、旅游类型、行业定位、发展阶段、交通区位、游客市场六个方面对香纸沟风景名胜区发展的基本情况进行介绍:

(一)文化定位

香纸沟景区内拥有自然、人文、民族风情等资源,具有浓厚的布依民族风情和潜在价值巨大的非物质文化遗产,主要以国家级非物质文化遗产土法造纸技艺为代表。景区充分将布依民族风情与土法造纸体验作为发展的基础资源,共有十余个景区七十个景点组成,主要包括龙井湾、锅底箐、马脚冲、南静寺、白水沟、红子沟、葫芦冲、方丈沟等,包含人文景观和自然景观,为游客打造集农家乐、非遗体验、民俗节庆旅游为一体的休闲娱乐风景名胜区,充分展现香纸沟的布依民族风情、非遗体验的真实感,具有较高的文化价值。

(二)旅游类型

乌当区为带动旅游业的发展,实行了"文化+旅游+大扶贫"的发展模式,将扶贫开发与发展乡村旅游融合。全区扶贫工作总体规划涉及旅游扶贫,充分抓住青山绿水和民族文化资源优势,进行统一规划、多元投入、强化性培训,不断延伸产业链,打造专属品牌,致力于发展乡村休闲观光旅游,以实行"旅游+大扶贫"模式,带动乡村贫困群众致富。另外,香纸沟的旅游类型属于峡谷瀑布古镇古村,是自然景观与人文景观的结合,景区内部分布着姊妹峰、洞窗、幽谷、关刀岩、一见天、白水河、滴水岩瀑布、珍珠瀑布、天池、天外银河、水帘洞、琵琶潭、红子沟、翠竹园等多个自然景观,包含着历史底蕴深厚的古法造纸技艺、匪首洞、南静寺、长征路、布依寨景区、"三月三"布依歌会、篝火晚会等人文景观。在香纸沟内,来旅游的游客可以亲身体验到非物质文化遗产土法造纸的制作,也能够观赏到奇形怪状的自然景观,还能够亲身参与到浓厚的布依民族风情中去。景区内深厚的文化底蕴与令人惊奇的自然风景,展现了香纸沟无穷的魅力。

(三)行业定位

香纸沟是一个充满着自然气息与人文气息的好地方,行业定位主要分为观光旅游、餐饮、娱乐体验三个方面。在观光旅游方面,景区充分结合当地的自然环境,主打一系列自然景观,例如白水河、红子沟等令游客心驰神往的观光景点;在餐饮方面,景区的主打方向是布依民族风情的饮食文化,景区内有春节的糍粑、"三月三"的五花糯米饭、端午和"六月六"的三角粽、竹筒饭、洋芋粑,充分体现了当地的民族饮食文化;在娱乐体验方面,景区不仅为游客打造了自然景观的体验,还将土法造纸作为一个比较有意义的体验项目,使游客能够切身体验到600多年前古老的造纸过程,感受造纸的历史文化。

(四)发展阶段

香纸沟于1995年得以开发,目前还处于发展中期,正在从观光旅游向观光、休闲、度假旅游阶段发展,且景区基础设施仍然在完善之中。在这个发展阶段,香纸沟将迎来更多的市场资金,同时基础设施建设水准也在进一步提升,乡村特色更加突出,旅游产品将融入更多的当地传统文化、民族风情、农耕文化、自然遗产和文化遗产。当地农家乐开发的发展方向将逐步发生转变,是集观光、考察、学习、养生、休闲、度假、娱乐为一体,以民间传统节庆活动为基础,以"住农家屋、吃农家饭、干农家活、享农家乐"等为内容的休闲娱乐形式。

(五)交通区位

香纸沟地处贵州省贵阳市乌当区新堡乡,属于乡村地区,景区没有直达的公交车和高速公路,均要几经波折转车,主要路线方案分为以下两种:一是乘公交车,可以选择从市区乘坐公交到达新添寨的新堡下车,再转乘当地的小巴到达景区入口,也可以到黔灵山公园对面的旅游客运中心车站乘坐中巴前往香纸沟景区,每天8:30、10:30、14:00、16:00各开一班车,票价10元,行程约1.5个小时,市内乘坐公交车(51路、56路、251路、253路皆可)到新添寨的梅兰山路口等待,凡是到新场、马场、百宜这三个地方的中巴车都可以乘坐,到达新堡站下车,下车后转乘当地的小巴就可以到香纸沟;二是选择自驾游,从贵阳市区出发,途径新添寨、水田、新堡等地方即可到达景区内。到达景区后,景区内以旅游观光车和马为主要的交通工具。

(六)客源市场

根据到达香纸沟的距离远近,可将香纸沟的客源市场划分为2小时以内的一级客源市场,2小时至4小时的为二级客源市场,4小时以上的为三级客源市场。具体客源情况如下:

1. 一级客源市场

香纸沟地处贵阳市比较偏僻的地方,游客的到达度比较低、花费时间长,因此,香纸沟的一级客源市场是贵阳市的观山湖区、花溪区、云岩区、南明区、经开区以及贵阳市的三县一市,景区的客流量较少,且都是贵阳本地的市民居多。其中,以乌当区与相邻地区为主要来源,且大部分都是自驾游,约上亲戚朋友或是带上孩子。来此的游客大多是中年人以及未成年人,年轻人所占比例相对较少。这些群体当中大部分都是退休或临近退休,或是自由职业人群居多,因为此类人群的时间上会相对充裕。还有一部分是贵阳当地高校的90后大学生群体,他们的生活可以自由支配时间较多,但却没有足够的资金前往全国各地旅游,因此会选择离学校较近的一些景区,进行所谓的"穷游"。

2. 二级客源市场

香纸沟的二级客源市场是贵阳市周边地区,即都匀、遵义、安顺、铜仁、凯里、毕节、六盘水、兴义等县市,主要通过微博等一些宣传的吸引而来这里旅游的,来的游客主要观赏古法造纸和一些自然景点,不过很少在景区内进行二次消费。

3. 三级客源市场

香纸沟的三级客源市场是来自临近的几个省份(主要为云南、四川、重庆等)的零星游客,以及部分国外留学生或者是研究民俗社会学的国外学者,大多数是因香纸沟具有很高的历史价值而慕名来考察研究。

第二节　香纸沟以古法造纸进行的发展模式

古法造纸技艺是香纸沟的一大特色,属于国家级非物质文化遗产。香纸沟的发展模式主要是围绕古法造纸技艺来发展,古法造纸技艺的发展是景区的发展核心。因此,主要以古法造纸来对景区的发展模式进行分析。

一、古法造纸技艺的由来

造纸术是我国四大发明之一,对文化传播产生深远影响,也对社会进步起重大作用。香纸沟古法造纸与科学古籍《天工开物》中记述的蔡伦造纸术是一样的,同样要经过伐竹、破竹、沤竹、蒸煮、碾篦、提浆、抄纸、压榨、烘晾等72道工序。

香纸沟的地貌特征属于地势隆起的山原台地,地势较高,起伏大,其沟谷流水地貌特征较为显著,景区内的河流属于乌江水系,全年降水量多,为古法造纸提供了丰富的水资源,而香纸沟雨热同期,无霜期一年高达290天,垂直气候差异比较明显,相对湿度达81%以上,为古法造纸的原料——竹子的生长提供了优越的气候条件。用香纸沟古法造纸技艺造出来的纸色泽透亮,这得益于香纸沟拥有得天独厚的气候条件下生长的原料和优质丰富的水资源。

古法造纸距今已有600多年的历史,所造的"香纸"主要是人们祭祀时用于焚烧的"神圣"纸品。古法造纸的生产技艺是以父亲教授儿子(传男不传女)的形式来传承,言传身教,但更多的还要凭借悟性和长期实践的体会及经验去掌握,因此目前仍然很难形成固有的文字。例如原料的加工大多采用日晒、雨淋、露炼等方法,但这都要全凭经验去掌握,没有具体的量化标准。古法造纸所造出来的纸到市场上售卖,成为香纸沟农户的主要经济来源之一,在当地的经济发展中发挥着举足轻重的作用。

在经历过数百年的发展后,香纸沟古老而悠远的造纸作坊和溪水冲刷的声音、木头敲击的声音构成了当地永恒的文化传承,它具有极大的文化历史价值。香纸沟的造纸作坊是当地人依靠大自然资源就地取材,以当地最丰富的石料为基础,以木材构造房屋的基本主架,用瓦片为作坊的房盖,独具特色,作坊依河而建,集聚水力资源来充分发挥水能转化为动能这一优势,为造纸加工省去大量的人力物力。

二、古法造纸技艺的工序

古法造纸技艺作为国家级非物质文化遗产,其造纸工序是极为复杂的,难度系数较高,从取料到纸的成品主要经历取料、蒸竹、碾竹麻、造纸、压榨、擀纸、凉纸、裁纸8道大工序,大小共经72道工序,历时长达3个月之久,其具体大工序如下:

(一)获取原料

获取原料是古法造纸的第一步,古法造纸的原料是香纸沟山中生长的成山连片的竹林和野生刺竹林,将挑中的竹子砍下来,去掉纤细的枝干,裁竹子、破竹子,并将破好的竹子晾晒,最后将竹子分批按量捆在一起。

(二)蒸竹

蒸竹的第一个步骤就是要先准备好石灰水,打石灰水,使石灰沉淀下来。其次是将晒干的竹子装进窑里并且密封好,加入水到其中,开始边加热边放水,在加热结束后将竹子从窑里取出来,放在清河水里面洗,然后将洗干净的竹条放入发酵池里发酵,再将发酵好的竹条取出来过滤干。

(三)碾竹麻

碾竹麻即把过滤干的竹条裁分,放入碾压槽中,将竹条碾碎后制作成纸花,再将碾压好的竹麻放回槽中。

(四)造纸

竹麻放入纸槽以后,往纸槽里面加水进行搅拌,接着放水,再进行清水放水过滤,加入黏合剂经过撮、刮、荡等步骤,在上帘泡浆,下帘叠纸,进而形成纸片。

(五)压榨

压榨时,主要经历以下几个步骤:用木板轻压纸业,加木头积压,加石头重压,用短棒吊压,用大棒重压,用绳子系棒加压,用双脚站在短棒上打压,用木头刮水,用棕丝或者布条将水擦干,然后放进去进行压榨,压榨好以后取出来,进行运纸。

(六)擀纸

擀纸主要经历的有以下几个步骤:先用手将右纸垛擦松,再用手将左纸垛擦松,将纸头擦松,然后用木板将纸壳正面轻揉,再起纸角,用双手去赶,最后叠纸、拉纸。

(七)凉纸

凉纸即要经过凉纸、不断地揉纸、理纸,最后进行压纸。

(八)裁纸

做出来的纸压好以后,对纸进行测量,测量好以后便进行裁割,打成纸片、打成钱、揉纸、理纸,最后将生产好的纸捆绑起来,包装为成品。

三、古法造纸技艺的传承现状

香纸沟古法造纸技艺主要是以子承父业、言传身教的形式来发展，所有传承古法造纸技艺的传承人都需要有细腻的心思和丰富的经验。然而，随着社会的不断进步，社会进程的不断加快，在机械化较为普遍的今天，科技进步是古法造纸术日渐缥缈的原因之一。机械复制时代里，当地人民只有停留在审美和典籍珍藏的层面上了，相对低效率却又保持古朴特色的造纸术渐渐消失。一方面，随着人们对古法造纸的需求越来越小，现在的传承人大多数是已四五十岁的中年人，年轻人大多数选择外出打工或者求学；另一方面，民众的文化传承意识比较弱，导致传承人的断层，尽管生活在此的传承人在谈及古法造纸时倍感骄傲、自豪，但随着物价水平逐渐上涨，人们追求高质量、高品质的生活，还在这里造纸的人越来越少了，如今也只剩三两个传承人还在这里时隐时现，因此古法造纸技艺面临着后继乏力、日益消亡的处境是无法避免的。

2003年的洪灾对香纸沟古法造纸作坊造成了严重的损失，如今还在进行造纸的人家仅剩10余户，而且还在进行古法造纸的大多数都是中老年人，由于古法造纸的工序多而复杂、消耗时间比较长、生产劳动成本高、销售利润低，所以年轻人为追求高效益、高品质，不愿待在家乡从事古法造纸制作，大多选择外出打工，再加上受到"传男不传女"的传统观念影响，古法造纸技艺的传承人就更加缺乏，传承陷入困境，受到了极大的威胁。

香纸沟古法造纸技艺的传承人面临着巨大挑战，因香纸沟古法造纸的制作工序古老而繁重，成品的质量与现代的卫生纸相差甚远，并且用途比较单一，仅仅用于祭祀和富贵人家用的卫生纸，虽然古代的时候曾用于皇亲贵族中。随着保护生态环境与安全意识的宣传与加强，人们去拜祭的时候都不再提倡烧纸，普遍都是以花代替香纸去祭拜，现如今香纸沟的古法造纸还用于酒厂的包装纸。

目前，香纸沟古法造纸作坊正处于改建中，许多的造纸作坊都已经不再造纸。许多传承人因生活所迫而外出务工，导致造纸作坊逐步被废弃。而在香纸沟新堡乡的白水河村寨里面，仅有少数的古法造纸传承人继续造纸，以及少数村民在修建古法造纸作坊。香纸沟古法造纸技艺面临现状的原因：

第一，技艺与科技融入较浅，产品缺乏核心竞争力。在处于一个以科技为引领的时代的大社会中，随着现代人们生活方式的不停改变，科学技术的运用逐渐深入人心。然而，作为一种传统技艺，香纸沟古法造纸技艺并未与现代科技相结合，使得其生命力未能保持长久的发展。从文化资源开发的某些角度来说，要遵循保护与开发并重的原则，所以香纸沟古法造纸技艺应该在坚持以保护为主的前提下，融入现代科技的元素来进行创新与开发。

第二，香纸产品种类少，缺乏市场影响力。香纸沟生产的香纸拥有固定的客源市场,批发商在香纸成品出来的时候来拿货。据当地居民说,现在的香纸大多数被运往酒厂做包装纸,但是仅靠单一的销售渠道是远远没有太大市场影响力的,因此应该继续维持现在的渠道并且积极扩大其销售市场。香纸沟的香纸品种类型单一,可能会导致现有的客源流失,而香纸沟长期以来没有新客源走进来,这使香纸沟处于十分尴尬的困境中。

第三,香纸的营销手段单一,社会知晓度不高。香纸沟景区内的香纸市场主要是向固定的客户批发,因此其目标消费市场太过狭窄,新的消费市场难以拓宽,获得的社会、经济和文化效益不高,导致其知名度一直高不起来。到达景区游玩的游客仅限于乌当区周边,而贵阳市大多数人竟不知道香纸沟与古法造纸技艺的存在。

四、古法造纸技艺传承的危机

随着社会现代化进程加快,科学技术不断的进步,现代造纸工业的飞跃发展,香纸沟古法造纸技艺仍然存在,但由于古法造纸工序繁多,技术难度大,目前面临着很大的危机。

(一) 传承出现断层现象,面临失传危机

每一项老手艺都需要得到传承,但古法造纸的传承却面临着传承人断层、手艺失传的危机。主要原因有以下几点:一方面,由于古法造纸要经过72道工序,工序繁多,技术难度比较大,且需要丰富的造纸经验才能熟练地掌握,而古法造纸的农户较少,在香纸沟内有耐心且细心又有丰富经验的师傅更是少之又少;另一方面,随着社会经济的快速发展,物价水平逐渐上涨,人们的消费水平也在不断提高,而仅仅依靠古法造纸所造的纸,难以维持生计,再加上造纸过程所耗费的时间要达3个多月,时间比较长,而生产效率、经济效益比较低下,因此除了部分年轻人在外求学以外,大多数人都选择外出创业或务工。

(二) 现代工业化冲击

现代工业文明的进步,对古法造纸有着很大的冲击,市场上的各种机械化造纸工艺都对香纸造成很大冲击。即使古法造纸被列为国家级非物质文化遗产项目名录进行保护,却也难逃现状。部分从事手工生产的农户,为了省时、省力,都把手工生产转向半机械或全机械生产。另外,市场上出现了较多做工精巧、包装华丽的各种纸张,而香纸制作技艺古老而传统所以出来的纸张较为粗糙,卖相比不上现在的卫生纸,加之人们对古法造纸术所造出来的纸的需求量逐渐减小,因此古法造纸的盈利空间受到了很大的冲击。

(三) 造纸设施毁坏

近年来,由于自然条件的影响,古法造纸作坊受到洪灾的危害,大部分作坊已被毁,由于作坊损坏的维修成本较高,而造纸出售的利润太低,造成许多作坊被荒

废,无法为古法造纸提供完整的、设施完备的场所进行造纸,这就成了限制古法造纸的最大因素。再加上香纸沟正在建设香纸沟水上乐园,并开发温泉度假区,严重阻碍了古法造纸的发展空间。古法造纸主要依靠的是山涧的水与连绵不绝的竹林,但是水上乐园的建设与温泉的开发,直接切断了古法造纸的动力,这对香纸沟古法造纸产生了直接的影响。目前的香纸沟里的水质、水流量大不如前,变成了小河涓涓细流。

五、古法造纸技艺的发展与保护

古法造纸技艺具有悠久的历史文化价值,香纸沟古法造纸技艺的发展、保护和传承不仅有助于振兴我国传统技艺,更有助于弘扬中华优秀传统文化,具有非常积极的现实意义。因此,各级政府和社会应共同努力,使香纸沟古法造纸技艺重现辉煌。为促进古法造纸技艺得以很好的传承发展与保护,可主要从以下几个方面入手:

(一)打破传统传承成规,与高校合作培育传承人

古法造纸出现后继乏人的现象原因在于传承方式单一,墨守成规,因此要带动古法造纸技艺得到更好的发展,第一步就是打破传统传承成规,紧抓非遗文化进校园这一关键,积极开展与高校的合作。如香纸沟古法造纸技艺传承人应该结合现实的需要,紧跟时代步伐,紧贴民众需要,与时俱进,勇敢地尝试创新改良古法造纸技艺,取其精华,去其糟粕,把传统的技艺与现代的技术相结合,真正地做到技艺与科技的结合,从而创造出高质量高规格的纸张。同时应制定合理的传承人培养制度,激发更多的年轻人参与古法造纸技艺传承的积极性,与高等学校开展合作,培养、培训专门的古法造纸技艺人才,使其后继有人并发扬光大。

(二)政府及相关部门重视,加大扶持力度

尽管香纸沟古法造纸技艺已经被列入第一批国家级非物质文化遗产名录,得到了各级政府的资助和扶持,但远远不能满足古法造纸的需求。因此,要推动香纸沟古法造纸技艺在未来能够得到更好的发展,必须要完善香纸沟古法造纸技艺的发展与保护机制。随着非物质文化遗产一系列保护措施的颁布与实施,乌当区相关部门应设立专门的保护机构,安排相关人员和专项经费,制定出科学的具体的合理的发展保护规划与政策措施,并把香纸沟古法造纸技艺及其他的传统技艺一起进行管理与保护,争取获得国家的重视与支持。另外,加大对香纸沟古法造纸技艺保护的经费资助力度,加大对古法造纸技艺保护的扶持力度。一是针对香纸沟古法造纸技艺后继无人的状况,政府可提供优惠的条件与政策,以此提高传承人和传习生的收入;二是对香纸沟古法造纸技艺做出突出贡献的民间技艺人给予奖励与补贴,通过政策引导等相关措施,鼓励民间技艺人与村寨村民对香纸沟古法造纸技艺保护与传承出一份力量。

(三)加大宣传力度,呼吁保护非遗文化

古法造纸技艺虽然具有悠久的历史文化,但在外界知名度仍然很低,而当今社会正处于信息大扩散的时代,将新兴媒介作为文化品牌的推广手段,并能使其长久地活态传承下去,永葆生命力。因此,要加大对香纸沟古法造纸的宣传力度,就要充分利用新兴媒介(大数据手段、微信、微博、博客等)和传统媒体(报纸、报刊、杂志、公交车广告等)相结合的宣传手段,提高香纸沟古法造纸技艺的知名度、美誉度和忠诚度。首先,非遗保护中心、群众艺术馆和香纸沟古法造纸技艺的地方相关部门要起到主导作用,利用电视、报纸、报刊、杂志、广播、新闻出版、互联网等媒体和其他有效途径进行广泛的宣传与普及;其次,香纸沟古法造纸技艺人可以走进学校、文化馆等公共文化机构开展有关技艺的知识传播,加强民众对香纸沟古法造纸技艺的了解与保护,加大古法造纸的宣传力度,并呼吁更多人参与到保护传统技艺的队伍中来。

(四)构建产学研一体化模式,助推造纸技艺发展

古法造纸技艺有着较高的学术研究价值和文化传承价值,因此要通过实施产学研一体化模式,带动造纸技艺发展。一是对香纸沟古法造纸技艺进行科学合理的产业化开发,把香纸沟古法造纸制作过程制成影像出版,或者在公共文化机构播放,使古法造纸技艺在保护和传承的基础上与文化产业协调发展,带动造纸技艺产业化发展。二是着力于学术研究,加强开展对香纸沟古法造纸技艺保护与传承的研究工作,倡导专家对古法造纸技艺进行学术研究,在各方面加强对香纸沟古法造纸技艺的保护,在理论方面为其发展和保护以及传承寻找突破口,并且召开造纸技艺学术研讨会进而扩大香纸沟古法造纸技艺的影响力,引起更多、更广泛的社会关注。

第三节 香纸沟发展经验总结及现状问题

香纸沟景区在发展过程中,充分运用农家乐旅游模式、博物馆静态展示模式、古法造纸体验模式、民俗节庆旅游模式等发展模式进行发展,提高了民众的经济收入,但发展中仍然存在着发展定位不明确、基础设施不完善、宣传力度不够强、管理体制不健全、文化产品缺乏创意等问题。

一、香纸沟发展的经验总结

香纸沟在发展过程中具有值得借鉴的发展经验,其发展经验主要从农家乐旅游模式、博物馆静态展示模式、古法造纸体验模式以及民俗节庆旅游模式等方面来

体现。

(一) 农家乐旅游模式

随着社会经济的发展,物价水平的上涨,人们的生活压力越来越大,为了寻求全身心放松,人们开始到郊区放松身心、缓解压力,于是出现了农家乐旅游。农家乐旅游的模式主要来源于国内外的乡村旅游,并将景区内所特有的乡村景观、民风民俗融合在一起,因而其所具有的乡土气息鲜明。

乌当区为大力发展乡村旅游文化,促进旅游带动扶贫,充分结合香纸沟四面环山的特点,以及小桥流水人家的人间仙境和原生态的环境,加上当地的布依族民族风情,采取了农家乐旅游的发展模式。香纸沟的农家乐旅游模式是以布依民族风情为文化背景,以休闲娱乐为目的,以促进乡村旅游文化发展。在香纸沟景区里面的农家乐四处可见,主要旅游模式有观赏奇山异水、邀约打麻将、吃农家饭菜、喝农家水、体验布依民族风情等,游客们能够吃着村民们自己种的蔬菜,呼吸着新鲜的空气,使全身心都得到放松。游客也可以去爬山、烧香拜佛,为家人祈求平安等,也可以沿着小路骑马散步,大声唱歌,在农家乐里面打打麻将,消磨消磨时间,顺便歇歇脚等。

(二) 博物馆静态展示模式

香纸沟是一座简朴自然的山寨,以古法造纸而扬名,是一座融山、水、洞、瀑、石、林、藤、竹为一体的村寨,香纸沟的古老的造纸作坊与山水天然地融合在一起,形成了国内规模最大的古法蔡伦造纸博物馆。景区内古老的造纸作坊遍布,往复滚动的碾车,悬空而架的水渠,浓荫丛中的农舍,无不为游客静态展示景区内的自然景观和人文景观以及古法造纸、香纸文化。景区内利用博物馆静态展示模式,能够为景区吸引更多游客到来,带动景区的文化宣传与旅游经济增长。

(三) 古法造纸体验模式

古法造纸是香纸沟景区内最具有代表、最有特色的文化,古法造纸运用1900多年前的蔡伦造纸术,历经600多年的历史发展,于2006年被列入第一批国家级非物质文化遗产代表性项目名录,是当今社会不可多得的文化遗产。香纸沟景区内利用古法造纸的体验模式,为游客创造了亲身体验历史文化古法造纸工序,使游客参与到非物质文化遗产古法造纸技艺的整个制作过程中去,既有益于游客充分了解传统工艺,又能够使游客放松身心。

(四) 民俗节庆旅游模式

随着社会经济的发展,人们对生活质量的要求越来越高。传统节日文化也成为旅游景区非常重要的人文旅游资源,保护和利用传统节日文化的有效途径是进行节庆旅游开发。在香纸沟举办布依族传统节日活动,扩大宣传力度,吸引游客,可以带来巨大的经济效益。在旅游行业,民俗节庆旅游模式成了景区的一种重要的开发模式。香纸沟也根据景区内所拥有的少数民族特色,香纸沟人口构成主要是由汉族和布依族,布依族的传统节日有"跳花会""三月三""六月六"等传统节日。

　　借助香纸沟优美的风景和较旺的人气,香纸沟每年都会按时举办"跳花会",即使香纸沟布依族的人口较少,"跳花会"仍然在每年农历正月初一至二十一如期举行,这是一种男女青年的社交活动;"三月三"是布依族人民的传统节日,每年农历三月初三,布依族的家家户户都要做花糯米饭来招待亲戚朋友,久而久之,便形成了一年一度的"三月三"节,布依族同胞们盛装齐聚新堡乡陇上村,以传统布依对歌、唢呐、舞龙、敬酒等精彩内容,一展新堡布依"三月三"节日的丰富内涵,"三月三"通过美食糯米饭去体现布依族的民族文化,同时也吸引更多游客的到来;"六月六"也是布依族人民的传统佳节,因为布依族人民居住的地区广泛,过节的日期也不统一,部分地区农历六月初六过节,称为"六月六",部分地区农历六月十六日或农历六月二十六日过节,称为"六月街"或"六月桥"。香纸沟的布依族人民也十分重视这个节日,有着过"小年"的称号。每当节日来临,各村寨都要杀鸡宰猪,用白纸做成三角形的小旗,沾上鸡血或猪血,插在庄稼地里,传说这样做,"天马"（蝗虫）就不会来吃庄稼。

　　布依婚宴以其浓郁的民族特色和颇具地方风味的"婚宴"展现布依族婚姻食俗文化和青年男女对歌斗智的风采。此外,南静寺庙会也为景区带来游客,南静寺自2000年恢复对外开放以来香火旺盛,每年农历二月十九、六月十九、九月十九,各地善男信女,男女老幼赶向南静寺,祝贺观音菩萨生日。这些富有特色的节日,也是一种特殊的旅游资源,能够吸引游客来观赏,加入当地人的活动,可以提升香纸沟在贵阳市周边的知名度,加强基础设施建设、吸引更多的游客。

二、香纸沟发展中的现状问题

　　香纸沟在发展过程中具有自身的发展优势,但在其发展过程中仍然存在着许多问题,如发展定位不明确、基础设施不完善、管理体制不健全等。

(一) 景区整体规划混乱,发展定位不清晰

　　目前,香纸沟景区整体的发展规划处于一种比较混乱的状态,主要体现在风景游赏规划、典型景观规划、游览设施规划、基础工程规划、土地利用协调规划以及分期发展规划与近期建设投资估算等方面。景区内景点众多且文化资源丰富,但没有一个系统化、理论化的规划,就会为整体景区的发展带来极大的不便。如景区文化区域不明确,并且没有很清晰的游览路线,不能让游客很好地选择旅游目的地。景区内未能结合当地特有的文化资源、人文景观与自然景观,制定合理的发展规划,没有明确作出一个未来发展的定位。因此在目前的发展现状来看,游客对于香纸沟具体是哪一种类型的旅游景区,或者当地拥有哪些特色都不能准确地说清楚,这说明香纸沟的发展定位还不够清晰。这就需要景区统一制定完整的发展规划,明确景区未来的发展定位。

（二）景区基础设施不完善

基础设施是保障游客出行的重要指标之一。香纸沟的基础设施目前仍相对滞后，主要体现在以下三个方面：一是香纸沟距离贵阳市区约36千米，距离相对遥远，景区内目前的交通欠发达，从市区没有直达车到达景区，通达度比较低；二是景区内少有住宿、餐饮的酒店和餐馆，服务不到位，大多为农家乐，此外景区内能为游客提供栖息的地方较少；三是景区内还存在着指示牌和标志不全面的问题，景区内也没有讲解员，这就使游客不能全面了解景区信息。

（三）管理体制不健全，宣传有待加强

景区管理是衡量景区发展水平的指标之一，拥有健全的管理体制能够带动景区向前发展。就目前的情况而言，香纸沟景区内缺乏相应的管理人员。对于当地民众来说，缺乏相应的宣传意识，景区内也缺乏相应的管理与宣传机构、工作人员，这就导致对该景区的宣传力度不大，从而使得景区的对外宣传较弱，游客基本上都是贵阳本地人，少部分或是周边市州的游客，这大大限制了香纸沟景区的长远发展。

（四）温泉开发威胁生态环境

香纸沟的温泉开发原则上可在一定程度上促进当地的经济发展，在发展非遗经济的同时发展温泉经济，却因为后续的诸多问题而导致开发停滞，这不仅使开发公司遭受巨大损失，还对当地的生态环境造成了严重威胁。如不当的开发将会导致温泉水的水温降低，水质受到污染。同时，温泉开发占用了当地民众的大量耕地，造成了大量土地资源的浪费。

（五）民族资源开发不足，旅游产品缺乏创意

香纸沟的世居少数民族主要是以布依族为主，民族资源成为了一个产业存在和发展的前提，独特的布依文化就是香纸沟的一大特色。就目前而言，香纸沟景区内对民族资源的开发程度较浅，未能将当地布依族的"婚俗""三月三"等具有民族文化的节日，景区内的自然景观和人文景观与当今资源开发相结合，景区内围绕香纸文化和造纸技艺开发的旅游产品较少，没有充分体现出当地的特色，更没有凸显旅游地的布依族民族风情。此外，景区内几乎没有旅游纪念品店，这就体现出景区对民族文化资源的开发力度不足，政府在开发香纸沟的旅游资源时，没有经过周密的策划和论证，导致开发目前的旅游产品和服务未能很好地体现当地特色。

（六）产品销路不畅，传承现状堪忧

香纸沟的古法造纸，随着经济的不断发展和社会的不断进步，当地对于手工纸的生产大量减少，甚至无人问津。由于当地经济发展落后，生产纸张带来的经济收入已经不能满足民众的生活所需，因此大多数劳动力都选择外出务工，年轻人则不是外出求学就是外出打工，从而使得留下来的多为妇女、儿童、老人，古法造纸技艺的传承状况也不甚理想。

第四节 香纸沟与造纸技艺互动发展对策

一、对景区进行科学规划,明确景区发展定位

香纸沟旅游开发公司对香纸沟景区的规划主要从打造古法造纸、布依文化、自然景点、温泉度假、宗教文化、休闲娱乐六个方面进行。景区拥有集旅游培训等关联业务为一体的经营体系,但就香纸沟目前的发展情况而言,还未能做到。因此,景区管理部门应该结合景区实际情况,对景区重新进行科学合理规划,而不是制定过高过大的目标却又无法实现。首先,景区要明确自身的发展定位,充分认识自身的发展立场,为游客打造一个定位明确、特色鲜明的景区;其次,对景区进行科学合理的规划,即对景区进行功能分区,将景区分为非遗体验区(以古法造纸技艺体验为主)、旅游观光区(以自然景观如白水河为主)、休闲度假区(以南静山宗教文化体验区为主)、文创产品区(以展示、营销布依族文化创意产品为主)。只有通过明确发展定位并进行功能分区,才能为游客打造一个特色鲜明、底蕴深厚的文化景区,使游客置身在其中游玩,又能认识和感知所体验的文化景观和自然景观。

二、加强旅游公路建设,完善基础配套设施

目前,贵州省正处于"旅游热"的发展市场,因此香纸沟不应失此时机,应该紧抓时代发展机遇,为游客打造全新的基础设施完善的可达性良好的景区,以方便游客到达。首先,要坚持以当地政府为主导,充分发挥政府的主导作用,对香纸沟旅游公共文化服务设施能够高度重视,加强旅游公路的建设,对公路建设积极投入,提高景区的交通通达度;其次,基层政府及景区管理部门要高度重视,景区管理者要充分发挥主体作用,加大基础设施建设的资金投入力度,完善景区内各项基本设施,例如标明指示牌等,积极倡导当地居民加入建设香纸沟景区的队伍中来;最后,景区管理者要结合景区的发展状况,对景区的基础设施建设做好明确的合理布局规划,不但要有明确的方向目标,而且要出台具体的改革发展措施,给予当地居民一定的福利政策,改善游客的居住环境、就餐环境,构建一套完整的主要以旅游集散中心、游客服务中心、景区服务等设施为主的公共服务设施体系,完善香纸沟基础配套设施。

三、打造造纸文化体验区,加快博物馆场馆建设

古法造纸作为国家级非物质文化遗产项目,制作过程能够为游客带来视觉享

受和放松心情的效果,因此景区内的管理人员应对景区作出明确的合理的科学的规划,加大对造纸文化博物馆的资金投入力度,打造专有的具有当地特色的造纸文化博物馆,并详细制定造纸文化博物馆的发展规划及亲身体验细则,使游客能够切身体会到造纸的乐趣,置身于造纸技术的传承中去。

四、保护当地的自然环境,坚守生态的发展底线

旅游业的发展不应该以牺牲自然环境、破坏生态环境为代价,应该注重经济效益与社会效益并存。当前,香纸沟内正在开发温泉旅游休闲区,因此香纸沟景区在对自然生态的发展过程中,应该做好整体规划布局,做好香纸沟水体和山林的保护工作,并结合发展的实际情况,制定一条生态环境发展底线,促使景区在对自然资源、文化资源进行开发利用的同时,既能够获得可观的经济效益,又注重经济效益与社会效益并存,保护当地自然环境,严守生态发展底线。

五、保护非遗名录,加大生产性保护基地建设力度

香纸沟属于省级风景名胜区,香纸沟古法造纸技艺是国家级非物质文化遗产。香纸沟景区内完整保存着古法造纸作坊,有土法造纸博物馆之称的美誉。随着国家对文化遗产保护和利用的不断重视,对非遗的保护也出台了相关的法律法规,使得香纸沟古法造纸技艺及其作坊得到了一定性的保护。然而对于国家级非物质文化遗产的保护,无论是当地居民还是政府的保护力度和重视程度还远远不够,这就需要引起当地基层政府部门的重视,制定专项保护规划,定期向村民讲解保护古法造纸技艺的重要性,培养并加强当地村民对非物质文化遗产的保护意识,鼓励更多居民积极参与到非遗的保护工作中。地方村民应与地方政府强强联合,加大对非遗的保护力度;同时,作为传统技艺类的非物质文化遗产,也应该加大对古法造纸技艺的生产性保护,建设古法造纸技艺生产性保护基地,吸引更多的人投入到传统手工技艺的保护中来。

六、传统媒体与新兴媒介相结合,加大景区宣传力度

香纸沟在发展过程中,由于缺乏一定的发展资金,广告宣传方面一直处于弱势地位。不仅广告宣传较少,而且宣传力度较薄弱,宣传渠道也少。为促使香纸沟景区能够真正走出去,一方面景区应充分运用传统媒体,使香纸沟在贵阳市乃至贵州省的知名度迅速提升,如可以制作系列宣传资料,拍摄宣传片在当地电视、广播等媒体平台投放,也可以在报纸、报刊、杂志、公交车站等平台进行宣传;另一方面,在互联网高速发展的今天,应该结合景区自身具有的优势,充分利用微信、微博、博客等新兴媒介进行推文宣传、视频宣传,也应加强与携程网、驴妈妈、途牛、去哪儿旅行等网站合作,为景区输送更多的游客。此外,可紧抓贵阳市举办会展、国际国内

论坛的机遇,在会展中投入广告,做到全方位、多角度、多层面地对景区进行宣传,加大景区的宣传力度,充分向游客展示景区内所具有的自然景观、人文气息以及民族风情等,吸引更多游客到来。

七、引进文化创意人才,打造专属景区文创产品

创意在当下社会已经成为文化资源开发的核心。文化创意产品的开发创造是以某一文化为背景,文化产品为载体,文化创意为核心,这就需要培养文化创意人才。香纸沟景区内不仅有着丰富的自然资源,还有着独具特色的布依族文化资源,因此香纸沟景区内不仅要引进具有创新意识的管理人才,还要引进具有文化创意的人才,结合景区内所拥有的资源,在市场上积极进行调研监测,以满足游客的消费需求和精神需求为主导,与现代时尚文化元素相结合,打造专属于香纸沟景区的并能满足游客需要的文化创意产品。

第五章　外来文化的创意性利用：以多彩贵州城极地海洋世界为例

贵阳市位于我国西南内陆地区，远离波澜壮阔的海洋，自然也未诞生奇妙多姿的海洋文化。而多彩贵州城极地海洋世界的创造者却利用文化科技等手段，将海洋文化创意性地呈现在深处大山中的贵阳市民众面前，开启了贵阳市外来文化创意性利用的新篇章。

第一节　多彩贵州城极地海洋世界产品设计

多彩贵州城极地海洋世界是贵州省2015年打造的一个大型旅游招商项目，也是贵州省重点打造的100个旅游景区备选项目之一，是贵州省第一家以海洋生物观赏、海洋动物表演为主，集海洋文化、科普教育、生态保护和旅游观赏为一体的大型海洋展览馆。多彩贵州城极地海洋世界是福建龙川集团与多彩贵州城建设经营有限公司于2015年1月签约的大型极地海洋世界，位于贵阳市南明区龙洞堡空港核心区多彩贵州城节庆街内，与1958文化创意园相邻，占地面积20亩①，设计建筑面积约15000平方米，总投资5亿元，完全建成后将成为大西南板块首家极地海洋世界。多彩贵州城极地海洋世界建成后，为游客带来了极大的方便之处，将在世界海洋古森林的主题文化背景下，内设企鹅馆、北极熊馆、海豚表演馆、人鲨共舞、海狮海豹表演、海底隧道、珊瑚馆、淡水鱼馆、科教馆和亚马逊松林等。在景区内，有来自天南地北各种各样的动物，将成为贵阳市乃至大西南地区儿童游玩、科普教育的好去处。多彩贵州城极地海洋世界将是"中国一流、贵州省唯一"的综合性大型海洋动物展馆，而极地海洋世界落户贵州将会广泛吸引游客前来参观，景区力图打造一个不同于其他景区、具有自己特点的景区。

---

① 1亩≈666.7平方米。

一、多彩贵州城极地海洋世界基本情况

(一) 文化定位

随着经济的快速发展,文化的传播也给观众带来了众多不一样的体验,如何衡量和把握外来文化是我国经济社会发展中不可忽视的问题。正确地看待外来文化,取其精华,去其糟粕,有选择性地让外来文化在本地区传播。多彩贵州城极地海洋世界落户贵阳以来,受到了广大市民的青睐。贵州省位于我国西部,距离东部海洋较远,因此多彩贵州城极地海洋世界对于贵州人以及周边省份的民众来说属于外来文化。作为贵州省第一家大型海洋动物展馆,它使市民的休闲娱乐多样化,让更多的市民在家门口就可以了解和观赏海洋动物,也是儿童的第二海洋科普知识课堂。多彩贵州城是贵州省旅游文化的一张名片,多彩贵州城极地海洋世界的项目定位和基础设施都是围绕多彩贵州风格的旅游文化打造,为景区带来了稳定的客源。多彩贵州城极地海洋世界的建筑采用与多彩贵州总体氛围符合的中式、少数民族风格的建筑设计,与多彩贵州城的建筑风格搭配协调,多彩贵州城极地海洋世界建设时积极融入贵州民族文化元素,为此景区引进了贵州省少数民族地区的一些珍稀鱼类,打造出与其他同类景区不同的主题文化。同时馆内不定期地开展各类主题活动,如极地婚纱摄影、儿童夜宿等活动,并且通过一系列活动让游客体验独特的极地文化,积极倡导人类与自然和谐相处,增强人们对环境的保护意识。

(二) 公园类型

多彩贵州城极地海洋世界属于主题型的公园,主题型公园是现代旅游资源开发中以某一主题开发而逐渐产生的新型旅游项目,集娱乐活动、休闲、服务于一体。海洋馆就是以海洋动物展览为主题开发而来的,其中又有海洋动物表演、海洋科普知识以及和海洋有关的娱乐活动等。中国最早的第一代主题公园主要是以传统园林、古建筑景观等为开发模式,规模比较小、设备技术含量较低。自改革开放以来,就开始出现了如深圳的世界之窗、锦绣中华等第二代主题公园,这一类主题公园的开发以人造景观为主,人们观赏的多,但游客参与的项目活动较少,且大多项目活动适合中老年人游玩,却不能满足年轻人各方面的需求。因此,出现了第三代主题公园的开发,公园内集中了各种室外的动感游乐设备,给年轻游客带来了身体和心理的刺激,但这类公园没有明确的主题,缺少丰富的文化背景和人物故事演绎等的文化积淀,游客在感受快乐和刺激之后,值得让人深思回味的却很少。而第四代主题公园不仅有了明确的主题景区划分,公园内还集合了众多主题鲜明的高科技项目,综合运用了多种高科技手段,由此带给游客不一样的视听感受。既继承了第三代公园的惊险刺激,又充分发挥了时代进步带来的高科技体验包括特种电影在内的各种神奇效果,完美地体现了预先设定的主题文化,让游客充分感受难以忘怀的震撼体验。

多彩贵州城极地海洋世界刚刚落户贵阳市,馆内建设运用了多种高科技手段,有明确的主题景区划分,但是并没有第四代主题公园所具有的出神入化的试听感受,没有特种电影在内的各种神奇效果之类的建设等,在公园类型上只能界定在第三代与第四代之间。

(三)行业定位

多彩贵州城是由前几年比较流行的旧街区改造而来,而多彩贵州城极地海洋世界位于多彩贵州城内,是将文化与科技相融合,加入了许多文化创意元素,是贵州省重点打造的旅游项目,成为市民以及周边地市游客周末假期休闲的一处重要场所。多彩贵州城极地海洋世界在休闲娱乐方面紧紧抓住市民及游客的心理并满足其有效需求,通过馆内的美人鱼剧场、海豚表演以及儿童成长体验等一系列的优秀活动让市民的休闲增加无穷的乐趣。然而人们的休闲方式一直在随经济发展而改变,休闲方式也在不停地变化。多彩贵州城极地海洋世界所推出的休闲活动吸引力很强,力图让市民在体验完景区娱乐项目后能够产生二次消费体验,因此海洋馆的管理团队在海洋馆的休闲定位方面既要及时与潮流结合,又要不断推出新的市民需求的休闲项目。

作为贵州省2015年的大型旅游招商项目,也是贵州省第一家以海洋生物来开发建设的新型旅游文化项目,为能够吸引大量的周末休息和度假休闲的游客,通过对贵阳市客源市场的仔细分析和准确的定位,并加以合理有效地宣传,通过一些大型活动为助力点比如大数据峰会、酒业博览会等大型会议期间大力宣传,打造形成具有自己独特风格的宣传方案、营销方案,并找准市场优势,推出独特的旅游产品。

(四)功能分区

1. 极地动植物区

极地动植物区是整个园区的休闲娱乐观赏区,是整个园区的中心。极地动植物区是海洋馆最主要的功能分区,也是该类型旅游区参观的主要景点之一,此功能区的建设直接关系到海洋世界能否吸引大量的游客。在多彩贵州城极地海洋世界内,分布着多个不同的小区域,比如亚马孙热带雨林区,包含多种热带地区的动植物,通过仿照热带雨林利用高科技打造,如蟒蛇、丛林、河流、岩洞、瀑布等,从而带给游客身临奇境的体验;凶猛鲨鱼区,主要是以观赏鲨鱼为主,展示的有护士鲨、白鲨、豹纹鲨等多种鲨鱼,让游客能够更好地了解鲨鱼的习性;极地动物区,有极地企鹅、白鲸、海象、海狮、海豹等,是极地海洋世界的最好看点;梦幻水母区,可以观赏到变色水母、最大物种水母、毒水母等,是放松心情的好去处;海洋珊瑚礁鱼区,以大型圆柱水箱最为震撼,可以观赏珊瑚、海葵等;海底隧道区,由海底古森林、海龙宫、各类珍稀鱼类等构成;科普展示区,主要带领游客走进海洋的科普世界,理解学习海洋文化;海豚剧场区,主要是海豚表演和水上芭蕾表演,游客可以近距离与海豚互动;美人鱼剧场区,观赏专业的美人鱼水下表演等。九个区依次组成,形成了一个衔接有序,不同区呈现不同精彩的文化体验。

2. 购物区

多彩贵州城极地海洋世界购物区位于园区内,美人鱼剧场表演的对面和出口处,购物区内所研发并销售的商品都是与极低海洋动物相关的,游客参观完景区在离开的时候可以购买一些物品作为纪念品。同时这些与多彩贵州城极地海洋世界相关的文化商品,自身也在为园区打广告、做宣传。

3. 餐饮区

餐饮是基础服务设施,在参观多彩贵州城极地海洋世界的过程,餐饮是必须存在的一个基础设施,能够给游客提供食物和休息的场所。目前海洋馆景区的餐饮区有两个,分布位置较近,桌椅配套齐全,可容纳 100 人左右用餐。餐饮区主要出售汉堡类的快餐、水和果汁等。

(五)发展阶段

多彩贵州城极地海洋世界目前逐步呈现出乐观的发展前景,旅游景区的各项管理工作处于如火如荼地开展状态。多彩贵州城极地海洋世界从 2016 年 9 月 28 日试营业至今,仍处于发展的初级阶段,在发展初期收益与时间成正比。由于初期对游客的吸引较强,收益持续增长,在发展后期,对第一客源市场的游客吸引力会逐步下降,收益将会减少。

多彩贵州城极地海洋世界在建设初期应搞好市场调研,选准主题,不断地创新推出精品,与时俱进,丰富其内在的文化内涵,科学地管理策划,营造良好的口碑,要能够在该区域树立独特的品牌。同时,该景区要重视管理问题,管理水平的提高,需要定期开展员工培训,不断地提高工作人员的服务水平和服务意识。营销团队需要不断地掌握各方面的客源动向和旅游发展趋势,不断去挖掘潜在的客源,给管理团队提供准确及时的市场信息,管理团队要及时推出游客需求的产品和服务,从而使客源持续保证在一个较高水平。同时要抓住游客的消费心理和动机,激发游客的情感,任何产品的定位都应该以游客为导向,只有准确表达游客心声的文化才能让游客动心,才能在后期赢得收益。

(六)交通区位

近年来,贵州省的经济发展速度很快,基础设施建设日益完善,多彩贵州城极地海洋世界距离龙洞堡机场约 4 千米,距离贵阳东客站约 3 千米,流动人口量巨大。另外靠近市区从贵阳到极地海洋世界的交通也很便利,可以乘公交也可自驾游。除了市政公交体系外,多彩贵州城还购置了大量中小型车辆作为交通车,大大加强了市内与该区域的交通联系,方便了市区的居民到这里来休闲娱乐,这样的措施对于游客前往极地海洋世界是非常方便。在距离入口处约 500 米的地方有一个较大的停车场,方便自驾游的游客。

(七)客源市场

贵州省是一个拥有 3500 万人口的西部省份,但到目前为止还没有一座大型海洋馆,贵阳市是现在少数几个没有大型海洋馆的省会城市,市场潜力巨大,并处于空白无竞争的阶段。经过调研得知(如图5.1所示),多彩贵州城极地海洋世界的一级客源主要是来自贵阳市的市民,依靠便捷而快速的交通和距离上的优势成为多彩贵州城极地海洋世界的最大的客源市场;二级客源主要为贵州省其他地区游客,依靠与省会城市的便捷交通,由于贵州省在2015年已经实现县县通高速,来省会城市旅游、出差、探亲等民众成为多彩贵州城极地海洋世界的第二客源市场,虽然没有第一客源市场的人多,但是在消费能力上却不逊于第一客源市场的游客;三级客源市场主要来自邻近省(直辖市)的游客,主要为湖南、四川、云南、广西、重庆等,这得益于贵州省政府在政策的扶持下,交通设施的逐步完善,大力发展旅游业,遂外省游客量逐渐增多,未来发展中应当抓住契机,努力增加第三客源市场。

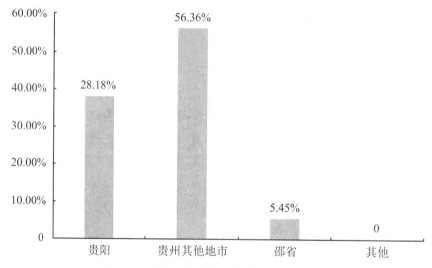

图5.1 多彩贵州城极地海洋世界客源分布

注:根据调研问卷统计分析得出(因一些游客此题未作答,因此百分比综合未达到100%)。

二、多彩贵州城极地海洋世界的园区产品整体设计

园区产品整体设计是一个景区必不可少的一部分,产品是景区的象征,在激烈的市场竞争中,景区在不断增多,而每个景区都有属于自己的产品,产品在景区中占据着重要的地位。园区产品要结合景区的构造和景区的文化、经济的发展进行创作,对园区产品在功能、包装、商标、品牌方面进行创新创作,以吸引更多消费者。对于一个产品来说,任何一方面因素的发展,都有可能影响其在市场竞争中是否杀出重围,脱颖而出,抢占竞争市场的一角。因此在产品开发与创造时,要把影响产品发展的各个因素掌握好,将产品的实质与实体、内容与形式、无形和有形层面等因素整合起来,打造完美而丰富的满足消费者的产品。

（一）主题建筑

多彩贵州城极地海洋世界是一个集多种风格为一体的海洋主题公园，其中包括热带风格和极地风格，共有6个主题建筑和9个场馆。园区通过学习国内外众多成功的海洋馆各个方面，在设计、建造、布局和展示内容等方面位列前茅。园区项目规划建筑面积约为15000平方米，园区内由生态雨林馆、潮间带馆、珊瑚礁鱼馆、凶猛鲨鱼馆、海底隧道馆、极地动物馆、电教科普馆、梦幻水母馆、海豚欢乐剧场9个展馆组成。将在世界海洋古森林的主题背景下，展示北极熊、白鲸、海豚等世界级濒危物种，以及国家一级保护动物中华鲟、扬子鳄、娃娃鱼等300多个品种上万尾（只）海洋生物，还有海豚表演、海狮互动、潜水员喂鱼以及美人鱼等剧场表演项目。极地海洋世界海洋古森林为主题，彰显多彩贵州城民俗建筑特色。

生态雨林馆是园区内特色鲜明的一个景点。馆内的建筑是仿照亚马逊热带雨林中的古树和瀑布建造而成。交错缠绕的巨大树根、遮天蔽日的枝叶以及奔流直下的瀑布，工匠巧手营造出了一个巨大的神秘的热带雨林古树洞，仿佛置身亚马逊热带雨林之中，有身价百万的红龙鱼、吉祥喜庆的血鹦鹉、国家级保护动物中华鲟、动作敏捷的蜥蜴、变化多端的变色龙等，巨大的水族箱里面有形态各异颜色多样的热带鱼。尤其是看起来很笨重的鳗鱼，它能产生足以将人电晕的电流，是放电能力最强的淡水鱼类，输出的电压可达300～800伏，因此电鳗有"水中高压线"之称。五彩缤纷的热带丛林生物构成了一幅幅美丽的画卷。

海洋珊瑚礁鱼区展馆的建筑主要是仿照海底珊瑚建造而成，并且有许多的鱼类在内。在一个圆柱展缸内，里面有珊瑚鱼中最华丽的神仙鱼，翩翩起舞的蝶鱼和以水为鸳鸯的中华鲎等，可以很直观地看到各种美轮美奂的珊瑚，有的像花朵一样，有的如一座座房子。软体动物、节肢动物、腔肠动物、爬行动物在这里聚集，酷似斑马的石斑鱼、可爱的海马、美丽的小丑鱼等。

凶猛鲨鱼区，鲨鱼是海洋中的庞然大物，号称"海中狼"。在鲨鱼馆中有一个巨大的水箱，里面有凶猛的白鳍鲨、黑鳍鲨等性格暴烈的鲨鱼。除此之外，其他水箱中还有性情较温顺的护士鲨、豹纹鲨。鲨鱼是食肉性动物，很难被驯服，这里可以看到鲨鱼不凡的气质。

海底隧道区，海底隧道全长35米，储水2500吨，在精心设计的海螺宫殿里，有种类繁多的海洋大型鱼类，有善于伪装的深海巨斑、飞翔飘逸的鳐鱼等，还有安徒生笔下的"美人鱼"，曼妙的身材，尽情摆动的鱼尾，仿佛海中的精灵，跟着她可以一起领略大海深处的神秘风光。

极地动物馆，地球的南北极有永久的冻土，仅生存地衣、苔藓、矮小灌木和少量的动物，极地世界区的建筑是仿照极地动物的生存环境而建造，馆内的温度、湿度等都是精心调配的。在极地动物区里展示了悠然自得的北极熊、憨态可掬的企鹅、呆萌可爱的海豹和"口技专家"白鲸等极地动物。

第五章　外来文化的创意性利用：以多彩贵州城极地海洋世界为例

73

梦幻水母区,该展区的建筑是一个玻璃房,房内还设有音乐,水箱中有各种水母,发光的水母随着馆内不断变化的颜色而变的多姿多彩。水母飘逸灵动,体态婀娜,色彩绚丽,这些美妙的水母,伴随着舒缓的音乐翩翩起舞,在梦幻水母区有以玻璃为主的水母房。走进里面就像进入水母的世界,周围全部都是水母,包括有最大直径可达70厘米的紫纹海刺水母、澳洲水母、海月水母及黑星水母等10多种品种。

电教科普馆,科普展示区就是一个展示科普的房间,展示了海中大力士、四大名螺、帝王蟹等海洋动物标本,并通过众多的电子科技产品让游客了解到更多的海洋知识。这里是扩充海洋知识的地方,能够更直观地看到各种海洋生物的构造,满足游客的好奇心和求知的欲望。

(二) 娱乐节目

极地海洋世界的娱乐节目主要有3种:美人鱼剧场中的美人鱼表演、俄罗斯水下芭蕾表演;海豚剧场的俄罗斯水上芭蕾表演、海狮表演、海豚表演;还有夜宿活动(目前暂未开放)。

1. 美人鱼剧场

美人鱼剧场的表演总共分为两个部分,美人鱼表演以及俄罗斯水下芭蕾。一场表演一般在8～10分钟,而表演场次分别是:周末5场,场次时间分别是10:20、11:00、13:00、15:00、16:00;周一至周五3场,场次时间则分别是10:45、13:00、15:00。当然,表演的场次也不是固定不变的,会根据当天的游客数量来进行调整,但是一般情况下是按照这个时间表来进行表演的。

剧场的座位呈阶梯状分布,前排的位置会比较靠近水族箱的玻璃,后排的座位虽然离水族箱的玻璃比较远,但是位置高,也可以清楚地看到表演,表演期间会有保安人员维持秩序,防止个别游客挡住其他游客的视线,影响其他游客观看表演。

表演开始之前会有工作人员拿着话筒安排游客有序地进场,维持秩序。最先开始的是美人鱼表演,表演者身穿美人鱼的服饰,然后进行下潜。水族箱内有很多真实的海洋生物在游动,场景布置很接近欧洲美人鱼电影里的场景,美人鱼的表演者没有穿戴任何潜水设备,视觉上十分震撼。

美人鱼表演者一共有4位,表演开始是先由一只"美人鱼"进行下潜,然后保持直立状态,紧接着由水底上升到水面,美人鱼表演者会在上升过程中与观众进行互动,例如打招呼、比爱心等。每一次下潜表演都是交替轮换,除了最后一次下潜外,每次下潜都是一只到两只"美人鱼",美人鱼表演者每次完成下潜后,都可以在水面上的平台上进行休息,调整好状态准备再次下潜。美人鱼表演大概在4分钟左右,每一只"美人鱼"的服饰都不同,而且服饰很精致,再加上许多海洋生物在美人鱼的身边环绕,就像真的有美人鱼这种奇妙的童话生物存在一样。

美人鱼表演结束后紧接着就是俄罗斯水下芭蕾,表演者是来自俄罗斯的运动员,一共有5人,和美人鱼表演相似,表演者都是先下沉,然后进行表演,每次下沉有2~3名表演者,轮换着进行表演,不带任何潜水装备,不同的是她们展示的是芭蕾舞动作。这些芭蕾舞动作都是他们自己结合所了解到的中华文化编演出来的,最具特色的动作就是"千手观音"。每次表演时,会有工作人员播放录音,录音的内容就是介绍表演者她们接受的训练以及解说她们的表演内容,优美的表演加上生动的录音,让人沉浸其中,仿佛置身于海底世界。

2. 海豚剧场

海豚剧场就在美人鱼剧场的上方的园区二楼。与美人鱼剧场相比,海豚剧场要大得多,可以容纳较多观众。海豚剧场所表演的项目也比美人鱼剧场要多,一场表演在30分钟左右,场次安排是周末4场,分别为10:30、12:30、14:30、17:30;周一至周五有3场,时间分别为11:30、14:00、17:00,海豚剧场也会根据游客数量来调整场次及时间。海豚剧场座椅有3个部分,在正前方有一个巨大的显示屏,可以放大且清楚地显示表演内容,看不清表演的观众可以通过屏幕来观看表演。

第一个部分是主持人出场介绍海豚剧场将会有何种表演节目,并介绍将要表演的表演者,接着就开始了第一个节目:俄罗斯水上芭蕾。五位表演者从右侧大门出场,她们体态优美,在水中的表演也引人入胜,她们时而潜入水中,又从水中跃出,在水面向观众展示芭蕾的优美,加上主持人的解说,让观众更能感受其中美妙。

俄罗斯运动员退场后,主持人再次走到舞台的中央,向观众介绍下一个节目:海狮表演。饲养员出场后,表演的海狮"摩西先生"就从左边的水中通道来到表演现场,饲养员会让海狮向观众打招呼,让它唱歌、跳舞,为观众表演冲浪,跳跃出水面,模仿鲨鱼游泳,最后海狮跟大家告别,告别后海狮从右侧的水下通道离开。饲养员负责让海狮表演,而主持人则负责解说表演、与观众进行互动,从而真正地使观众参与到节目中来。

接下来主持人介绍的节目是海豚表演,海豚表演由两个饲养员以及两只雌海豚共同表演。同样等饲养员出场后,海豚从左侧的水下通道进场,主持人仍然在一旁解说,与观众互动。海豚先表演的是鼓掌;然后主持人介绍它们的名字以及饲养员,在饲养员的指引下,海豚完成鞠躬跳;然后它们表演唱歌(海豚音);表演完以上节目后,饲养员会让海豚游到正前方的看台上,让观众可以近距离地观看海豚;接着是互动环节,主持人会邀请1名观众来到场内,和海豚近距离地进行互动。选取幸运观众的方式是摄像机随意在观众席内移动,然后停留在屏幕中间的观众就是被选中的幸运观众,幸运观众必须要年满18岁。幸运观众可以和海豚进行呼啦圈比赛,看谁转得多,无论输赢,幸运观众可以获得海豚宝宝的香吻一枚,还可以获得主办方的礼品,这个环节点燃了观众的热情,游客们的欢呼声在剧场内不停地回荡。主持人还会向大家科普海洋知识,海豚也会表演跳跃出水面以及跳舞,最后海豚向观众告别,海豚剧场的表演也拉下了帷幕。

3. 夜宿活动

"夜宿活动"是贵阳市极地海洋馆推出的体验项目,但目前暂未开放,具体内容是游客可以在极地海洋馆内租借帐篷,带着孩子和海洋馆内的各种各样的生物一起进入梦乡,进行一场奇幻之旅。

由于贵州极地海洋世界刚建成开放不久,后期工程建设还在不断完善中,还有一些节目和大型活动暂未开放,如民族民间工艺品文化产品博览会、多彩贵州文化艺术节等。

(三) 园区管理及服务

园区管理是一个景区运行的核心组成部分。多彩贵州城极地海洋世界园区内各个环节都安排有导游、保安,各守其责,分工明确,互相照应,共同努力维护园区形象。游客不用担心安全等问题,基于管理层的有效管理,园区内不会出现使游客增加负担的乱象。尤其是"十一"期间,由于此期间是游客激增的黄金时段。为保证服务质量,景区内有相对成熟的管理制度,有针对员工的规章制度及员工手册,对员工的行为准则有严格的约束,让景区全体工作人员时刻提醒自己,明确自己的任务,要全心全意为旅客提供优质的服务,有目的地更新服务理念。多彩贵州城极地海洋世界虽为贵州省唯一的大型海洋馆,具有垄断性质,具备广阔的消费市场,从某种程度上讲其提供的产品具有唯一性,但是园区服务人员的态度有待改善,这从调研中售票窗口及保安的工作态度可以看出。因为有垄断性质,目前极地海洋具有一定优势,不过由于园区建设还处于发展初期,需要改进的地方还有许多。

景区内有自身的专属旅游产品商店,商品质量适中,但价格偏高,在相应的淘宝商城、实体店均能买到,因此不具有竞争优势。员工管理层工作人员相对年轻,学历为本科或研究生。然而,同贵阳市其他文化园区相同的是,园区针对员工的技能培训很少,较多员工没有外出研习研修培训的机会,因此相应的服务水平提升和管理水平提高就显得格外困难。在管理层面,管理人员每年都有前往国内旅游开发较成功的景区参观考察学习交流机会,公司承担全部费用,这为提升整个园区的经营管理水平发挥了重要的作用。

由于园区只有一个进出口,安保环境布置得当,严格控制游客进出。鉴于管理层面的经验丰富和水平较高,整个园区内几乎没有逃票现象。园区导游多数来自贵州省内,具备大专以上学历,多数均为贵阳市内在校大学生或研究生,因为处于实习期而工资偏低,服务态度有待改善,服务水平也有待提升。

在宣传方面,多彩贵州城极地海洋世界宣传主要有以下三个方式:一是流动性媒体,公交车与小巴士上的短片介绍,让游客在车上休息时自然而然地被吸引;二是网络式媒体,在网络上有关于海洋馆的介绍,通过微博进行间接性宣传;三是较好的口碑宣传,去旅游过的旅客会向周边的朋友推荐,也将一部分有趣的情景记录下来,去吸引更多人的好奇心并前往探索。

服务是一个景区非常重要的一个部分,它包含的内容多种多样,而在园区内的服务主要体现在游客们开始进入园区开始,在观赏游览过程中和走出园区时,园区服务在这一阶段得到了最大的展现。园区卫生的安全性、可靠性和保密性服务也是非常重要的;除此之外,工作人员应答能力、胜任程度、礼仪方面等服务也是有必要;园区环境的美化和舒适满意的服务能提升游客对园区的印象。园区服务是衡量一个景区是否能够长久持续运营下去的关键。它的一切软性服务,以及进口、出口服务都在其中占据着不可缺少的一部分。

贵州省极地海洋世界的服务设施基本上完善。在公共服务方面,极地海洋世界的入口外边有提供给游客休息的地方并且还搭有遮阳伞,能够为赶路到达景区的游客带来便利。除了景区外的公共休息区外,在景区内也有公共休息区。同时极地海洋世界景区有售票服务、检票服务、咨询服务、安保服务、场馆解说服务、卫生服务、餐饮服务、产品销售服务等工作人员服务;而入园后有入口服务、救护服务、商业服务、娱乐服务、客房、康体服务、投诉服务等游览服务。

第二节 多彩贵州城极地海洋世界发展的基本问题

一、园区整体面积过小,场馆建筑数量不足

多彩贵州城极地海洋世界是一个集多种风格为一体的海洋主题公园,其中有热带风格和极地风格,主要有6个主题景点。它坐落于贵阳市南明区龙洞堡空港核心区多彩贵州城内,占地面积约为20亩,虽说是贵州省第一个海洋馆,可是相比之下,占地面积偏小。一般来讲,大型的主题公园多为1000亩左右,贵州极地海洋世界的面积有限,所能展出的园区不完善,目前仅仅由9个展馆组成,这极大地影响了游客进行二次游览的积极性。在极地海洋世界景区内,静态的产品数量有限,虽然场馆的类别很多,但是海洋生物较少,园区的整体面积过小,规划方面也有一定的欠缺,场馆的建筑数量不足,有待进一步扩充和完善。

从外部来看,场馆的建设设计参考了贵州省的苗侗干栏式建筑,在风格上向多彩贵州城靠拢,但在整个多彩贵州城并没有自己的特点。虽然在整个建筑外墙上设计了大面积的海洋动物卡通彩绘,但是这种彩绘和少数民族文化元素搭配并不协调。从目前的整体效果来看,多彩贵州城极地海洋世界对于外部的设计考虑并不充分。从内部看,场馆的建设面积太小,每个展馆的内容过于表面,海洋文化的内涵展示不足,能展示的海洋文化内容也很少,在海洋动物的管理方面缺乏专业化的工作人员,且每个展馆所展示的海洋动物数量太少,没有形成一定的规模,需要

在未来的发展建设中认真地寻找应对之策。

二、管理亟待提升,服务队伍有待优化

多彩贵州城极地海洋世界项目属于贵州省文化旅游的重点招商引资项目,由贵州多彩贵州城建设经营有限公司和福建龙川集团合作开发建设,现有多彩贵州城负责管理。据实地调研情况来看,极地海洋世界的整体管理水平亟待提升。"顾客就是上帝",这是所有服务类企业的服务宗旨,但从售票处等接待窗口的服务态度来看,整体服务态度偏差。如园区入口处虽然设有多个窗口来供游客购票,可是工作人员的态度并不能真正做到认真、负责、友善,对于顾客多次的询问并没有进行耐心的回答,其中对服务人员不满意的被调研者占了几乎一半。其次,在安保方面也存在漏洞,园区安保人员总数为十余人,多为附近居民,专业人士少。整个园区有9个展馆,外加2个用餐区,所有服务人员为20人左右,在旅游旺季往往人手不足。综上所述,极地海洋世界景区内目前在整体管理水平方面还有待提高,服务队伍也有待进一步扩充和优化。

三、动态产品不足,门票性价比低

动态的产品是每一个景区的重要组成部分之一,尤其是类似极地海洋世界这种类型的主题公园。目前,景区的动态产品明显不足,表现在游客可以观看的表演节目和参与的园区项目太少。目前场馆对外开放的节目仅有2个,一个是美人鱼表演和水下芭蕾,另一个是海豚、海豹表演。由于园区节目数量太少,因此吸引观众的力度不够,较多游客觉得园区门票太贵,性价比较低,园区的海洋动物及表演远不及对外宣传的好。极地海洋世界的门票是180元,在美团等APP上的价格是150元,而游客如果需要到达景区观赏需提前一天预订票。相对场馆内面积有限的展馆,海洋动物的类型、数量显得比较少,很难吸引游客进行再次到达景区进行二次消费。同时场馆内的饮食区消费过高,大多都是一些快餐类食品,和其他景区相比选择较少,但是价格却高于其他景区。

四、配套设施不完善,相关产业不发达

景区内的场馆主要分为展览区、表演区、餐饮区,除此之外并没有提供场所给游客休息的休息区,也未配备必备的医疗站和专业的救护人员,如果遇到有突发疾病人员,无法及时给予救援。多彩贵州城极地海洋世界位于龙洞堡机场附近的多彩贵州城内,没有直达公交车,也没有大型停车场来供自驾游的旅客使用,从而很容易在旅游的高峰期造成交通拥挤。在餐饮区也没有开发符合海洋文化的特色餐饮食品,仅为单一的快餐,因而较多游客并不选择在场馆内进行餐饮消费,也无法促进相关产业的发展。在购物方面,由于部分游客是外地游客,在旅游结束后虽有

购买旅游纪念品的消费欲望,但极地海洋世界的产品类型及数量都较少。

五、旅游纪念品单一,专属产品研发相对滞后

作为贵州省第一个以海洋生物为主题的景区,极地海洋世界的旅游纪念品目前还很单一,其专属产品研发相对滞后。多彩贵州城极地海洋世界的购物区规划较为简单,没有单独的购物区来供游客消费,仅在出口处的展示架上摆放了一些海洋动物的玩偶和贝壳饰品,同时也没有专门关于极地海洋世界的纪念品和一些有贵州特色的商品,仅仅只是一些普通的玩偶,而且价格颇高。极地海洋世界没有专门的设计团队来负责纪念品的设计,这无疑降低了景区的消费收入,也未能利用文化商品来扩大园区的宣传影响。游客消费的所有东西都可以作为宣传多彩贵州城极地海洋世界的载体,因此极地海洋世界应该充分利用景区的海洋文化资源,为游客打造所需要的具有吸引力的旅游纪念品。

六、游客游园时间短,二次消费明显不足

作为贵州省首家大型海洋动物展馆,多彩贵州城极地海洋世界代表着贵州的旅游文化形象,然而目前多彩贵州城极地海洋世界的建筑面积太小,可供游玩的项目和观赏的节目太少。如现在建成的场馆只有15000平方米,游客到此游览,参观完所有的展馆基本上就无其他可去的地方,场馆的建筑面积小,从入口处到游览完整个场馆大约两个半小时,由此看出游客所停留的时间较短,而景区不具备其他具有特色的吸引游客的地方,所以很难促成二次消费。

第三节　新形势下多彩贵州城极地海洋世界发展态势分析

一、多彩贵州城极地海洋世界发展优势

(一)景区主题文化为稀缺性文化,具有独特性

极地海洋世界是贵州省第一家以海洋为主题文化而展开的场馆。海洋文化是贵州省比较稀缺的文化,目前它的开发程度还比较低,是一个有发展潜力的文化主题。海洋文化与其他的历史文化、红色文化等大不相同,于贵州省而言是一种稀缺性的文化,自身具有极强的独特性。

(二)宣传手段丰富,宣传覆盖范围广阔

极地海洋建立了多彩贵州城极地海洋世界微信公众号,试营业之前在中国青

年网、贵阳新闻网、贵阳晚报等各个媒体上发布了相关新闻,并且在新浪微博、腾讯QQ等社交平台上进行宣传,获得了大量关注。贵阳市的公交车等人流量大的生活范围内,也投放了大量广告,试营业之前就依靠宣传积累了大量人气。

(三)良好的区位优势,交通便利

多彩贵州城极地海洋世界毗邻贵阳龙洞堡机场,位于多彩贵州城文化展示中心后侧,多彩贵州城节庆街的广场东侧,地理位置优越,交通便利,目前可直接到达该景区的公交线路为244路、245路。除乘坐公交车外,还可以采取自驾等方式抵达景区。

(四)外国表演团队便于吸引游客

极地海洋馆内有一支5个人组成的专业表演团队——俄罗斯水上及水下芭蕾舞表演团队,该表演团队成员均是运动员,从小就接受相关的各种训练,具有很强的专业性。团队目前与极地海洋世界签订了劳动合同,会作为极地海洋馆的特色表演长期表演下去。

二、多彩贵州城极地海洋世界发展劣势

(一)景区内服务水平低

作为贵州境内第一家海洋文化旅游展馆,景区各方面的服务还处于不断调整的阶段,景区的服务档次低,服务流程不规范,缺少相应的服务标准,导致服务效率和质量难以提升。另外,工作人员的服务热情度不够,在景区服务中并没有渗透出景区文化的亲和力,因此景区的服务水平还需要极大地提高和改善。

(二)景区规模较小

海洋馆占地面积约20亩,项目建筑面积约15000平方米。馆里分为两层楼,两个餐饮区集中在二楼,其中一个餐饮区并没有发展完善,餐饮区内比较拥挤。海豚剧场入口处就在餐饮区前方,入场之前在入口处等待的游客较多,入口处又与拥挤的餐饮区交汇。

(三)旅游产品种类单一,层次偏低

馆内两个剧场,即美人鱼剧场和海豚剧场,节目时长仅为35分钟至45分钟,资源开发深度不足,缺少度假型、体验性和参与性的产品。由于海洋资源没有充分利用,产品开发缺乏时尚性、感染力、吸引力和震撼力,显得相关旅游产品的打造品类单一。如针对夜间和淡季开发的产品很少,导致景区内在产品方面难以吸引游客。同时旅游产品较少且缺乏创新意识,大多与其他景区的产品相同,没有具有代表性的产品品牌,在产品市场上打开力度不够,产品开发能力也不足。

(四)专业人才匮乏,从业人员素质较低

极地海洋馆没有建立起人才培养机制,也没有与各大高校开展人才培养合作交流。人才队伍的建设相对滞后,仅仅依靠多彩贵州城极地海洋世界的官网和人力

资源管理部门发布招聘广告,是远远不能满足一个主题公园的长远发展需要的。目前,旅游从业人员的管理素质不高,没有专业严格的培训机制,没有员工手册或者员工守则。如果没有完善的人才队伍建设意识,将会影响整个文化园区的可持续发展。

三、多彩贵州城极地海洋世界发展机遇

(一) 省政府市政府大力支持,旅游业发展前景广阔

2013年10月28日,贵阳市人民政府研究下发《贵阳市加快旅游产业发展若干政策措施》,该文件详细列出了市政府对贵阳旅游业的各类扶持措施,例如财政支持政策、税费扶持政策等,旨在促进贵阳市的旅游业发展。2017年贵州省人民政府出台《关于促进全域旅游发展的指导意见》,该意见明确提出:以习近平新时代中国特色社会主义为指导,加快旅游供给侧结构性改革,着力推动旅游业从门票经济向产业经济转变,从封闭的旅游自循环向开放的"旅游+"转变,景区由单一服务向综合目的服务转变。贵州极地海洋世界可利用政府的各项政策来加强海洋文化宣传。

贵州极地海洋世界可根据贵州省采取的多项措施,助推旅游业的全面发展来进行完善和开发,例如加大海洋文化旅游宣传推介力度,推进极地海洋文化旅游业的开发力度,进一步实现园区大力培育人才的战略,不断提升园区的职工队伍的整体素质,开展海洋文化旅游市场整顿与发展,营造良好的园区运营环境,加强园区各个部门的行政能力建设和行业的精神文明建设。贵州省委、省政府打造的"多彩贵州"的文化品牌,对贵州省的海洋文化旅游产生了强大的推动力,不仅丰富了旅游产品,树立了鲜明的贵州旅游新形象,而且能够取得明显的市场效益,这些对多彩贵州城极地海洋世界发展来说,是一股强劲的推动力。

(二) 贵州文化产业发展态势良好

从2005年"首届多彩贵州歌唱大赛"开始,贵州省通过歌唱大赛、旅游形象大使选拔赛、舞蹈大赛、小品大赛、原生态国际摄影展、多彩贵州风世界巡演等主题文化活动,到在全国率先对"多彩贵州"进行商标注册,再到整"活"演艺、会展、工艺、商品、金融等类产业,又投资189亿元建设"多彩贵州城",占地7695亩,在集文化、旅游、酒店、会议展览、文化娱乐等为一体的园区建设中,"多彩贵州"在市场中不断壮大,已开始形成了一个较为完整的贵州文化产业链,逐步成为贵州省最大文化产业项目。极地海洋馆在这样良好的经营环境下,根据其独特性,应该发展属于自身的海洋文化以吸引消费者。

(三) 贵州省大数据信息产业近年发展迅速

2012~2015年,贵州省大数据电子信息产业年产值逐步增长,产业规模不断扩大。2016年前9个月,大数据产业规模不断增大。极地海洋世界可以充分利用

大数据的发展,打造属于贵州省的信息数字海洋馆。此外,贵州省大数据的运用还处在蓬勃发展中,极地海洋馆在这一趋势带动下,可以凭借大数据大发展对自己园区的管理服务进行优化。

四、多彩贵州城极地海洋世界发展挑战

(一)周边景区的同质化竞争

贵阳市其他地区旅游景点的开发与规划,例如极地海洋馆周围的1958文化创意园、多彩贵州文化创意园及黔文化艺术交流中心等,都给多彩贵州城极地海洋世界发展带来挑战。极地海洋世界作为一种主体公园很容易被其他新兴的主题公园而取代,如乌当水上乐园等。还有如何同其他水上活动相关的旅游活动竞争,也是多彩贵州城极地海洋世界所不能忽视的潜在威胁。此外极地海洋馆在硬件方面具有可模仿性,展览类的旅游设施很容易被其他相关景区仿造而出现同质化产品,因而极地海洋馆要想在残酷的竞争环境下生存下来就必须要加强本身的硬件建设和软件建设。

(二)贵州本土文化品牌建设已初见规模

贵州区域文化和民族文化丰富多彩,长期以来已经形成了夜郎文化、屯堡文化、阳明文化、红色文化、国酒文化、生态文化、抗战文化、蜡染文化等具有一定文化品牌效应的文化。这些极具贵州特色的旅游文化已经成为贵州旅游的形象代表,多彩贵州城极地海洋世界作为一种外来旅游文化,必须进一步挖掘海洋文化的深层次内涵,加大自身旅游文化的内涵建设。

表5.1 多彩贵州城极地海洋世界发展SWOT分析

优势	景区主题文化为稀缺性文化,具有独特性 宣传手段丰富,宣传覆盖范围广阔 良好的区位优势,交通便利 外国表演团队便于吸引游客
劣势	景区内服务水平低 景区规模较小 旅游产品种类单一,层次偏低 专业人才匮乏,从业人员素质较低
机遇	省政府市政府大力支持,旅游业发展前景广阔 贵州文化产业发展态势良好 贵州省大数据信息产业近年发展迅速

续表

优势	景区主题文化为稀缺性文化,具有独特性 宣传手段丰富,宣传覆盖范围广阔 良好的区位优势,交通便利 外国表演团队便于吸引游客
挑战	周边景区的同质化竞争 贵州本土文化品牌建设已初见规模

根据表5.1可见,推出WO战略即扭性战略,利用外部优势,弥补内部劣势。一是整体战略方向,多彩贵州城极地海洋世界仍然要以其独特的海洋文化面对市场,做出准确的判断,优化其在经营和服务上的不足,根据极地海洋世界的发展需求,联系外部优势,并作出改进。二是创新战略,极地海洋世界需要根据自身的特点和基本情况制定适合园区发展的产品战略,以海洋产品的创新以及产品的售卖周期转换为导向,以自身企业的发展特点为基础,并以贵州省旅游业各方面不断向上发展的趋势为出发点,制定适应园区当前发展的产品战略。三是同心多元化战略,结合极地海洋世界的劣势及环境机会,在原有服务、特长、经验及各种优势资源的基础上,面对新市场,新客户增加新服务。充分利用积极地政策支持,在良好的经营环境下发展自身企业的优势,综合运用大数据迅速发展的趋势,优化企业的管理及经营结构,积极地发展人才队伍建设。四是差异化战略,极地海洋世界要创造被全行业和顾客都认为是独具特色的海洋文化产品和优质服务。如文化产品与其他景区要不同,有自身特点,服务和园区形象也要独特,与其他景区有差别等。而差异化战略的实施,可以让园区有源源不断的客源。因此在发展上就要精准地抓住自身的定位,发展出属于自己的园区文化,使园区获得高于同行业平均水平的利润。

第四节 多彩贵州城极地海洋世界未来发展策划

一、明晰定位并启动后期工程建设

有调研结果显示(如图5.2所示),大约有52.73%的游客认为园区景点太少,约有23.64%的游客反映节目太少,景区建设还没有达到游客的满意程度。因此,景区要明确发展定位,启动二期、三期工程,扩大园区的建设规模,增加丰富的具有特色的景点、看点,丰富旅游产品类型,优化产品结构,延长游客游园时间,从而增加消费。目前由于园区内的文化产品类型较单一,旅游产品的可参与性互动性较差,因此较多游客认为该景区没看头、没玩头。总之,较多受访者认为该园区的市场吸引力不强,竞争能力偏弱,由于游客游览停留时间短,因此人均消费能力不强。面对这样的现实状况,当务之急是丰富景区产品类型,优化产品结构,满足游客多样化的需求。具体主要经过以下三个步骤:一是依托海洋文化资源优势,不断扩大场馆建设面积,构建更多的主题建筑,打造具有海洋文化特色和贵州民族文化特色的场馆;二是围绕旅游休闲娱乐定位,研发具有代表性的核心文化产品,包含多彩贵州城极地海洋世界专属的旅游纪念品;三是增加参与性强、互动性强的娱乐节目,争取更多的游客参与到旅游节目中来。

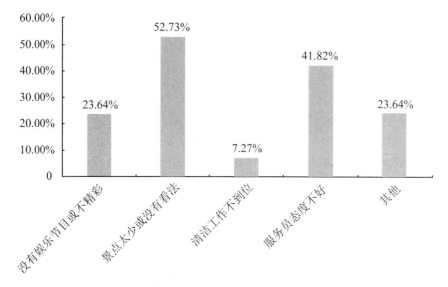

图 5.2　游客为极地海洋世界娱乐节目的看法

其次,完善配套产品,提升园区产品品质。旅游园区主要是围绕人们的"吃、住、行、游、购、娱"六大要素进行建设,来展开特色的文化活动,完善配套旅游产品。在这个过程中,要将地域文化和海洋文化融入到景区建设和旅游服务中,全面地展示本地特色的地域文化与海洋文化。多彩贵州城极地海洋世界可以参考成功发展的景区水准和理念,创建出具有高水准生态型休闲新景区,从而达到提升景区的服务品质和发展规划。

再者,大力运用大数据等先进技术,优化贵州海洋文化旅游地空间结构。理想化的海洋文化旅游地空间结构应是网络一体模式,是"旅游节点、旅游轴线、旅游域面"三大空间结构要素在这一特定地域空间上相互作用以及有机融合为一体,表现出十分丰富的海洋文化形态和园区结构,且各种园区海洋文化旅游经济实体空间联系交集密集,呈网络化发展运行态势。网络化应主要具备以下条件:具有形成网络的高质量、高效率的各种海洋文化旅游设施;各个园区景点、园区产品、园区服务等高度发展并且形成详细的分工协作体系;园区海洋文化旅游市场畅通,各种要素的自由流动,使园区旅游结构不断趋于合理化和规范化;园区组织功能不断完善,各级政府机构旅游组织之间的相互协作等。园区网络化发展是一个相当漫长的过程,需要不断地改进和调适。多彩贵州城极地海洋世界应全面推动园区旅游景点网络化、交通网络化、线路优化设计、产业网络化、客源市场网络化、发展环境优化,把园区推向前所未有的竞争优势高度。

二、构建青少年科普教育基地

园区应当承担社会公共文化服务义务,常怀服务社区文化建设之心,主动为社会提供公共服务,借以服务社会开展园区文化宣传,吸引更多的周边居民入园游览。该行动可以跟学校(中小学)合作,由学校老师集体带本校学生前去极地海洋馆进行科普学习,馆内应给予参观师生免票或者半价优惠等政策。科普教育基地可以拓展学生的学习空间,使学生在不同的活动内容中学习到在学校不可能接触到的"信息",使园区产生良好的口碑效应,从而吸引更多的游客参观游览;在活动中可以让学生学习海洋文化知识,触摸到海洋生物,使学生从中能够学到有关科技文化知识和技能,有利于培养学生的创新精神和实践能力。科普教育基地建设与周边学校基础教育课程改革关系密切,都是对学生实施素质教育的重要组成部分之一,应该大力发展。同时,园区拥有自己的核心文化——海洋文化,园区才具有源源不断的发展力量和发展前景。科普教育基地建设有利于传播园区的核心文化,为园区发展提供了重要的群众基础和未来消费者。

三、加大管理及服务人员培训力度

加强对园区管理人员及服务人员的培训力度,对于园区发展具有重要的意义。科学有效的技能培训不仅为员工的业绩发展提供一定帮助,还将有效提升园区的管理水平和服务水平。对一个园区来说,拥有一个有能力的专业管理团队,是一笔非常宝贵的财富。多彩贵州城极地海洋世界要想在未来的文化园区竞争中立于不败之地,就要充分发挥员工的潜在能力,不断提升他们的专业知识,训练他们娴熟的专业技能。因此,为管理层和具体操作层员工提供更多的培训机会,加强管理人员和服务人员的培训是非常有必要的。除此之外,园区要制定科学合理的奖惩制度,在一定范围内对员工实行按劳分配,按照其对园区的贡献大小给予相应的奖励,对于部分工作懈怠的员工应进行批评教育,或者对纪律涣散的员工施行扣工资等处罚,以有效提高员工工作的积极性,并努力提高服务质量。鉴于目前园区建成不久,可以高薪聘请省内外资深专家入园对员工进行培训,或请专业人士前来就职,加强人才队伍建设。

四、提升人才队伍的质和量

根据实地调研情况得知,极地海洋世界目前的人才队伍无论是质还是量方面,都有待提高,进一步加强人才队伍建设已迫在眉睫。结合极地海洋世界自身的实际状况,应当建设属于景区的四支人才队伍:一是创意人才队伍,创意人才主要从事对极地海洋世界的内容制作、设计,作为整个极地海洋产业链条中的起点,是极地海洋世界园区体系中的核心部分,极地海洋文化资源的整合,园区品质的提升,都有赖于创意的支撑,没有适应于现代消费趋势和习惯的创意,再好的资源也会变得毫无价值、无人问津,所以园区要设法培养和挖掘创意人才群体为园区服务;二是技术人才队伍,在海洋园区内技术人才队伍是非常重要的,园区内的海洋生物的生存和展览都需要技术人员的细心呵护和培养,例如园区内的海狮、企鹅、北极熊等海洋生物对生存环境的温度、湿度都是需要仔细地调试和呵护,因此建设技术人才队伍是必不可缺的;三是经营人才队伍,一个园区的运营发展不可或缺的就是经营人才队伍,好的经营才能使园区长久不衰地发展下去,园区发展需要优秀的经营人才根据园区内外的环境进行把握,为园区制定详细的发展战略,在选拔人才方面以及对策划、设计、生产、包装、销售等发展环节做出规划、统筹、运作,从全行业的角度审视和分析园区的发展方向,及时对经营策略作出调整,在市场上进行准确的判断,从而培育一支具有管理和经营专业知识、战略管理能力、决策能力、沟通协调能力、资源配置能力、危机处理能力的人才队伍,这也是推动企业发展的重要保障;四是管理人才队伍,管理人才在园区发展建设中同样扮演着重要角色,园区管理人才要能够保证各个微观主体正常、有效、合理有效地运转,因此建设一支开发能力强、规划能力强、执行能力强的园区管理人才队伍,对推动园区前进具有十分重要的意义。

建立和完善人才选拔机制,充分引进并利用人才。根据市场运行和园区发展对人事管理制度不断进行调配以达到最优,选拔德才兼备、有能力的优秀人才,按照公开、平等、竞争、择优的原则进行培养和选拔。打造全面的人才队伍,对人才队伍提供人才评价、选拔和激励保障机制,培养优秀人才。与此同时,大力招收海内优秀人才,尤其是加大招收紧缺人才的力度,针对园区工作者制定的各种优惠政策,积极解决职工的各方面问题,为职工能更好地工作营造良好的基础。另外,将"引进来"和"送出去"有机结合起来,立足于本园区的人才培养,同时把人才送出去进修或挂职锻炼作为一个主要形式,在一定时期内选出一批具有培养潜质的人才送到国外进修,或到相关部门挂职锻炼,通过外部力量培养和壮大园区人才队伍。

五、开展园区管理制度改革

面对全球化、网络化、信息化的社会,园区发展面临着新的挑战,而在这个过程中,园区各方面的管理和运行需要不停地调适和变革。在园区管理体制变革中,文化人的假设强调整体和谐,由于其本性是在于动态性,本质上具有动态性,它是园区领导者和管理者实施具体管理策略的出发点和依据。在园区管理制度改革中,要注重园区内优化关系,引领创新,满足人性需求,提升园区发展的整体效能。根据园区的生存和发展现状,制定系统性、专业性相统一的规定和准则是非常有必要的,这就要求员工在工作中要按照园区的经营、生产、管理相关规范与规则来统一行动、工作,园区管理制度如果不统一、不规范的话,园区就难以正常运行,园区发展战略也就得不到实施。园区目标实行的措施和手段是依靠园区管理制度来进行的,它是员工工作行为的规范标准,让员工的个人行为做到以园区的形象和利益为前提,同时又能够保证员工的利益。

文化人具有鲜明的人文特征,同时注重管理与领导的改革与创新。多彩贵州城极地海洋世界可实行新型管理手段对园区管理制度进行改革:第一,着重关注人而不是职务,现在管理基本是从贵州极地海洋世界园区岗位分析出发,做到人性化管理,同时出发点要更加偏重于人和园区发展;第二,同业绩相比更要关注员工的各项能力,短期行为与长期利益结合;第三,与薪酬相比更要关注员工发展,对员工的物质与精神实现"两手抓"。

六、进行门票价格改革

对于大多数游客而言,极地海洋世界门票的性价比不高,这就需要相关部门以及景区内做出票价调整,提高景区门票性价比。根据消费者普遍反映,门票价格偏高,园区过于依赖于门票收入,因此多彩贵州城极地海洋世界园区可以适当下调票价,吸引更多游客入园,增加游客的二次消费,借以提高经济收入。

首先,票价门槛低,能吸引更多的消费者前来消费,狭小的原有市场被拓宽,该园区的收益将会有所改变,降低票价门槛,并非有损利益。如将高校学生票价定80元,中小学生50元,这将为极地海洋世界发展打下良好的口碑。如周末等节假日可实行票价打折,该期间无论学生还是上班族都有较多闲暇时间,将会迎来园区旅游旺季。在秋冬季节,由于天气寒冷等原因,游客数量将呈现锐减趋势,可通过票价打折,开展多种消费优惠活动,争取客源。针对目前单一的营销现状,可适当实行套票,购买套票的游客可以极低票价入馆,在馆内消费都能够得到相应优惠:首先可与附近景区进行沟通合作,在双方达成共识的基础上实行通票,在合作方购买过门票的游客可允许一定的优惠进入馆内;其次,园区降低消费门槛,一方面可以引导消费,另一方面可以为园区树立良好的形象,使得消费者对极地海洋世界有新的认知,同时这对增强和树立园区形象尤为重要。随着社会发展,推销观念已经向市场营销观念转变。文化园区发展需要具有独特性质,吸引游客眼球的商品。与此同时,园区声誉和品牌形象显得越来越重要,在这个形象至上的时代,广告竞争也是非常重要的。园区的产品不仅要在实质上满足顾客需求还要满足顾客的精神需求。因此,景区门票的价格改革是一种必然趋势。

第六章 红色文化的弘扬与开发：
以息烽集中营景区为例

红色文化是贵州省著名的文化之一。在贵州省息烽县城南 6 千米处的息烽集中营革命历史纪念馆部分景点是抗战时期国民党关押共产党人以及爱国进步人士的最大秘密监狱旧址，也是中国共产党乃至新中国建立的一段罹难史、斗争史以及胜利史的重要见证。作为全国 100 个红色旅游精品旅游区和全国爱国主义教育示范基地的息烽集中营革命历史纪念馆（以下简称"息烽集中营纪念馆"），近年来通过不断对红色文化进行创新开发，不仅开通了"贵阳——息烽——重庆"的红色文化旅游路线，还开展以红色文化为点，以绿色旅游为线，立足红色文化的历史传承，带动息烽乌江峡红色旅游区和西望山等景区的建设与发展，使得息烽县在弘扬红色文化的同时，成为一个红色文化与绿色景区共存的综合旅游景区。

第一节 息烽集中营纪念馆及其文化内涵

20 世纪 40 年代，一大批共产党人和爱国志士浴血奋斗，开展了一场为国家和民族解放的救亡图存运动。在这其中，孕育出的红色文化是中国共产党、先进爱国分子以及人民群众所共同创造独属于中国的特色先进文化，它蕴含着丰富的革命精神和浓厚的历史文化底蕴。因此，息烽集中营纪念馆的存在不仅是我国红色文化中的灿烂遗产，也是我国革命精神中的一项重要组成部分。

一、息烽集中营的由来

作为红色文化景区的息烽集中营纪念馆，它的历史轨迹，要追溯到 20 世纪 30 年代的"南京新监"。1927 年 4 月 12 日，蒋介石叛变革命，为维持其反人民的法西斯独裁统治，下令大肆捕杀和关押共产党人，特别是在日本强行占领我国东北地区后，蒋介石集团依然坚持"攘外必先安内"政策。这种本末倒置的行为，引起了国内各阶层反对尤其是人民群众的强烈不满，一时间国内各阶层民众抗日情绪高涨。

蒋介石集团在镇压国内日益高涨的抗日运动中,又逮捕了一大批要求抗战的爱国人士。由于各种复杂的政治原因,国民党反动派对这些爱国人士既不能杀又不能放,也不敢让社会各界知晓,因此对这些爱国人士进行了秘密关押。1934年,在当时的南京"陆军监狱"里面特地设立了一所单独的秘密监狱,对这些"特殊犯人"进行关押,并在这所秘密监狱主要设有"改、过、自、新"4个监号。1937年,这所监狱关押的人员被转移到一所新修的大监狱——南京新监,而它的8个监狱分别被称作"忠、孝、仁、爱、信、义、和、平",后来迁到息烽后还沿用了这8个字作为监狱名称。

《息烽县志》记载,明朝崇祯年间,兵部尚书陆献明率领军队讨伐西水,参将牟文领兵夺回今县境后,奉命在今县城永靖镇建城驻扎军队从而控制西水,完成建筑后奉旨题名"息烽",意在"烽火永靖,马放南山"[①]。而蒋介石之所以将秘密监狱的选址定在息烽,正是因为"息烽"这个名字,寓意国民党想要"熄灭中国共产党的革命烽火"。

1936年,张学良、杨虎城两位将军在中共抗日主张的积极影响下,发动了震惊中外的"西安事变",蒋介石无奈之下只好接受中国共产党提出的"停止内战,一致对外"的抗日主张,随后抗日民族统一战线开始成立。蒋介石却仍然不愿放弃法西斯独裁的政治主张,企图压制人民革命斗争,扑灭民族抗日烽火,对"新监"关押越来越多的"要犯"既不愿放,一时又不能杀,所以只好找一个更隐蔽、更安全的地方来关押。息烽位于黔中腹地,县城和阳朗坝都是四面环山且树木丛生,地势非常隐蔽,距离城市遥远且人口稀少,县内群众受各地革命和抗日运动的影响较小,而交通又在川黔交通线上,距贵阳市较近,更便于管理和控制,因而蒋介石集团便选中此地作为新的"秘密监狱"。同时,蒋介石还将军统直接管理的特训班等16个特务机构都建立在息烽县城周围,是以在1938年到1946年,这座仅2000多人的小县城就驻守了各类军统人员15000多人,约是当时县城生活人口的8倍。

1937年7月7日,日军开始大举进犯中原内陆,国民党军队实施不抵抗政策,使得大片国土陷落,国民党首府南京也处在失守边缘,于是蒋介石开始安排放弃南京,并下令把南京新监所关押的人员统统转移到武汉。1938年10月27日,在经过多次颠簸后南京新监从益阳转移到贵州地区。11月中旬,抵达事前选址的息烽县。集中营迁到息烽后,国民党先把息烽县的小学强行搬到川主庙,占用校舍作临时监房,同时选择在离县城6千米的阳朗坝猫洞修建监狱。猫洞原住的刘姓地主以及10多家穷苦百姓的房屋被强行征用,又修筑了围墙、碉堡和10多间房屋,1939年阳朗猫洞新监落成,至此这所人间魔窟正式启用。如发动"西安事变"的杨虎城将军,以及"中华民族最年幼的烈士宋振中"(即"小萝卜头")就曾被关押在息烽集中营。

---

① 吴雪甜.烽火不熄[J].人民之声,2001(9):46-47.

二、息烽集中营纪念馆的建设发展历史

1938年,国民党在息烽县建立了息烽集中营,并与望龙门看守所和白公馆监狱并称为国民党军统的三大集中营。中国共产党解放中国后,息烽集中营被撤销。1996年,贵阳市将息烽集中营旧址恢复建设一期工程列为当时的十五件实事之一。1996年底,中共贵州省委、省政府和贵阳市委、市政府将息烽集中营旧址作为省、市的爱国主义教育基地,并拨出专款400多万,由中共息烽县委和县政府负责修复。1997年5月29日,在修整后的息烽集中营旧址上举行了揭牌仪式,正式宣布对外界开放参观,并特别邀请幸存者王品三、侯仁民、孙孟达、刘谦以及烈士亲属杨虎城将军的女儿杨拯英、儿子杨拯民的夫人陈因,车耀先烈士的女儿车崇英、车毅英,"小萝卜头"的哥哥宋振镛等20多人到场参与揭牌仪式。场馆开放运营不久,时任国务院总理李鹏在贵州视察工作时还专程赴息烽参观了息烽集中营旧址,并为纪念馆题词:"息烽英烈激励人民勇往直前"。次年,国务院宣布息烽集中营旧址为全国重点文物保护单位(如图6.1所示),关押杨虎城将军的玄天洞也进行修复并对游客开放。玄天洞开放后,息烽集中营旧址作为大型革命传统教育基地总占地80多亩,包括先烈事迹展览馆、营区、烈士陵园以及玄天洞等"一线四点"的参观线路已经开始显露。

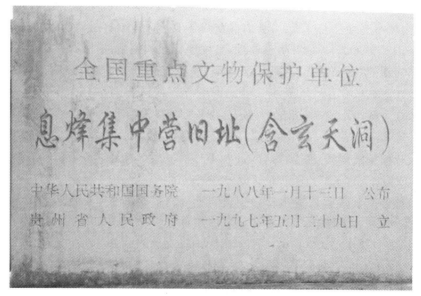

图6.1 全国重点文物保护单位(童珊摄)

从1997年到2016年,众多党和国家领导人先后赴息烽集中营旧址参观,如吴邦国、罗干、布赫等。他们纷纷对作为爱国主义教育基地的息烽集中营旧址在宣扬社会主义精神文明建设时所起的影响和效用给予了高度赞扬和充分肯定。为了充

分发挥息烽集中营旧址的社会主义精神文明宣传作用,需要不断加强园区管理建设,因此由上级批准,息烽集中营旧址建设了专属的园区管理场所,即息烽集中营革命历史纪念馆。目前,息烽集中营纪念馆除了已修整的旧址园区之外,还增加了其他一些辅助设施,如广场、群雕以及先烈事物展厅等部分。息烽集中营纪念馆于2008年4月20日正式对社会免费开放。免费开放后,年均接待人数为70万人次以上。

三、息烽集中营纪念馆传扬的红色文化精神内涵

红色文化产生于我国革命战争年代的革命历史和建设实践过程中,它是由马克思主义为引导的文化,是中国历史文化不断承袭的结果,也是中华民族所特有精神文化的重要支柱。红色文化的发掘和利用,将有利于推动我国社会主义核心价值体系建设和发展。中国共产党的历史是一部丰富的教科书,党以伟大的成就,宝贵的经验,光荣的传统,优良的作风,书写着自己旗帜的辉煌。

2016年是长征胜利80周年,为进一步贯彻学习先烈的革命精神,息烽集中营纪念馆在2016年国庆黄金周时,通过举办图片展,回顾历史,追忆初心,让更多人记住长征精神,继承和弘扬红色文化的精神与内涵。而为了强化对息烽集中营纪念馆的管理,充分发挥其精神文明的传播作用,1997年息烽集中营旧址被中宣部公布为第二批全国爱国主义教育示范基地。

第二节　息烽集中营景区发展的基本情况及园区设计

贵州省被人们称为"多彩贵州",不止是因为它所传承的丰富的少数民族传统文化,还因为其积累的丰厚的红色文化、生态文化以及历史文化等。红色文化是多彩贵州之魂,大力推崇红色文化不仅体现了贵州省的时代发展价值,还是进一步深化"多彩贵州"品牌建设的一项重要举措。它强调了民族文化的典型性,却不摈弃其他文化的多姿多彩,所以贵州省的各种文化正是在它包容下得以不断传承和发展,可以说正是因为贵州的包容,使得多种文化共存发展,才成就了今天的多彩贵州文化。

一、息烽集中营景区发展的基本情况

(一) 文化定位

息烽集中营景区优美的风景和淳朴的民风与红色文化、生态文化和古迹文化相融合,还将教育和游览结合在一起,是我国红色文化传承的重要场所之一,发展

红色文化旅游不仅能够提升人民的文化素养,还使得人民群众的精神得到升华,同时鼓励青少年为新中国的富强而努力。息烽集中营景区是以旅游观光和进行文化教育为目标,以红色革命为主题公园的爱国主义教育基地,是红色文化中的"活化石"。

(二)园区类型

党的十八大报告指出,将文化事业转化为文化产业,带动我国经济持续稳速发展。息烽县政府响应国家发改委的号召,开发、投资建设了以红色文化为主题的旅游景区,主要以观光旅游和学习红色革命文化为目标的红色文化产业区。在景区运营的同时,息烽集中营景区大力弘扬和发展红色文化旅游,为拓宽交通方式,加大发展力度,增加旅客游览数量,息烽集中营景区着力翻修了景区原来泥泞的道路,改为现在平整的沥青路,并在相应的各路段增设了指示牌,种种举措不仅带动周边衍生产业的发展,提升景区景点游客数量,还使景区周边零售行业的销售不断提高,当地人民的人均收入也不断增加。

景区主要可以划分为五个部分,分别是工艺展览区、观光游览区、群众参与区、休闲娱乐区和综合服务区。其中,工艺展览区主要是对游客进行历史科普和革命教育的革命历史纪念馆,观光游览区是以息烽集中营旧址、纪念馆和玄天洞为主。休闲娱乐区是在距景区200米处旁边的一个风情小镇,主要经营餐饮和住宿。特色菜有息烽阳朗辣子鸡、特色凉粉、干锅鹅掌翅等,价格合理,环境优美,有浓郁淳朴的农家风味。

作为一个公益性的红色旅游景点,不仅能让更多的爱国志士来此学习吃苦耐劳的革命精神,更能让他们切身体会被关押革命烈士的艰苦生活及其英勇抗争的场景。除此之外,还有无数在此关押人员的后代也都纷纷来此追寻他们祖先的足迹,更有无数学校师生来此宣誓其加入中国共产党的决心和为人民服务的愿望。

(四)交通区位

息烽地处黔中经济区,位于贵阳市生态保护发展区,拥有良好的生态环境,且处在贵阳市北部高新技术产业实体经济带上,经济与技术的结合进一步加强了息烽集中营景区基础设施建设和园区内科技与文化的融合。北边与乌江、遵义市以及金沙县相邻,南边与修文县相望,东边与开阳县相邻,交通上有川黔铁路、210国道、黔渝快铁、贵遵高速公路纵贯南北,以及贵阳龙洞堡机场、遵义茅台机场分别距息烽70千米和75千米,目前,还有正在建设的江口到都格高速公路以及息烽至金沙二级公路横亘东西。① 四通八达的交通路线和多样化的交通方式,不仅加强了息烽集中营景区与临近省、市的联系与交流,还可以由此开发出多条与周边景区紧密结合的旅游路线,拓宽游客旅游线路的同时,带动各个地区旅游业与服务业的经济发展速度。

---

① 数据截至2018年3月。

（五）社会价值

一是增加税收，提高就业率。景区的整体开发将一直持续，在此期间将不断地创造越来越多的间断性就业岗位和持续性就业岗位，很大程度上解决了周边群众的就业问题。而随着息烽集中营纪念馆建设完成和后期投入运营不仅能够吸引更多的游客到此消费、学习、工作等，还能带动景区人气汇聚以及景区周边相关产业经济飞速发展，为息烽经济增长贡献更多力量。

二是提高了景区基础设施和环境标准。息烽集中营景区建设的完成在一定程度提高了息烽中营景区的整体设施和环境标准以及息烽县民族文化旅游产业的基础设施配套水平，逐步实现息烽旅游资源建设和生态环境保障相互结合的双重目标。

三是丰富市民生活，提高文化素养。息烽集中营旧址、息烽集中营纪念馆和玄天洞均是息烽集中营旅游景区的主要组成部分，是为游客提供学习、游览和体验的活动场所，游客通过实地体验景区的历史文化提升自身的综合素质，不仅给旅行带来更丰富的意义，还能够通过对历史的追忆，加深游客对历史的记忆和理解。

四是合理利用和发展旅游资源。通过景区项目的整体实施，综合利用息烽的文化旅游资源，不仅提升景区当前的资源品质，还能开发出多种旅游文化形式，使得息烽的旅游资源能得到有效的开发和可持续发展。

二、息烽集中营景区的红色产品整体设计

（一）建筑场馆

息烽集中营景区主要分为三个区，分别是息烽集中营旧址、息烽集中营纪念馆和玄天洞，它们都属于红色文化旅游景区。其中集中营旧址的主要景点是参观关押共产党人的牢房；集中营纪念馆则为缅怀先烈的教育展示厅；玄天洞是当年关押杨虎城将军的监狱。

园区内的主题建筑是以抗战时期的红色文化为主，为了加强对息烽集中营旧址的管理，发挥其红色文化传承场所的作用，当地政府部门对息烽集中营旧址进行修整建设。目前，息烽集中营旧址文物保护区包括息烽集中营旧址、玄天洞、张露萍烈士陵园等；教育展示厅包括纪念展厅、纪念活动广场及广场"忠魂曲雕塑"等。其中，纪念馆全场馆在广场右侧，分为序厅、4个展示厅和缅怀厅6个部分，另有放映室等配套设施。放映室主要是对游客播放主题片《烽火不息》，完整地介绍了息烽集中营纪念馆的历史沿革和基础设施，大致向游客介绍了杨虎城、黄显声、罗世文、车耀先、许晓轩、张露萍等7位先烈，以及宋绮云和"小萝卜头"等其他先烈的在狱中与国民党反动派英勇斗争的事迹。展示厅内展出了80多件珍稀的历史文物和车耀先的自传手迹、杨虎城将军以及其他先烈们的遗物等，甚至包括三期世界孤本期刊《复活月刊》，以上展示内容都是对先烈们在息烽集中营所遭受磨难的见证。

此外在广场中心还建立了一座群雕《忠魂曲》,坐落在景区前方,主要由基础、底座、雕像三部分构成。

息烽集中营纪念馆是以息烽集中营旧址为基础而进行修建的,根据不改变原有建筑特点的原则,新增加了"四·一"合作社、特斋和原军统食堂等基础设施。而在营区外,主要建设新公路、纪念活动场、声响教育馆以及接待厅等。与此同时,还将建设石雕和铜雕等各种与景区主题相关的雕塑 30 座和 3 处碑林以及 20 座蜡像,并安排工作人员前往重庆和成都等 12 个省、市搜集了 1946 年息烽集中营废除时,转移到重庆白公馆和渣滓洞的 72 名被囚禁者的相关图片、遗物以及生平事迹等档案、记录。

息烽集中营旧址的建筑历史较为悠久,经过长时间的风吹雨打以及日晒雨淋,有些建筑已经较为破旧,存在较大的安全隐患,为了游客的安全着想已经在高危建筑附近作出温馨提示,在这点上景区做得非常到位,因此游客不仅能很好地进行游览,更能很好地体验当时革命先烈所处恶劣环境中而艰苦生存的精神。

(二) 园区活动

息烽集中营纪念馆开展红色主题教育活动。园区内偶尔会表演节目,大多表演节目是上级领导视察当地政府部门和有关学校开展活动而组织的红色文化汇演,节目演员多为群众演员,这些演员都是自发参与,所以都是义务演出,而游客的主要参与方式为观看节目并进行拍摄。此外,园区内设有各大高校师生进行节目表演的舞台,大多是对红色文化的学习和红色文化精神的弘扬。

2016 年 3 月 22 日,贵州师范大学校级领导班子赴息烽集中营纪念馆开展"缅怀革命先贤接受党性洗礼,坚定理想信念"主题教育活动,带头接受革命传统教育,缅怀革命先烈的丰功伟绩,学习革命先烈坚定的理想信念,从革命先烈精神中汲取力量,推动学校党的群众路线教育实践活动深入开展。[1] 2018 年 4 月 22 日,为深入学习贯彻党的十九大报告精神以及习近平总书记新时期的中国特色社会主义理论,深切缅怀革命先烈,使全校的党员发展对象、入党积极分子能够加深对党史的了解,端正入党动机,贵州民族大学校党委组织部组织安排了第五十五期入党积极分子培训班、第五期党员发展对象培训班及校党员培训班,赴息烽集中营纪念馆参观,并学习先烈们为了理想信念不惜牺牲自我的崇高精神,教育广大党员要不忘初心、牢记使命。[2]

息烽集中营景区作为以红色文化为主题建筑的园区,主要是为高校或者企业、

---

[1] 马发亮.缅怀革命先贤、接受党性洗礼、坚定理想信念,校级领导班子赴息烽集中营开展主题教育活动[EB/OL].[2014-03-04]. http://szw.gznu.edu.cn/info/1019/8104.htm.

[2] 贵州民族大学.回望历史、缅怀先烈、不忘初心、牢记使命,校党委组织部党支部党员、党校培训班及党员求是班学员赴息烽集中营革命历史纪念馆参观学习[EB/OL].[2018-04-24]. http://www.gzmu.edu.cn/info/1110/3417.htm.

单位等学习红色文化的爱国人士提供了解红色精神和历史文化的场地。因此,息烽集中营景区后期应积极开发出关于历史文化的文艺表演及传播精神文化知识的演出,还可在比较重大的历史纪念日期间开展话剧、舞台剧等大型演出活动,以提高景区红色文化的知名度和影响力,让更多的人能够从演出中体会和感悟到革命先辈留下的历史精神文化。

(三) 园区管理

息烽集中营景区是属于政府管理的对外免费开放的红色文化旅游景区,整个园区是按照息烽集中营旧址的原样进行修复还原,园区内建筑除纪念馆以外都是木质牢房,因此园区完善了在防火方面的基础设施,在每个建筑周围都有一个或者多个消防设备,如消防栓、灭火器等。除此之外,在园区各个角落都有监控设备,随时对园区内进行监控,以保障游客在园区内参观时,增强对于园区内建筑维护的行为意识。另外,园区内的环境卫生得到园区内的工作人员有效维护,垃圾桶在园区的多个角落都干净、整洁地陈设着。由此可见,息烽集中营景区对于自身的基础环境设施都有着良好的维护与管理制度。

息烽集中营景区的管理层主要分为基层、中层与高层。也可分为人员管理、资金管理、账务管理、业务管理、景区管理、成本管理、企划管理和销售管理。管理人员的学历大部分为高中及以上,但对于管理层的要求更多的是工作经历丰富。对于基层人员的管理,息烽集中营景区有对员工进行技能培训,即员工的基本培训以及加强员工的行为准则要求等,培训只需在园内进行即可,无需费用。在景区观光服务方面,息烽集中营景区并不需要门票便可进入景区内,在园区最大限度内为人们提供良好的游览体验,并且每天有两场免费讲解,时间分别为上午 11:00 和下午 14:00,其他时间需要讲解则需要收费(60 元/次)。园区内提供的服务电话是开机接通的,游客可通过电话咨询获取园区内部相关服务情况。

息烽集中营景区是属于政府管理的红色文化旅游园区,是一个免费对外的教育基地,园区的运营资金主要来源于政府拨款。园区内有民营的小商店,在旅游景区中也有 3 处较小的关于景区专属旅游商品贩卖处。

息烽集中营景区内的专属商品主要是相关的红色革命产品,如纸质版的宣传介绍手册、帽子、木质梳子、自拍杆、纪念徽章等。近年来,息烽集中营景区不断在研究发展与景区文化有关的特色旅游专属品,以求发掘更多地吸引游客的特色商品,使专属旅游商品为景区发展添砖加瓦。

园区内虽然没有专门的医务室,但有配备专门的安全管理人员。如果有游客在园区观光时因园区设施对游客造成意外伤害时,园区愿意承担责任并且支付相关医疗费用。

在宣传方面,息烽集中营景区主要选用多媒体的方式进行宣传,通过各大广播、新闻、报纸等,同时息烽集中营景区也运用大数据积极开展对该旅游景区的宣传,在各大网站上都可以看见息烽集中营景区的推广。随着近几年对大数据的了解和运用,不断拉动贵州省的旅游经济发展,从而促进了贵阳市各个地区旅游业的发展,加快了贵阳市旅游业的发展速度,同时增进了息烽集中营景区的客流量以及知名度。

(四) 园区服务

息烽集中营景区内基础设施建设完善,园区相关管理人员随时都在工作岗位上,整个园区内环境卫生十分干净整洁,景区洗手间空间大,位置多且干净卫生,并配有残疾人专用的洗手间,还有烘手机等清洁设备。垃圾桶陈设在园区各个角落处,且相邻两个垃圾桶相隔不远。景区内的主要路口处都设置了为游客指示道路的路标、指示牌等。在园区内会有工作人员对游客问题进行解答以及提供良好服务,在纪念馆的展厅内有关于当年被关押人员的采访视频,更好地还原了历史,深刻地体现了事件的真实性。

第三节 公共文化服务体系下息烽集中营景区发展的主要问题

2017年10月18日,习近平总书记在十九大报告中提出:要完善公共文化服务体系,就要深入实施文化惠民工程,丰富群众性文化活动。[①] 在此背景下,息烽集中营景区应就以下问题积极整修改进,在为人民群众提供更好公共文化服务的同时,培育人民群众的红色文化素养。

一、地理位置交通不便

我国红色文化的遗址较多,散布在各个省份,且几乎都处在比较封闭的山区。尤其是在红色革命老区,经济发展较落后,且通讯、交通等基础设施配备不够完善,信息交流较为闭塞,电力供给严重不足,周边接待条件落后,导致景区游客量偏少。类似的这种现象在全国较多红色景区并不鲜见,息烽集中营景区也不例外。由于四面环山,树木环绕,山洞众多,且地形荒僻陡峭,息烽集中营景区的交通可达性并不理想,只有一条水泥路直达景区门口。另外景区开发程度并不高,景区同质化、重复建设等问题较为严重,而且景区周边设施配套也不完善,从而难以在交通、餐饮、住宿及其他各项配套服务中凸显优势。

发达的交通和通讯是形成开放型红色旅游的必备条件,在给游客带来便利的

---

① 完善公共文化服务体系,丰富群众文化活动[N/OL].嘉兴日报,[2017-10-24].

同时,能够吸引更多的游客到周边景区游览,不仅能带动红色文化旅游发展,还能推动革命地区经济水平飞速增长。尤其是在当前我国红色革命文化旅游飞速发展的阶段,当地的交通和通讯等基础设施不足就成为阻碍红色文化旅游发展的瓶颈,更会制约革命老区的经济发展,因此加大对基础设施的投资力度,逐步完善交通、通讯、医疗、金融等基础设施,对红色文化旅游景区的发展和当地经济社会的全面进步,显得尤为关键和紧要。

二、园区面积较小,数字化技术利用不足

景区建筑占地面积较小和数字化的应用不普遍是息烽集中营景区发展不足的重要原因之一。据调研了解,本着修复如初的原则,息烽集中营景区在内部将对各个景点,如纪念活动场、声响教育馆、接待厅等进行修整,而景区外则是在原有交通基础上进行建设修整。虽然已经有消息称要对景区进行扩建,但是具体何时实施改造完成还是一个未知数。在现有的基础设施中,基础景区面积设施还未能全部完善。就基本的旅游六要素吃、住、行、游、购、娱来说,在息烽集中营景区未能全部覆盖,部分要素比例较小。

当今社会主流是一个以信息化发展为主的潮流,每个人都沉浸在信息的海洋之中且不亦乐乎地享受着大数据带给我们的便利,因此在数字信息化的时代里,如果不能迎面赶上它的脚步,将会逐步与时代脱轨。目前,在息烽集中营景区中没有任何自助服务 App 的应用,在景区内,信息化的运用还属于薄弱环节,仅有几个较小的闭路电视在循环播放着息烽集中营旧址的历史和采访革命先辈留下来的影视作品。景区内没有相对高端的信息化产品展示或者其他数字化科技的应用,以满足游客日益增长的多样化文化需求,也未能向游客提供因信息的数字化所带来的更加优质的服务。虽然比较完整地保留了历史留下的遗迹,但在当今数字化、可视化、虚拟现实、增强现实等文化科技繁荣的时代,如果不能与社会接轨,无法采用现代化的文化科技向游客展示和呈现红色文化,就难免会造成游客量的缺失或减少。

三、缺乏高端的红色旅游产品

现今,越来越多的革命旅游景区开始以红色文化为主题进行运营和管理,景区中经营的旅游商品也大多缺乏本地区独特的文化属性,且商品价值和价格完全不能体现这一景区重大的革命意义。可以说,景区旅游产品和其他大多数景区的旅游商品一样,同质化现象比较严重,质量都较为一般,价格都较贵,因此游客们对于此类型景区的体验感也不断下降。

在息烽集中营景区内同样涉及上述问题,景区中红色旅游商品大致有:贴有五星的解放初期大多革命党人穿的衣物、帽子、红领巾、帆布包、毛主席语录、钢笔、笔记本、墨水、香烟、奖牌、勋章、枪支子弹(仿制品)等,都为革命时期革命人士"吃穿

住行"用到的生活用品,质量较差,缺乏其特有的文化属性。同时园区内商品与全国各个红色文化旅游景区兜售的商品一致,类型也较为老化,没有结合息烽集中营景区的自身红色文化特色开发相应地高端旅游文化产品。当游客在游览红色文化遗迹时,所体味到的心灵震撼和对现在和平美好生活的感恩,容易滋生较多的"情感消费",便会购买该文化景区的旅游商品消费。然而现今多数红色文化旅游景区都极度缺乏多样化和高端文化的旅游商品,因此对于游客来说,在同样文化属性的旅游景区中所购买的旅游商品都如出一辙,使得游客丧失了对旅游商品的购买欲望。

四、亟待凝练园区红色文化精神内涵

对于一个定位为红色文化的景区来说,景区内的红色文化精神内涵显得尤为重要。红色文化是以"红色"为内涵,它的定义也分为狭义和广义:按照狭义来说,红色文化指的是在帝国主义和无产阶级革命时代所出现和造成的,在中国无产阶级革命中所产生的一种特殊的文化形式,还包含了社会主义建设初期体现的党领导人民群众在艰难困苦中建立新中国并创造幸福生活、发展社会主义各项事业的文化思想与价值体系;按照广义来说,中国特色社会主义优秀文化是红色文化的继承和发展,而中国特色社会主义文化中一些特定的实质内容,例如在理想、信仰、道德追求、奋斗目标、奉献精神以及社会主义核心价值体系等方面都隶属红色文化的范围内。但较多民众的理解认为,红色文化就是不怕牺牲、敢于斗争的精神。正因为如此,才会一说红色文化,较多人都只想起红军时期的文化,余下的红色文化知识就知之甚少。

对于息烽集中营景区的红色文化来说,景区内的红色文化展示充足,主要通过对革命烈士生前使用的物品以及居住的房屋来展现红色文化,但是关于红色文化的精神内涵的总结凝练却少之又少,大多都是以宣传员讲述烈士的革命故事或是播放相关的视频故事来叙述烈士革命过程等,从侧面来体现红色文化的精神内涵。

因此,对于息烽集中营景区的红色文化精神内涵还得进一步凝练。从源头做起、从教育抓起,将息烽集中营景区的所有红色文化集中起来,进行较为科学全面的分类、总结。例如,在息烽集中营中关押的所谓的"囚犯",所获的罪名却不一样,可将其分成不同的红色精神进行再加工、创新,并用游客们喜闻乐见的方式,将这些与恶势力作斗争的英勇事迹也进行加工再创新,形成当地所特有的红色精神,并对其进行演绎,加强观众印象,从而形成景区独特的红色文化精神。

五、景区互动节目少,游客参与度低

息烽集中营景区作为一个红色文化旅游景区,景区内展示的主要内容是中国共产党及群众在抗战时所发生的英勇事迹,因此对于来景区参观的游客来说,大多

是怀着对革命先烈无比崇敬的心情参观游览的。然而息烽集中营景区中展品多是以陈列品展览为主,由讲解员对革命烈士的事迹进行讲解与介绍,整个游览过程缺乏与游客的互动交流。

目前,息烽集中营景区中的互动节目几乎没有,主要是高校或单位到园区中进行革命精神学习时,会自发举行一些唱红歌、演讲比赛以及撰写观后感等活动,而由园区自行组织策划的互动节目几乎没有,一方面是由于息烽集中营景区面积狭小,难以提供足以容纳大量观众的活动场地;另一方面是景区类型属于红色文化景区,能在景区内进行表演的节目需要具有丰富的文化和精神内涵,因此息烽集中营景区对于节目的审批要求就比较严格,难以获得适合的节目。综上所述,息烽集中营景区应当积极改进自身不足因素,不断加强景区基础设施建设,尽快在景区提供脍炙人口的节目,提升游客对景区活动的参与度和体验度,进一步提高景区的知名度。

第四节 息烽集中营景区未来发展路径研究

息烽集中营景区作为一所具有教育意义的红色文化基地,不仅为我国红色思想文化提供了教育场所,还使得我国红色文化的精神内涵在人民群众心中更形象、更深刻。因此,在社会经济与科技不断进步下,为了使息烽集中营景区的革命精神能更源远流长地留存于人民群众心中,就应当积极开发出能跟随时代潮流的红色文化产品。

一、走多元化发展之路,开发相关影视产品

首先,息烽集中营景区具有革命精神的红色文化旅游景区,在发展经营的同时,普及革命意识和传播红色文化精神是其重要的工作内容。与此同时,在旅游业的快速发展过程中,旅游业多元化发展特征也日趋明显,因此息烽集中营景区可以在经营中开发出与景区相关的影视产品和文化作品,制作景区旅游宣传片,以及"开展红色旅游文化,体验革命先辈艰苦生活"等系列旅游活动,以此来提升景区游客的红色文化情怀。

其次,要充分体现息烽集中营红色景区的观赏性、趣味性和参与性三者的有机结合,改变传统的游览方式,为红色旅游注入新的活力。游客白天游览史迹,晚上欣赏演出,在红色景点与绿色风景的相互融合中,不仅可以获得心灵的享受还可以培养民众的爱国主义精神。从而,以丰富的活动代替"单一"的游览方式,提高游客体验度的同时还可以增加景区知名度,并打响景区的旅游品牌。

最后,息烽集中营景区应该主动改变以往单个景区独立发展的方式,形成以主景区为旅游中心,带领周边旅游景区进行整体开发。在景区建设中凸显红色文化特色,不断完善人文基础设施建设,形成以休闲娱乐、观光度假等多种旅游方式为主的红色文化旅游,走上多元化发展的道路。

二、结合"两学一做"等精神,吸引广大党员参加红色体验

为加强对习近平总书记系列重要讲话学习,并推进从严治党朝着基层全面普及,不断加强和扩展党的群众路线教育实践活动、开展"两学一做"和"三严三实"主题教育活动,深层次地解决党员在思想、组织、作风、纪律等方面所出现的问题,从而保持党的先进性和纯洁性,2016年2月,中共中央印发了《关于在全体党员中开展"学党章党规、学系列讲话,做合格党员"学习教育方案》①,并要求各地区和各部门认真学习并实施。进行"两学一做"的指导学习,是对全体党员进行党内教育的重大实施策略,也是促进党内教育从"部分"向广大党员扩展、从集中性教育朝着经常性教育开展的重要实践。

作为全国爱国主义教育基地的息烽集中营景区,是党员干部接受思想洗礼、坚定理想信念的体验场所,息烽集中营景区应当积极响应国家政策的号召,在景区内开展以"两学一做"为专题的学习教育活动,借此举措,不仅可以推动党内教育,还可以号召景区附近中、小学生参观学习并体验革命精神,组织开展与红色文化相关的活动,如以红色文化为主题,开展演讲比赛或红歌比赛等。除此之外,还可以吸引广大共产党员赴景区参加红色文化体验活动并学习革命先烈的革命精神。

息烽集中营景区可以依靠丰厚的红色文化资源,开发更深层次的精神内涵,进行再次加工、创新创造,把息烽集中营景区建设为学习共产主义革命精神的教育实践基地。对从全省各地(州)市前来开展党的群众路线教育实践活动的机关、乡镇、社区、企业党支部,以祭奠先烈、重温入党誓词、上党课等方式,问党性、问良知、问作为,从而增强政治意识、使命意识和责任意识;同时要做好服务工作,包括调配讲解员、联系老师上党课、提供会议室和报告厅播放宣传教育片,针对特殊群体安排红色情景剧表演、延时服务等活动内容,积极与来访单位协调对接,帮助他们安排好活动流程,并且不断丰富息烽集中营景区的游览要素,根据息烽集中营景区的特色,开发集娱乐性、参与性、竞争性于一体的体验式娱乐活动,充分体验和感受革命先辈的苦难生活。与此同时,还可在精神层面得以提升发展的基础上,吸引广大党员群众赴园区参观考察学习,以此带动景区客流量增长,提升景区的红色文化底蕴,并有助于提升息烽集中营景区的品牌以及景点知名度。另外,要积极地向前来开展教育实践活动的单位、部门就如何更好地开展活动和提供优质服务征求意见,

---

① 刘晓明.关于在全体党员中开展"学党章党规、学系列讲话,做合格党员"学习教育方案[EB/OL]. [2016-02-28]. http://www.xinhuanet.com/politics/2016-02/28/c_1118181541.htm.

并根据有价值的建议,积极对景区活动内容以及服务建设进行补充和完善。

三、提升红色文化产品质量,开发红色文化旅游纪念品

随着我国经济水平的迅猛发展,人民人均收入水平不断提高,居民的消费支出不断提升,对于旅游品质的要求也有了新的评判标准,因此,旅游产业急需进行调整和完善产业结构,从而更好地为人民群众提供多样化、多层次、多形式的旅游服务。红色旅游是中国旅游不可缺少的一部分,它的发展不仅弘扬了中华民族精神,还将这种民族精神财富转变为精神动力和社会财富,从而给社会大众提供更幸福美好的生活。开发红色文化旅游,对地方经济发展、老百姓生活的改善等都起到了非常好的示范作用。然而在当今形势下,部分红色文化旅游的发展遇到了不接地气、时代融合性差、主题不鲜明等瓶颈。如何在当前我国文化经济一体化发展进程加快的形势下,坚持红色文化旅游的产品创新,并探索出适应未来发展的红色旅游模式,是亟须解决的问题。

首先,息烽集中营旧址作为中国共产党及爱国人士在革命战争时期反抗压迫、浴血奋战的重要纪念地,是国家和各级地方政府对广大人民进行精神层面爱国教育的重要资源。然而由于部分景区开发相对滞后,部分旧址并没有真正地成为旅游景区,从而没有真正满足人们的旅游需求,从游客的精神文化需求层面来讲,往往也不会将红色景区作为自身的旅游首选地。其次,由于息烽集中营景区产品的更新速度较慢,部分旅游产品不接地气,更是缺少较为成熟和高品质的旅游文化产品,所以当前息烽集中营景区应当积极创新发展红色文化旅游形式,正视游客对景区的体验度,增加景区展览和观赏的游览方式,从历史现场的再现和现场体验的震撼等方面,来吸引游客并使之产生内心的共鸣。再次,景区应该加强对传统的红色文化旅游资源的利用力度,并使之朝着红色文化创意产品转化,借以提升对红色历史文化资源的保护效能;完善主题景区周边环境的配套建设,同时避免景区在建设上片面追求"大规模""高标准"。红色景区的主题是其本身丰厚的文化底蕴和承载的革命精神,而不应当一味地追求规模和形式。最后,在发展传统旅游资源的基础上,积极发掘非传统旅游资源,例如开发息烽辣子鸡、干锅鹅掌翅、红岩葡萄以及西山虫茶等美食,形成饮食产业聚集区,开发养生旅游、老年旅游等主题旅游,扩展红色旅游融合的范围和深度。因此,息烽集中营景区应当积极策划出富有时尚和现代感的红色文化旅游商品,并进行不断地创新,创造出高品质的红色文化旅游商品,从而提升景区的产品质量和旅游品质,提高景区的游客吸引力。

综上所述,息烽集中营景区需要紧跟社会发展步伐,并合理利用人民大众的精神需求,将传统的红色文化旅游同具有现代科技的元素相互融合,开发出具有吸引力和创新性的高品质红色文化旅游商品和服务,这也是未来以红色文化为主题的旅游景区开展红色旅游的一种创新路径。

四、根据历史渊源定位红色文化内涵

红色文化旅游是以我国革命前辈在战争时期建立的伟大功绩为代表所产生的纪念地或象征物为标志地点,并且以它传承的红色文化精神和红色历史事迹等为实质,策划、引导游客到此进行悼念和学习并进行观赏、了解的主题性旅游形式。开展红色文化旅游是推动红色文化旅游景区的人民群众经济发展的有效措施,不仅能够把历史文化和资源优势转变为经济发展,还可以带动地区经济结构完善,从而助推特色产业发展,加强生态环境建设和保护,并带动旅游服务、交通路线以及互联网信息等相关行业建设与发展,不断增加就业岗位,提升人民群众的经济收入水平,从而为地区经济发展带来新的机遇和动力。

游客在游览红色文化景区时,通过红色文化的熏陶和学习,能够重新体会和感受到当年革命时期的历史变迁,以及先烈们所弘扬的革命精神和爱国主义精神,不仅能够不断激励人们振兴中华和为祖国繁荣而奋斗的豪情,形成积极正确的世界观、人生观和价值观,还能加强人民对革命时期历史的理解,以及当时人民群众选择中国共产党和走社会主义道路的坚定决心,进而树立人民群众拥护共产党领导的坚定理念。

因此,红色文化旅游承袭的是革命精神,而革命精神是人民群众憧憬完美社会和不停追寻幸福生活所体现的坚忍不拔、勇往直前和百折不挠的思想意识的总括,这些是中国人民不惧磨难、艰苦奋斗、追求自由、平等的象征,形成了实现美好社会的不竭精神动力,都是具有爱国主义的伟大民族精神,值得我国不同阶层的人民学习并广为传颂。

五、改变传统陈列模式,运用现代手段展示红色旅游产品

现今,全国各地区的红色文化旅游景区在展区普遍以烈士遗物或生前居所向人们展现烈士的生前过往和革命故事,再加上各地同类型景区的同质化日益加深,难免造成游客对于同类型景区的乏味情绪。随着贵州省全域旅游时代来临,息烽集中营景区应当大胆创新,积极应用当地的数字化、可视化技术来完成景区内不同展区的创新升级,使现代化技术与传统文化相结合,全方位、立体化地向游客展示革命烈士的生前故事,向游客更好地传达烈士们的革命精神,从而加强游客对景区的印象。另外,息烽集中营景区应当对景区内的旅游商品进行筛选并跟上时代的潮流,开发出人民喜闻乐见的红色旅游产品,例如采用声、光、电等高新技术的展示形式,鲜明地重现过去国民党所施以的严刑或者关于先烈们在息烽集中营内所发生的英勇事迹,并配套开发出多媒体光盘和纸质的红色旅游出版物等;或是设计"小萝卜头"样式的吊坠以及烈士雕像的钥匙扣等常用常见的小饰品等,不仅可以加强游客历史教育意识,还可提升息烽集中营景区的知名度。

六、加强导游队伍建设，提升人文底蕴和革命精神氛围

红色文化旅游景区虽然有着丰厚的文化底蕴和精神内涵，但导游在介绍先烈们浴血奋战的革命故事时，不仅要重现这段历史时期的人或者事迹，还要充分地尊重历史并且正确理解历史，将历史事实与英雄精神客观地传播给游客，规避主观意见的引导，以免影响游客的心理意识判断。这就要求导游在现场实际讲解时，采用科学客观的形式对先烈事迹进行声情并茂的讲解，并且在讲解过程中能够同游客一起形成互动，加强讲解的现场效果和游客的感染力。与此同时，由于红色文化旅游景区有着特殊的历史地位，需要导游不断学习、了解并保持良好的敏感性和观察力，将讲解内容与实际景观完美结合，并且充分利用场馆的高科技手段，从而给游客营造一个良好的旅游氛围。

通过各种举措不断完善景区基础设施，再以三大主题景区为核心，将息烽集中营旧址、纪念馆和玄天洞整合，并与息烽县城的定位发展规划相结合，构成以红色文化教育为主线，自然风光游览为保障的综合性景区，从而形成园中有馆，馆中有园的组合形式，生动地再现历史事实，不但具有教育意义和历史价值，提升景区的红色文化底蕴和革命精神氛围，还可提高城市文化内涵和城市形象，也将对贵州省红色旅游产业发展作出重要贡献。

第七章　夜郎文化的开发与利用：以夜郎谷喀斯特生态园为例

夜郎文化属于我国西南地区具有代表性的民族文化和地域文化。探讨如何将夜郎文化与文化创意结合起来，利用文化园区发挥其集聚优势，使夜郎文化真正活起来，具有较大的理论意义与现实意义。本章通过对夜郎谷喀斯特生态园（以下简称"夜郎谷"）的调查研究①，指出以民族文化为代表的文化园区的未来发展路径。

第一节　夜郎谷园区产品的创意性设计

夜郎谷位于贵阳市花溪区和贵安新区交界处，思丫河由北向南贯穿全境，景区呈片状分布于河两岸。景区北靠思丫民族村寨，西临斗篷山苗寨，南接上板桥布依村村寨，距花溪南大街约 3 千米，是贵阳市文化园区中独领风骚的神秘之谷。

一、夜郎谷园区发展的基本情况

（一）夜郎谷简介

夜郎谷由贵州省的艺术家宋培伦先生，以就地取材、变废为宝、人与自然和谐发展、村民共享为思路，用 20 年时间创作建成的一座以夜郎文化为主题的石头城堡。整个生态园被包含在峡谷之中，占地 600 多平方米，与之相对的斗篷山相传曾是夜郎王后继金竹司的住所。山顶上至今仍保留着古夜郎屯堡的遗址，夜郎谷也因此得名。据史料记载，斗篷山就是古夜郎国道府夜郎邑的辖地，夜郎王后裔金筑府所在地。斗篷山顶至今还保留着古夜郎城墙屯堡的残垣断壁，斗篷山不仅有丰富的古夜郎国历史文化内涵，还有风光绮丽的古态旅游资源。②

夜郎谷主要经营"科普教育、文化展览、生态观光"等活动，于 2001 年 3 月 1 日

---

① 本次调研日期为 2016 年 10 月至 2017 年 3 月。
② 柏贵海.花溪夜郎谷之辛密[EB/OL].[2013-01-01]. http://blog.sina.com.cn/s/blog_405c0c60010-140g1.html.

在贵阳市工商局登记注册挂牌成立,单位注册资本未提供,在职员工有20名。① 通过调查,景区建设时间较早,但投入运营的时间很短,因此生态园目前在科普教育、文化展览、住宿、餐饮、娱乐等方面设施建设涉及较少,园区的主要盈利方式为门票收入。景区客源市场中来自外省的比率达到70%,如四川、重庆、湖南等,而贵州省内的一般都是生态园区周围的大学生,大多是同学或朋友推荐而来的。在科普教育方面,园区曾与贵阳市花溪国防部门有过合作,建立贵州省科技教育基地、贵阳市花溪国防教育基地,但由于景区的修复与改造,目前没有继续与其建立实践基地。同时夜郎谷与磊石兄弟旅游文化产业发展有限公司有合作,古堡内有乐道声音工厂、贵州省打击乐协会、夜郎无闲草团队等,表演节目和娱乐节目大多是由该公司和协会策划举办的,声音现场将为观众呈现雷鬼、民谣、摇滚、朋克、爵士和流行等音乐艺术。

餐饮住宿是园区消费的重要形式和经济收入来源,但是夜郎谷喀斯特生态园作为一个私人建造的主要以怡情为目的的夜郎文化园区,建设过程中并没有将餐饮住宿列入园区建设规划中。目前景区内有一家小商店和餐饮住宿——"夜郎自大居",该餐馆名是根据"夜郎自大"的典故取名而来,主要经营贵阳农家小吃,但其正在建设中,目前还没有制作菜单及定价。商店店面小且仅此一家,销售商品种类少,而且这些饮食、饮料之类的商品在其他地方随处可买,但此景区商店商品价格稍高于景区外面商店,景区内不存在与此景区文化相关的文化产品销售。

夜郎谷建设20年,但开放运营时间不到半年,又因是宋培伦老先生独自管理,因此没有一套成熟的管理制度,也没有针对员工的技能培训。现景区内诸多景点已萧条荒废,石建筑坍塌严重,房屋破损,杂草丛生,道路破烂不堪,园区规划模糊,无导游手册和示意图,因此景区内的整体运转还存在诸多问题。例如,基础设施垃圾箱缺乏,导致一些游客将垃圾塞到建筑里;缺乏专门焚烧腐叶和垃圾的场所,导致腐叶在园区内焚烧造成空气污染;厕所会出现地面有卫生纸、异味太大的状况;园区房屋外的电线外露、老化、损坏,随时会有漏电的危险,存在极大的安全隐患。通过对宋培伦老先生的访问了解到,他们在后期将继续打造景区,增加一些景点和建筑物,进一步丰富景区文化,并且与一些旅游公司、学校展开合作,扩大园区规模。

园区景观主要是石林艺术、夜郎文化与自然生态的幽雅融合,突出地体现了喀斯特地形特色、浓郁的古夜郎文化以及民族风情有形文化和无形文化相结合的特征。有爱鸟园、古屯堡、石板房、小树屋、孔明乱石阵、石碾、石柱、石桥、水车陶瓷制作等,都能淋漓尽致地展示出古夜郎国时期的文化。在长毛松树下集山、水、林、洞等自然景观于一体的生态园林中,随处可见原始古朴的石屋、错落有致的院落,还

---

① 贵阳花溪夜郎谷喀斯特生态园[EB/OL]. http://guiyang060688.11467.com/.

有铺满松针的山间小路,造型各异的石雕和石艺术品。

（二）文化定位

夜郎谷以夜郎文化为基础,而夜郎文化作为贵州省的本土文化,体现的是贵州文化特色和贵州民族特色。夜郎谷以石建筑为主要建园特点,具有很高的艺术审美价值,是宋培伦老先生结合本土文化与创意灵感而创作出的艺术作品。园区"以石为居、取石创艺、依山筑屋、依林为生、傍水而居"等借山水自然风光的建园特色体现了生态观和可持续发展观,并严格以"夜郎文化＋本土文化＋创意思路＋生态旅游"作为园区的文化定位,凸显了夜郎谷独有的艺术特色。

（三）公园类型

夜郎谷属于一种较为简易的夜郎文化微缩版民族文化主题公园,主要表现为夜郎古国的文化、建筑、工艺再现,由石头堆砌而成的石柱、石桥、石长城、爱鸟园、古屯堡、石板房、小树屋、弧形状的石帘门等,基本上都融入了苗、布依、水、侗、仡佬等贵州少数民族的民族文化元素,同时也淋漓尽致地展示出古夜郎国时期的民族文化。在山清水秀的自然生态园中,创建一个与古夜郎国传说有关的微缩生态园,既为园区增添了文化魅力,又为从事艺术创作的大师们提供了众多奇思妙想。总体来看,夜郎谷是以夜郎文化为主题兼具生态色彩和创意色彩的民族文化类主题公园。

（四）行业定位

观光、餐饮、娱乐等是文化园区实现盈利目标的主体部分,是带动文化园区整体发展的重要因素之一,如果园区在行业定位的规划发展、投入建设出现偏差,将直接制约着景区发展。通过对夜郎谷园区进行实地调研发现,夜郎谷发展主要依靠观光、餐饮和娱乐三个方面。

观光业是园区的主打方向,园区的可观赏性决定着园区的品位。夜郎谷是一个充满艺术文化的景区,有画家的工作室以及喜好民俗的音乐协会入驻。夜郎谷的景点有"爱鸟园""古屯堡""石板桥""小树屋"等,园区内景点风格各异、精美独特,大多是以石头和木头建成,其中让人印象最深的是"古屯堡"。城堡内是用石头砌成的具有贵州傩文化元素的人物头像和柱子,参差不齐、各具特色,是对古夜郎图腾崇拜的展示。夜郎符号透过视觉上的构筑,是夜郎故土艺术家对贵州省的本土文化有着强烈自信的体现。然而相对于国内乃至省内的一些文化类主题公园来讲,夜郎谷的观光景点较少。

餐饮行业方面,目前景区内只有一个小餐馆,名为"夜郎自大居",主要经营农家小吃,不仅菜品类别较少,且饮食种类与夜郎文化的主题格格不入。据调研得知,该餐馆至今还在建设中,主要经营贵阳农家小吃,菜品较为单一,价格定位较为大众化,卫生状况一般,从整体情况来看,其服务和餐饮质量均一般。园区外也有2～3家烧烤店,主营面、炒饭等,同时也出售一些烟酒、水和零食等。此外,园区北门入口处有一小卖部。小卖部占地面积小,所卖的文化产品和小吃也较少。

娱乐方面,目前园区内的娱乐节目多为园区内音乐协会、艺术团队的表演,但园区内依靠自身精心打造的表演团队和娱乐节目较少。此外,园区的陶艺馆已初具规模,游客可亲手体验制作陶艺的过程,但园区内暂时缺乏娱乐项目方面的设施。因此急需加强娱乐设施建设,同时必须加大景区投资力度,扩大景区规模,促进景区的全面协调发展。

(五)功能分区

除了可供游客观光的景点外,该园区还有4个明确的功能分区,依次为餐饮区、住宿区、商业区和休息区,由于园区对外开放投入运营的时间较晚,其他功能分区尚不明确。

(1)饮食区:饮食是一个景区消费的重要形式,也是一个景区重要的经济收入来源,但是夜郎谷作为一个私人建造的主要以怡情为主要目的的夜郎文化园区,建设过程中并没有将餐馆列入景区建设规划中。建设了20年之久的夜郎谷在2016年6月份才对外开放运营,目前仅有1家餐馆入驻营业。

(2)住宿区:夜郎谷自建成以来,园区内就陆续有人入驻,有大学城周边的居民、学生、老师、艺术家及音乐团队合伙人等。这些外来群体中多是为帮助宋培伦先生建设夜郎谷而来,也有被宋老先生的艺术所吸引而慕名而来的游客。住宅区内建筑主要有3种形式,一是两层的楼房,多与现代城市建设中的楼房相似;二是木头搭建的房屋,墙壁上刻有图案,其色彩奇特,图案颜色鲜明,多为黄、红、蓝等颜色;三是竹子搭建的竹房,简朴而高雅,竹房内有吊床,环境清幽。由于园区的规划建设滞后、面积狭小和运营状况等各方面的因素影响,园区内暂无专门为游客提供住宿的客栈、酒店或旅社,无法满足外地游客游览住宿的需求。

(3)商业区:园区内仅有1家小商铺,商品的种类少,主要为一些香烟、饮料和零食,其价格与园区外部相比要高出1~2元。据调研发现,园区内只有1家小卖铺的原因是宋培伦先生考虑到园区的环境问题,因此不允许类似烧烤店这样的污染大的店铺在园区内运营,以免污染园区环境、破坏园区氛围。另外小卖铺另开一露天茶馆,供店铺老板和游客喝茶、闲聊。

(4)休息区:园区为给游客提供一个惬意的休息环境,在离入口处约100米处,提供了几张简单的石桌、石凳和两排类似于讲课用的课桌椅,简单布置在夜郎谷的树林之中。

(六)发展阶段

夜郎谷虽已建设20余年之久,但其运营时间较短,其运营管理尚处于较为原始的初级阶段。因此在开发过程中,容易产生初级阶段主题公园建设的一些弊端,如景区缺乏专业管理人才,管理体制不健全,管理手段落后等情况;整个园区只有宋培伦老先生及其个别亲朋好友负责园区管理,没有聘请专业化的经营管理人才,也未形成完整的制度化管理机制;园区基础设施建设极不完善,通往园区道路多为石子路,崎岖不平,交通较为不便;部分用电设备老化等;园区售票人员和环卫工作人员大多为周边村民,由于缺乏专业化的服务培训,且无相应的服务规范和管理办法约束,使园区的软性服务暂时处于较低水平。

由于园区开放时间较短,其经济来源多依赖门票收入,游客在餐饮和住宿方面的消费较少。主要原因体现在2个方面:一是园区开放时间短,各方面建设不完善,尤其是住宿房间和后勤服务方面;二是园区紧邻贵州财经大学,该大学的饭菜价格相对于景区较低,且卫生状况也能得到保证,遂成为外来游客的优先选择。夜郎谷现阶段的产业链条较短,但在发展后期,会逐步通过一些措施来延长产业链,发展新兴业态,以获取更多经济效益,助推当地经济社会发展,助力当地民众实现精准脱贫。通过与宋培伦老先生的访谈得知,夜郎谷园区将继续投入建设,但对园区原有的风貌不会进行大幅度的调整,而是在原有建筑物的基础上,适当地增加一些景点,以便更好地完善景区建设;同时在后期发展中,会不定期地举办一些文化娱乐活动,如与夜郎文化有关的公益性活动,包括"祭祀活动、原生态歌唱"等,活跃园区文化氛围,以吸引更多游客;此外,也有以贵州民族风情为主题的文艺演出和画展、陶瓷展示等一系列活动。这些活动的举行将为夜郎谷打响属于自己的文化品牌做宣传,这将给夜郎谷带来更多的发展机会,在后期建设中,夜郎谷将会有极大的发展潜力。①

(七)交通区位

花溪夜郎谷位于贵州省贵阳市花溪区党武乡思丫河畔,思杨路与花燕路从旁边穿插而过,紧邻大学城核心地带,但进入园区的道路却十分崎岖。到达园区的方式主要由以下几种:一是在贵阳火车站坐255路公交车到终点站大学城下车,进入贵州财经大学校区内方可找到夜郎谷;二是在花果园湿地公园坐207路公交车到终点站大学城下车,进入贵州财经大学校区内方可找到夜郎谷;三是从花溪区直接坐207路公交车到财经大学门口下车,向左走20分钟左右即可到达;四是在贵阳市区自驾向青岩方向行驶22千米,进入贵州财经大学校区内方可找到夜郎谷。

(八)客源市场

通过实地调研发现,由于夜郎谷园区面积小,地势高低起伏较大,且路面以就地取材的石块铺设为主,因此最适合的游览方式为徒步。由于景区开放时间较短,景区的总体收入并不乐观,主要是依靠门票,收入来源较为单一(每张门票的售价为20元,学生半价10元)。每年旅游旺季,园区收入勉强能维持基本运营,淡季则往往是入不敷出。目前,景区客流量较少,主要为贵阳市内游客和周边地市游客,其中园区周边大学城的高校教师和大学生所占比重最大,省外游客中重庆、云南、

---

① 访谈对象:宋培伦;访谈人:王明芳、黄仕金、莫春慧、李美艳;访谈时间:2016年10月16日;访谈地点:夜郎谷喀斯特生态园。

湖南等地较多。来自省外的游客主要是中老年人,年龄集中在31~50岁,收入水平多集中在3001~5000元,有自由职业者、企事业单位人员、学生等。省内游客主要是周边高校大学生、教育工作者和文化研究者、退休军人等,也有一些小学生在老师的带领下进行课外实践活动(具体如图7.1所示)。由于距离较近的贵阳市游客都可以当日返回,因此很少在景区内进行二次消费。

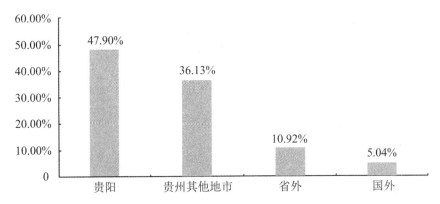

图 7.1　夜郎谷喀斯特生态园客源市场

注:根据调研问卷统计分析得出(因一些游客此题未做答,因此百分比综合未达到100%)。

二、夜郎谷喀斯特生态园产品整体设计

(一)艺术建筑

夜郎谷的景点中最为奇特的是宋式古堡,城堡内有用石头砌成的具有贵州傩文化元素的人物头像和柱子,是对古夜郎图腾崇拜的展示。这里有石头建筑、雕塑和陶艺等,都充满了浓郁的艺术气息,体现着夜郎文化元素及夜郎国的生殖崇拜和图腾崇拜。

夜郎谷内还包括石柱、石板画、石茅屋、石古堡、石桥、石路、石长城等,淋漓尽致地展示出古夜郎国时期的文化艺术。小桥、流水、弧形状的石帘门融入了贵州夜郎古国苗、布依、水、侗、仡佬等民族以石为居、取石创艺、依山筑屋、依林为生、傍水为乐的勤劳生活方式。景区建筑集山、水、林洞等自然景观于一体,景点有"爱鸟园""古屯堡""石板房""小树屋"等。其中,"古屯堡"内有各种各样充满神秘色彩的石头建筑和雕塑,孔明乱石阵、石碾、水车等一件件的故国作品;"小树屋"是宋培伦老先生和丹尼尔教授以其学生共同完成的作品,隐含着一个历史久远的民间传说:据说从前有一个美丽的女子在河边盥洗,这时从上游漂下来三支竹筒,其中一个竹筒装有一个男孩,这个男孩就是后来的夜郎王。"小树屋"的三个木屋代表着三个竹筒,象征着夜郎王的诞生。

(二)演出节目

"夜郎谷·磊石声音"现场是贵州省第一个初具规模的独立艺术现场,舞台设

立在夜郎谷思丫河边,独特的卡斯特岩洞作为天然的舞台背景,岩洞周围的空地和石阶可容纳近千位观众和表演者。① 园区节目表演者多为热爱艺术的专业演员,而并非群众演员。磊石兄弟音乐协会没有与园区签订相关的协议,完全出于对艺术的欣赏和喜好,宋培伦老先生免费为这个热爱艺术、热爱夜郎谷文化和民俗文化的音乐协会提供表演场地。磊石兄弟音乐协会属于自由组织,许多志同道合的演员在一起合作,并没有薪酬、福利,每个演员同等待遇,演员也并非全职,全凭个人意愿及兴趣在闲暇时间参与。

在夜郎谷磊石声音现场,磊石兄弟旅游文化产业发展有限公司曾邀请国内外众多艺术家参与,比如贵州省务川县仡佬族民间音乐人、印江县傩戏艺人、苗族新音乐探索者杨胜文组建的金竹乐队等少数民族艺术家,以及对声音和音乐有着深深迷恋的乐器制作者欢庆、生活在新疆的民谣歌者小舟、带有浓厚的云南民族气息的雷鬼乐队 KAWA、苗族新民谣音乐人叠贵、贵州省的乡土民谣运动发起者嗨哥、来自湘西的嬉皮乐师张小饼、成长于贵阳市的摇滚乐团体劲乐队等独立音乐人和团体,另外还有由新疆和美国音乐人合作的探索"族际音乐"的神话接力(Living Mythologies)乐队等。

声音现场为观众呈现雷鬼、民谣、摇滚、朋克、爵士和流行等音乐艺术。除了常规的演出舞台,磊石兄弟旅游文化产业发展有限公司还设计了一个自由即兴的环节,让艺术家和观众互动即兴,通过音乐或舞蹈进行深入沟通。他们当中有的是中国实验音乐的先锋者,有的是山中村落里春耕秋收的农民,有的是中国民谣音乐的探索者,有的是美国西部的文化研究者……然而地域、族别、语言、文化、音乐风格的不同不过是表象差异,在"夜郎谷·磊石声音"现场,所有的音乐或艺术将被还原为关乎人心的声音。

(三) 园区管理和服务

旅游景区管理是个综合的多方面的系统概念,它主要包括景区开发与规划管理、日常经营管理、环境管理、质量管理、门票管理、人力资源管理、安全管理等方面。各个方面管理相互影响、相互制约,共同形成了园区的管理系统。任何一方面的管理缺位,都会影响到整个旅游景区的运转效果,甚至影响到景区的核心竞争力。②

夜郎谷建设 20 年来,是由宋培伦老先生与其周边村民一同管理,他们中的大多数都无管理经验,因此园区缺乏一套完整的管理体制机制和成熟的服务体系。目前,部分景点已萧条荒废,石头建筑坍塌严重。售票人员和环卫工人多为周边居民,虽然服务态度较好,但服务意识欠缺,服务水平也相对较低。另外,景区开发与规划管理定位模糊,路标和指示牌十分简陋,夜郎文化的外在体现较差。

---

① 贵州微联盟.发现音乐的美好!夜郎谷声音现场[EB/OL].[2016-10-20].http://www.sohu.com.
② 沙家浜.旅游管理的转型和升级学术报告[EB/OL].[2013-11-23].http://www.docin.com.

安全管理方面,由于园区基础设施不健全且路况较差:部分石子路崎岖不平且较为狭窄,容易发生安全事故;部分木质结构房屋年代久远,一些石头器材老化现象严重,让人存在摇摇欲坠的感觉,存在着重大安全隐患,亟待进行修葺整理;园区内树木较多且卫生状况较差,易滋生蚊虫,因而在夏天蚊虫叮咬游客的现象较为严重,但为游客提供紧急医疗救助服务的医务室却未设立;城堡下的河道两侧未设护栏,更没有相关注意安全警示语。因此,调研中约有50%的游客认为园区的基础设施需要修缮改进。虽然截至目前,景区暂未出现过因园区设施而导致游客受伤的重大事故,但随着贵州旅游产业飞速发展,夜郎谷的游客将逐步增多,类似的安全隐患亟须整改。如今,园区仍在不断地发展完善中,基础设施建设也逐渐与景区主题文化相契合,如垃圾桶图案的设计,桶身上为篆体夜郎谷字样,显得十分有特色。相信景区在后期发展中,管理和服务体系也会日趋完善。

第二节 夜郎谷发展的基本问题

一、可达性极差,交通状况堪忧

交通状况是影响一个景区发展的重要因素。夜郎谷位于贵州省贵阳市花溪区党武镇,背靠花溪大学城,但由于交通不便,至今无直达公交车(2018年6月),比较适合自驾游。前往夜郎谷的道路状况较差,有部分路段为泥沙路,下雨时常有过往车辆深陷泥潭而出现故障无法前行。类似的交通问题极大制约了夜郎谷后期发展,所以夜郎谷在后期发展建设中,当务之急是要解决交通问题。

由于夜郎谷位置偏远,距离市中心远,车辆来往相对较少,车辆往通往的道路较少,比如从贵阳市火车站可搭乘203路公交车到达花溪后,转坐207路公交车在贵州财经大学下车后还需步行20分钟的路程才能到达景区,所以交通不便也是导致景区游客少的原因之一。尽管夜郎谷文化底蕴浓厚,具有独特的文化魅力,然而因交通和宣传不到位等问题,导致其文化魅力也很难被人们所熟知。[①]

景区所处地方较偏僻,道路狭窄处根本不允许两辆车同时行驶经过,在旅游高峰期游客朝发暮至的情况时常发生。在景区也没有正规的停车场,所以导致车辆乱停乱放的情况经常出现,游客时常因找不到停车位而匆匆返回。道路指示牌等缺乏,路面修建所用材料也是就地取材的用打碎石头铺成,因而较为崎岖。如果游客选择自驾游,那么可能会遇到车辆拥挤、道路崎岖、游客找不到旅游目的地等问

---

① 访谈对象:宋培伦;访谈人:王明芳、黄仕金、莫春慧、李美艳;访谈时间:2016年10月16日;访谈地点:夜郎谷喀斯特生态园。

题,这些都是夜郎谷急需解决的重要问题。

二、管理手段较为落后,服务人员素质有待提升

据调研发现,由于景区周边正处于开发建设阶段,较多居民走上商业道路。一部分居民被宋培伦老先生建造夜郎谷的精神所打动,纷纷投入到夜郎谷的后续开发建设中,并在建设期间为夜郎文化所吸引。在最初开园时,员工工资经常因景区建设资金不足而无法支付,但这些员工并无太多怨言,还在景区发展困难时将自身的土地征用赔付款暂时用于景区建设中。由于他们大多是当地农民,文化程度普遍偏低(大多为初中及以下文化程度),因此大多数员工都没有工作经验。再者,由于景区没有相对成熟的管理模式,工作人员也没有进行专业培训,园区管理人员也没有制订对于员工的奖惩制度,所以工作人员的服务质量和服务水平较低,工作积极性及工作态度一般。这体现在员工工作时间观念较差,工作效率较低,因此导致景区卫生状况较差。尤其是洗手间的卫生状况不容乐观。据游客反映,夜郎谷的卫生间异味较大,地面不太整洁;景区打扫工具、建筑剩余材料随地乱放等,严重影响了景区形象。

三、经济收入过于依赖门票,产业链过短

夜郎谷的开发人是宋培伦老先生,夜郎谷在未开发之前是一片荒林,周围是布依族村寨,夜郎谷景区是由宋培伦老先生买下这片土地并在其上进行夜郎文化艺术创作所建成的。由于景区开放时间较短,产业链过于狭窄,景区收入主要依靠门票收入,来源较为单一。这并不满足景区"吃住行游购娱"六大要素,导致游客在景区内的二次消费能力不足,主要原因如下:

一是餐饮消费不足。夜郎谷接纳游客的容量较小,餐馆也建设极少,并缺乏有规格有档次的特色餐饮店。目前景区内仅有1家小卖部,不但价格较贵且商品种类少,更无住宿地方。景区外的"夜郎人家"虽有餐饮、住宿环境,但也还处于建设阶段。

二是娱乐设施缺乏。夜郎谷在前期的规划建设中定位为观光旅游园区,因此娱乐设施不健全,游客参与度较低。园区内无休闲与娱乐相结合的活动。虽然在景区内游客可以欣赏到原生态文化的魅力,但却没有更好的娱乐方式,缺乏现代的休闲与娱乐项目,游客会为此感到单调、乏味。娱乐节目主要有"磊石声音现场"、"水上厅表演"和"水上漂流",现在由于水质受污染,"水上漂流"项目已停运;"水上厅表演"到园区后期才会开设,一般为篝火晚会等少数民族节目,大多在晚上举行;表演时间也是在一些少数民族的盛大节日里,但表演场地与观众席较狭窄,游客容纳度较小。水上舞台是露天的,受天气状况影响大,表演场地相关基础设施不完善,也存在一定的安全问题。

三是景区内的旅游商品开发有限,夜郎文化相关衍生产品开发不足。如与景

区主题相关的文创产品、纪念品暂未投入开发生产。近期虽有陶艺馆入驻,但未开始正式运营。

四、主题文化亟待明晰,夜郎元素体现较弱

有关夜郎的记载,首见于《史记》:"西南夷君长以什数,夜郎最大。"而有关夜郎王与竹的传说,则见之于常璩《华阳国志·南中志》及《后汉书·南蛮西南夷列传》。两者叙述类同,特录《后汉书》记载如下:"夜郎者,初有女子浣于遁水,有三节大竹流入足间,闻其中有号声,破竹视,得一男儿,归而养之。及长,有才武,自立为夜郎侯以竹为姓。"①夜郎王的诞生,代表夜郎文化的起源。

1996年,时年56岁的贵州省的艺术家宋培伦老先生旅美归国,回到家乡贵州省创建花溪夜郎谷景区,摒弃浮华,与故乡朴实真山真水一起共同塑造一件属于大地的作品。他所打造的是通过结合布依族傩戏文化和原始部落生殖崇拜,展现贵州省多种民族文化、母系社会文化、夜郎古国文化的奇特古堡,这就是今天游客所看到的夜郎谷。夜郎谷既是夜郎古国的一种浓缩再现,又是石林艺术文化与自然生态的幽雅融合,它既是古夜郎国的重现,更是宋培伦老先生对贵州省多民族文化的完美融合与弘扬,它是对夜郎文化的另一种为多民族地区所特有的诠释。当前,夜郎谷虽打着夜郎文化的名号,但尚未明确景区与古夜郎国的区别所在,许多游客初来夜郎谷时都认为这是古夜郎国的遗址。

实质上,夜郎谷并不是夜郎国的遗址,而是宋培伦老先生心中的夜郎古国。夜郎谷主题定位是较为明确的,它不是单纯地复原夜郎古国的建筑,而是融入了宋培伦老先生的生态理念和创意理念,打造属于宋培伦老先生自己梦想的夜郎古国。因而景区建筑材料多选用石头和废弃物,不用木头,因为木头会腐烂且消耗木材;也不用金属,因为金属在贵州多雨的天气中会生锈,不利于建筑安全。夜郎谷所处地属典型的喀斯特地貌,漫山遍野都是石头。石头是最廉价、最普通而最自然的材料,而且保存最为持久。宋培伦老先生把自己的创意归结为"大地艺术":作品应该自然、环保,与大地融为一体。石块叠成高大而突兀的石柱,先民的生殖崇拜直抒胸臆。宋培伦老先生用捡来废弃的陶片,用几何化的图案,拼接出各个少数民族逝去的图腾。各种陶艺建筑都充满了浓浓的古文化气息,并与大自然融为一体的建筑风格,取于自然,回归自然,是游客对夜郎谷的印象。这种独具民族文化色彩的魅力是夜郎谷发展的亮点之一,景区应充分利用这一特色文化明确定位夜郎谷的主题文化。然而,目前夜郎谷的发展主题并不是纯粹的夜郎文化,也没有明确与古夜郎国文化相关,而是与贵州省的少数民族文化相融合。因此夜郎谷是宋培伦老先生所打造的个人理想中的王国,饱含着以宋培伦老先生强烈的个人意志为主体

---

① 吴丽.夜郎文化[EB/OL].[2016-01-22]. http://guba.eastmoney.com/news,244741336.html.

的艺术理解和艺术创作。

五、景区配套设施太少,安全隐患较大

由于运营年限短以及资金短缺等问题,导致夜郎谷基础配套设施不完善,存在极大的安全隐患,其主要体现在以下几个方面:

(1)缺乏安全消防设备。景区内树木茂盛,杂草丛生,但是进入园区几乎看不到灭火器和消防栓,园区内仅有的灭火器因时间太长的缘故,已完全老化、损坏,存在较大的消防安全隐患。

(2)窗户和木质的房屋经久未修。园区内住户所住房子的窗户大多都是木质的,长时间没有经过修理,有的窗户已经腐坏,随时有滑落下来砸伤游客的潜在危险。在公厕的正前方有一间小的茅草屋,是由茅草和木头搭建而成,虽说里面无人居住,但茅草屋的顶,经过日晒雨淋,木头和茅草都已腐烂,随时有垮塌的危险。

(3)电路老化及电线外露。园区内的线路几乎都是住户自己安设的,没有经过专人专门的线路布局,因此部分线路都是外露的。园区电路老化现象十分严重,甚至有的电线已经"脱节",存在漏电的危险。

(4)缺乏安全标语和警示语。刚进入园区时,会看到一些警示语和指路牌,可进入城堡后,城堡下面的河水旁没有护栏,河岸有坍塌现象,也没有明显的警示语。另外,环保标语缺乏,部分石像缝隙里塞满纸屑,河道中也有较多矿泉水瓶等垃圾。

(5)洗手间的设置不合理。景区仅有1处设有洗手间,在该位置设置洗手间虽方便景区内游客使用,但距离景区古堡较远,不方便到古堡内游玩的游客使用。洗手间的蹲位较少,如果游客增加就会出现排队现象,尤其是女性洗手间。从洗手间整体建造来看,其设置非常不合理,站在洗手间背面较高处可以直接看到洗手间内部;且洗手间的卫生状况一般,地面相对于其他景区来说不整洁且异味重,没有定期做好消毒工作。景区内无残疾人专用洗手间和小孩专用洗手池,仅在洗手间外右转2米处有一个小的洗手池。

(6)道路不平,交通不便。景区内的路相对于景区外的路来说,还算平坦,但这些道路大多都是就地取材,由大小不一的石头铺制而成,凹凸不平,交通不便,由于该景区营运的时间较短,所以暂无残疾人和小孩专用通道。

六、受周边环境影响,生态破坏较为明显

花溪夜郎谷生态园位于花溪区党武乡思丫河畔,地理位置比较特殊,周边环境在近几年的变化特别大。由于大学城的建立,周边人口数量急剧上升,生活污水和生活垃圾给景区环境带来了严峻的挑战。进入景区内的道路十分狭窄和崎岖,被周边建设破坏得几乎看不到道路的影子,景区其中一个出口就在贵州财经大学的后门,景区内一条清澈的小溪也因此受到学校排放的生活污水污染,时常会散发出

臭味。到目前为止，这个问题一直没有得到解决。据小组调查表明，约68%的游客认为景区的环境卫生状况一般，需进一步改善。

第三节　大学城背景下的夜郎谷发展态势分析

一、夜郎谷发展的优势

花溪夜郎谷位于贵阳市花溪区党武乡，是贵阳市开发景区中独领风骚的神秘之谷。夜郎谷也是夜郎文化的代表之一，与贵阳市其他文化园区相比，其文化主题更契合贵州省的发展实际，这是夜郎谷在未来发展中的最大优势。

无意之中由新媒体传播形成的口碑效应，是夜郎谷发展的另外一个优势。相传古夜郎的辖地包含贵州省的西部、北部，云南省的东北和四川省的南部，从而吸引着部分夜郎文化爱好者慕名而来，并将部分园区照片发布至网络平台。多数外地游客甚至贵阳市周边城市游客，也正是因为看到腾讯新闻、微博信息、朋友圈等有关夜郎谷奇特神秘的照片后，才产生浓厚的兴趣并相约而至。虽然夜郎谷未在电视台、报纸等传统媒体进行广告宣传，但无意之中由新媒体传播形成的较好的口碑效应，却达到了极好的宣传效果。

再者，夜郎谷位于贵安新区大学城贵州财经大学的背后，地理位置优越，附近高校众多，拥有潜在的巨大的大学生消费市场，这是未来夜郎谷生存与发展的重要依赖。大学城中聚集着贵阳市十余所高等院校或职业院校，为夜郎谷园区的长远发展提供了稳定的客源市场。同时夜郎谷位于高校密集区，有极大的人才资源市场。夜郎谷可与高校签订大学生毕业就业实习实训协议，让有意向的美术学、旅游管理、市场营销、经济管理、文化产业管理等专业的毕业生或实习生加入到景区后期建设工程中，既可以锻炼、培养学生，同时也能为夜郎谷的后期发展提供了强有力的人才队伍支持。

二、夜郎谷发展的机遇

近年来随着高铁的开通，贵州省对外开放程度进一步加深，经济发展水平逐步提升，尤其是文化产业也逐渐提上日程。贵州省作为一个文化资源富集的省份，文化旅游及其相关文化产业将迎来较大发展。

文化产业的发展势必带动省内旅游、餐饮、酒店等行业的发展。夜郎谷是一个古朴而神秘的旅游生态园，文化内涵丰富，既有古老的夜郎文化，又有丰富多彩的民族文化。在贵州文化产业发展带动下，夜郎谷将赢得更多的发展契机，同时也将逐步实现产业链延伸、配套设施逐步完善，并能吸引更多、更加专业的经营管理人才。

大数据是继物联网、云计算之后最受关注的信息技术产业，也将助力贵阳市文化旅游业发展。2016年5月29日，大数据产业峰会暨中国电子商务创新发展峰会在贵阳市圆满落下帷幕，表明大数据在贵州省已正式启动。大数据的"辐射"作用，将带动贵州省文化旅游业发展。如利用大数据分析贵阳市旅游行业发展的主要客源市场、消费者的文化偏好、收入水平、旅游方式等信息，将会进一步助推夜郎谷等文化园区有针对性地对当地文化资源进行有深度的挖掘、整理，适时掌握游客预期数量、接待能力、景区承载能力等信息，为景区经营管理人员及时调配景区管理和服务资源提供了便利，从而更好地将夜郎文化资源转化为文化资本，助力当地经济发展和居民收入水平提升。

以高铁为代表的交通设施逐步完善，是夜郎谷园区建设发展的另一个主要机遇。未来几年内，大学城内的交通设施将更加完善便捷，轻轨、公交等线路将逐步开通，尤其是大学城将开通高铁站和轻轨站，将为扩大客源市场发挥重要作用。

三、夜郎谷发展的挑战

随着时代的不断发展，人们的物质生活越来越丰富，精神享受也不断提高，景区作为人们消遣的方式不断孕育而生，发展前景可观，但与此同时，景区也面临着来自各方面的巨大挑战，其主要表现在以下两个方面：一是外来文化的竞争。在一个开放的年代，文化的交流与融合已成为一种常态，外来文化在给景区增添文化元素的同时，也在无声无息地削弱本土文化的影响力和特色，从而导致景区同质化，景区品位下降。二是本土文化现代化的冲击，导致原有文化底蕴淡化。人们的思想观念和审美艺术往往是不断提升或变化的。景区为了能迎合游客的审美情趣，便对原有文化进行大势改造，最终导致文化特色不断降低，文化影响力急剧下降。

第四节　夜郎谷未来发展路径探析

一、紧扣夜郎文化，后期建设中凸显夜郎元素

文化元素是文化景区的灵魂，是体现文化景区活力、独特性和非凡性的基础所在。文化景区是文化元素的标志和现实表现形式，是文化内涵和文化精神的外现。花溪夜郎谷喀斯特生态园以夜郎文化作为景区建造的文化元素，体现了夜郎文化中的图腾、生殖崇拜，但夜郎文化的其他层面元素体现较少。因此要进一步提升景

区的吸引力,凸显夜郎谷景区特色,还需在景区融入更多的夜郎文化元素,打造更多的夜郎文化精品。夜郎文化是指夜郎政治、经济范围内所有民族文化的组合,也是指受夜郎文化势力影响的周边地区文化的组合,包括古夜郎文化,也涵盖了受夜郎风影响的当代民族文化,因此夜郎文化的最大特点是多元化。夜郎谷是对夜郎古国的文化、建筑、工艺的再现,那么在未来发展中应紧扣夜郎文化,融入贵州省本土的苗族、布依族、水族、侗族、仡佬族等民族文化元素,再以有形和无形的方式展现出来,这是夜郎谷生态园建设发展的决定性因素。

任何一个景区,其主体建筑应与主题文化相符,但夜郎谷园区主题定位不明确,没有紧扣夜郎文化而发展,因此夜郎谷在后期建设中应凸显夜郎文化以及所含的民族元素,如仡佬族、彝族的民族文化,将仡佬族的服饰、风俗习惯、文化特色融入到石像、石柱、石桥的搭建中,利用仡佬族或彝族服饰上的图案文化,在石像上运用色彩搭配方式,绘出特色图案。也可在石桥两侧雕刻仡佬族特色民俗文化,如丧葬文化(穴葬、石棺葬等),让游客在"玩中乐学",以此吸引游客眼球。景区可整合文物、历史等有关夜郎文化的资源,提升文化旅游内涵,在景区周边范围内,研究打造以夜郎文化为代表的生态山体公园或主题公园,促进花溪夜郎谷文化旅游创新区文化旅游品质的不断提升,制作有关夜郎文化的旅游衍生品,如夜郎纪念徽章、具有民族特色的玩偶、银饰等,从而打造更多夜郎谷独特的文化印记和品牌。

二、争取政府政策性支持,改善交通条件

交通通达度是景区开发建设的重要区位因素,影响着游客的游览意愿。近年来,贵州省各级党委、政府高度重视旅游业,出台了一系列支持旅游业发展的政策文件,这体现出旅游业在整个经济社会发展中的作用不断凸显,因而成为密集的政策领域。政策的出台带动众多旅游业发展,于夜郎谷来讲,应积极争取政府政策的支持,通过政府拨款的融资方式改善园区以及园区周边环境和交通条件。交通是每个景区必备的硬性基础设施,夜郎谷在建设的 20 年期间,由宋培伦老先生个人出资,在园区发展建设中不免会面临资金短缺问题,需要政府在政策、资金方面给予支持,而宋培伦老先生打造夜郎谷的初衷是保护贵州原生态民族文化,传承其精华,争取政府的资金支持,改善交通条件,扩大客源市场。

俗话说"要想富先修路",主要体现的是交通条件在一个地区开发建设中的作用,一个景区交通环境得到改善,才能给景区带来长足发展,获得更多的客源市场。目前,通过园区运营情况看,仅有门票作为单一的盈利收入,亟须扩大客源市场,增加游园项目,延长游客在园区的游览时间,以更多地催生二次消费,才能从根本上提高夜郎谷的旅游收入。同时要注意避免游客增多带来接待能力不足等问题的出现。夜郎谷一旦有更多的游客光顾,首要解决的问题就是交通问题,应通过政策性支持改善园区以及园区周边的交通条件,夯实园区未来发展的硬件基础。花溪夜

郎谷喀斯特生态园地处贵安新区大学城贵州财经大学旁、思丫河畔,进入园区的道路崎岖不平,是花溪夜郎谷景区发展的硬伤。为了使景区得到持续健康发展,吸引更多游客到来,景区应积极主动地申请政府政策扶持、财政帮扶和相关项目扶持基金,改善景区交通设施条件等相关基础设施,推动景区发展。

三、加大基础设施的建设力度,注重艺术性与安全性统一

景区的基础设施是发展旅游业不可缺少的物质基础,完备健全的服务设施会进一步推动旅游业发展,主要包括旅游餐饮、住宿、交通以及各种娱乐、文化展览、科普教育、医疗等硬件设备。为提高旅游服务质量,促进旅游业持续快速健康发展,应该加强景点旅游设施的完善、设备的维护、规范化保养、科学化管理,从而达到艺术美与安全性的高度统一。目前夜郎谷喀斯特生态园的基础设施不全,维修力度差,诸多景点荒废,屋舍破损,其艺术性与安全性完全不相对称。因此,首要任务是加快基础设施建设,加大景区开发力度,完善要素集成配套,立足优势资源,着眼长远发展,充分利用生态优势,建立健全生态园的基础设施和景点保护发展模式,要按照"政府主导、景区管理"的思路,着力构建完善的景区风险防范和管理体系,切实打造管理、保护、运营于一体的旅游景区,使艺术性与安全性高度统一。

基础设施建设可谓是景区的外在"形象",要注重美与安全性的结合,夜郎谷可与其他旅游公司合作,以筹集资金加大景区的基础设施建设与维修力度,如园区门口的临时停车场应进行合理调整,并规划车位线,让车辆有序停放;建设游客休息区;增加洗手间、垃圾桶数量;对于景区内破烂、简陋的木质房屋,老化、损坏的电线、灭火器,景区应对其进行维修、定期检查并更换;并在其建设中融入景区文化元素,可参照山东潍坊风筝广场在基础设施建设中对其风筝文化元素的运用,将夜郎文化元素运用到基础设施建设中,如指示牌、路灯、垃圾箱的形状可做成夜郎文化中某个人物或动物,并要保障其安全性,考虑资金问题等。

四、延展产业链条,合理开展吃住行购等行业

产业链是各个产业部门之间基于一定的技术经济关联,并依据特定的逻辑关系和时空布局关系客观形成的链条式关联关系形态。产业链主要是基于各个地区客观存在的区域差异,着眼发挥区域比较优势,借助区域市场协调地区间专业化分工和多维性需求的矛盾,以产业合作作为实现形式和内容的区域合作载体。景区盈利收入过分单一仅靠门票收入,难以维持景区发展建设,因此要对生态园产业和餐饮、娱乐、购物、住宿等行业进行综合规划建设,多层次地开发景区。对客流、物流、信息流、资金流的相互扩散非常有利于产业链条的延展。

餐饮、住宿、娱乐、购物都是园区服务的重要组成部分,服务的质量水平和风格特色在很大程度上反映了园区经营的总体质量水平和风格特色。吃、住、行、游、

娱、购是旅游的六要素,而吃、住、娱、购则是景区收入的主要来源,那么合理开展餐饮、娱乐、购物、住宿等行业是游客的生理需求,因此,园区应根据游客的实际需要为游客提供高质量的餐饮、住宿、娱乐、购物等行业服务配套的产业链条,建设特色餐饮、建造特色住所,售卖特色旅游商品、开展特色娱乐活动等,游客可以通过品尝美食了解当地的民风民俗、文化传统,同时也是对贵州省本土以及夜郎文化的传播。

一个成功的景区应是多态势、多行业共同发展,多方面协调建设的。夜郎谷目前的产业链条单一,各方面都还不够完善,无法满足游客的游览需求,因此,在考虑到景区构造与环境问题的基础上,应合理开展其他行业。在餐饮方面,可经营一些民族特色饭店;娱乐方面,可开设夜郎文化体验馆(馆内可包含夜郎文化历史动态展示、陶艺制作、小型石像制作等),也可开设专营纪念品商店,聘请专业人才进行景区衍生品的开发,同时还能开展一些娱乐节目,如民族布依族傩戏、安顺地戏等歌舞表演、民俗节日活动。在夜郎谷举办少数民族歌舞表演、节日活动等,不仅能让游客亲自体验如何制作陶艺和石像,还能带动景区其他消费增长,根据景区的面积和地理位置来看,可适当在景区内增加一两家小型超市;在住宿方面,可与景区原生态环境相结合,酒店的外部装饰应借助景区主题,打造夜郎特色酒店,也可与周边其他酒店或旅游公司合作,解决游客的住宿问题。

五、加大力度继续宣传,凸显贵州本土文化

宣传力度决定景区影响力深度和广度,是提高景区知名度的决定性因素。一个民族文化生态园的影响力不仅仅取决于内容是否具有独特的魅力,而且还取决于是否具有先进的宣传手段和强大的传播能力。宣传是景区对外推广的重要途径,是使游客了解景区并产生游览动机的重要手段,未来夜郎谷景区发展是否能在同行内占据一席之地,宣传力度和宣传手段起着十分重要的作用。民族文化的传播能力越强,越能将本土的文化传播到全国各地甚至世界各国。夜郎谷本着夜郎文化和贵州本土的民族文化之路发展,才能体现出生态园的服务宗旨,更能传达出贵州省本土文化的魅力所在。目前,夜郎谷的受众度偏低,大部分游客都是通过视频、朋友圈的宣传慕名而来,没有属于园区的专门网站和宣传设施,因此,需要加大夜郎文化和生态园的宣传力度。

景区想要吸引更多的游客,其文化主题、建筑风格等固然重要,但宣传方式也必不可少,切实有效的旅游宣传对促进旅游业的发展具有巨大作用。景区目前无专门宣传平台,在前期宣传中可在景区内举行活动(如传单宣传等),后期可通过制作景区短视频、拍宣传片等方式,并将其投入贵州旅游网站、公共场所显示屏、公交视频、腾讯等平台,加大宣传力度,扩大其知名度,从而更好地凸显贵州本土文化。

花溪夜郎谷位于贵州省贵阳市花溪区思丫河畔,地理位置偏僻,景区面积小,

宣传方式单一,导致景区知名度低,景区文化内涵难以得到体现。花溪夜郎谷的后期开发建设中,贵州省本土文化的体现是重点,尤其是贵州省特有的夜郎文化的研究建设,是提升夜郎谷景区品质、保住夜郎元素的重要途径。花溪夜郎谷的宣传是使夜郎谷"声名远扬"、吸引广阔客源市场的侧重点。首先,管理层必须明确景区夜郎文化的受众群体,规划景区主要客源市场,有方向、有目标地进行宣传,花最少的宣传成本拉拢广阔的客源市场;其次,必须明确宣传渠道,针对不同的宣传渠道投放不同的宣传信息,采取不同的宣传风格;最后,必须丰富和改进宣传内容,将贵州省本土文化、夜郎文化的精彩一面体现出来,展示夜郎文化精髓和气息。

六、加强自身管理队伍建设,提升服务质量和服务水平

队伍建设管理是生产管理工作的核心。要提升产业链的企业服务水平,必须抓好员工素质培训。在这过程中不仅要开展培训工作,更要向队伍建设管理这一层次转变、迈进,将员工培训和员工自主学习结合起来,激发学习创新和积极运用学习成果的主动性和能动性。文化景区完善的管理体制和管理队伍建设,对于景区文化资源的开发与保护有着极其重要的作用。提升景区管理层的服务质量和服务水平是决定景区能否取得长足发展的重要因素。夜郎谷缺乏的就是队伍建设管理,所以要制定园区的相关制度和完善员工招聘机制,加强园区自身的队伍建设,提升园区的服务质量和服务水平。

景区管理队伍是景区取得成功的必要条件。夜郎谷在管理队伍建设中存在诸多问题,其售票人员和环卫人员多为周边居民,且无工作经验,因此,景区应聘请专业的管理人才,对员工进行专业化的技能培训,并提供前往国内外旅游开发比较成功的景区等地方进行参观考察学习交流的机会,制定员工工作行为准则,积极开展日常监管和检查工作,为广大游客营造一个安全、放心、舒适的旅游环境。

景区管理人员应制定相应的管理方案和符合景区发展的管理模式,对工作人员进行相关的职业培训,定期开设旅游管理相关课程,提高工作人员素质。聘请旅游专业管理人才,为工作人员提供外出交流、学习的机会。在景区内设立面向大学生等研究人员的修研、实习基地,为景区建设提供人才资源。形成严格、统一的员工管理模式,是一个景区管理水平与服务质量提高的重要条件,工作人员对游客的态度,影响游客对景区的评价,所以夜郎谷发展必须形成一套完整健全的管理制度。面对夜郎谷目前单一的管理体制和尚未健全的管理层队伍建设现状,可以从以下几个方面进行改进:

一是形成统一的管理思想。夜郎谷是宋培伦老先生为了个人理想而建,在建设的20年中都未投入运营,直至2016年夜郎谷才投入运营并收取门票,这是宋培伦老先生及其他管理者在思想上做出的很大转变。统一的管理思想是景区朝着一个方向稳步发展的保障,夜郎谷无论是免费向公众开放还是向游客收取门票投入

运营,都应该有一个确定的发展目标和发展思路,共同推进景区的开发建设。

二是制定明细的管理制度,明确管理职责。没有规矩不成方圆,一个优秀的管理阶层不但需要各个管理者的共同努力,同时也需要一套明细的管理制度。夜郎谷作为一个刚投入运营的文化景区,其运营管理还处于脆弱期,相关的管理制度还未建立,管理者的管理职权还有待进一步规划和明确,管理、服务的能力和水平有待进一步提高。

三是形成有特色、有效率的运营管理模式和管理体系。管理的目的都是一致的,但管理的手段和管理模式却千千万万,夜郎谷在开发建设中,应根据其本身发展的具体情况,形成景区特有的管理模式,提高管理效率,健全管理服务体系。

七、加快生态环境治理工作,与周边高校形成互补关系

生态环境的破坏对人类生存和社会发展具有一定的影响,最终会导致人类生活环境的恶化,因此,必须保护和改善生态环境,实现可持续发展。景区生态环境建设对于提升景区吸引力、竞争力具有主要作用,夜郎谷基础设施差、环境污染严重,对于景区发展十分不利,加强生态环境保护方面的工作已成为燃眉之急,因此,要改变景区面临的困境,需从生态环境治理入手,树立良好的景区形象。

夜郎谷的生态环境建设是目前要解决的重要问题。夜郎谷园区内树木茂盛,枯枝败叶繁多,很多垃圾和树叶都是以焚烧的方式处理,从而导致景区及周围空气受到一定的污染。夜郎谷景区建设年份已久,由于前期经营管理不善,景区环境破坏较为严重,所以要加快景区生态环境的治理工作,改善景区环境,提升景区形象。对于景区内存在的各方面环境问题,可主要通过以下几点措施进行改进和完善:

一是增加景区内环卫工作人员数量(目前景区内仅有1位环卫人员),加大景区垃圾的清扫力度,规范景区环境。

二是与周边高校协商,减少学校生活污水排入景区水域,申请政府环境治理专项资金和污水处理技术,定期安排工作人员打捞水面的垃圾及水草。

三是在景区内张贴警示牌,提醒游客树立环保意识,加强对景区的监管,对乱扔乱放的游客进行相关教育或处罚,杜绝乱扔垃圾的现象。

四是景区可与周边学校学生社团合作,联系社团负责人,在景区开展相关的环保宣传,共同参与到景区生态环境治理中。

总之,在加大生态环境治理力度的同时,还要坚持保护优先、预防为主、防治结合,彻底扭转园区边建设边破坏和受周边环境影响的被动局面。

在污染防治与生态环境保护的同时,应充分考虑周边大学与生态环境的相互影响和作用,要与周边大学形成一种环境互补意识的关系,制定环境保护条例,提高游客及周边居民环境保护意识,并使其能自觉遵守各项环境保护规定。如可与周边高校开展生态保护联合机制,禁止将生活污水直接排入河道之中,并建立联防

联治的生态保护及补偿机制,一旦产生污染将通过一定形式补偿夜郎谷及其村民。

由于夜郎谷地理位置比较优越,周围都是高校,可与各大高校进行合作,对大学生进行调查研究,将其独具特色的民族文化、民族风情文化、歌舞文化引进景区,丰富景区文化,使游客感受景区的深层内涵。另外,也可与周边高校签署对口专业的实践、实习基地,为大学生提供就业岗位和创业机会,与周边大学生在学科建设和文化研究上形成互补关系。

第八章　山水文化的开发与利用：以天河潭为例

天河潭是贵阳市的重要景点之一,也是国家 4A 级的旅游风景区。随着贵州省旅游产业的大力发展,贵阳市天河潭景区的发展建设速度也进一步得到加快。景区的品牌形象建设也得到不断提升,为景区创造出了巨大的社会效益及经济效益。从实地调查结果[①]来看,天河潭景区在开发建设过程中还存在一定的问题,后期需加强对景区相关问题开发对策的研究,以进一步推动天河潭景区快速发展,为景区创造更高的价值和效益。

第一节　天河潭景区产品的创意性设计

一、天河潭发展的基本情况

天河潭景区由贵州省天河潭旅游有限责任公司经营管理,成立于1992年,属于国有企业。天河潭景区位于贵阳市花溪区石板镇境内,距贵阳市约24千米,距离花溪约13千米。天河潭景区兼具黄果树瀑布之雄、龙宫之幽、织金洞之奇及花溪之秀,集飞瀑、清泉、深潭、奇石、怪洞、天生石桥于一体,浑然天成,农舍水车、小桥流水、野趣盎然、清幽宜人,素有"贵州山水浓缩版"的美誉,曾经被国务院原副总理谷牧誉为"黔中一绝"。天河潭原名天生桥,以芦荻河经暗湖形成竖井深潭,穿天生石桥流出而得名。天河潭景区是贵阳市景区中的一大特色,是贵阳市景区建设的重点工程之一。

（一）文化定位

天河潭是一个容自然资源与人文资源为一体的综合性景区,是贵州省各景区浓缩版的集合。1990年初,花溪区委、区人民政府决定开发天河潭为风景旅游区。

---

① 本次调研时间为 2016 年 10 月至 2017 年 6 月。

经过两年多的开发和建设,于1992年3月8日正式对外开放。天河潭景区主要以典型喀斯特自然风光为主、历史名人隐士为辅,拥有十分丰富的自然旅游资源,景区内主要包括竹卧龙潭、石蚌滩、天生桥、同时,天河洞、龙潭洞、鸡公岛、高坝飞瀑、印色田、美人凼等景观。天河潭景区在长期的发展过程中也形成了一定的人文资源,具有一定的人文气息及氛围。随着景区的不断开发壮大和品位提升,全体干部职工的素质也不断提高,知名度、美誉度逐步扩大。天河潭自古山清水秀,气候宜人,曾经是明末清初吴中蕃隐居之地,并留下了许多的赞美诗篇。天河潭景区位于花溪区石板镇,主要是布依族和苗族的聚集区,景区附近有石板镇山布依生态博物馆、芦荻历史文化村。天河潭景区独特的地理位置和当地淳朴勤劳的村民,构成了天河潭景区丰厚的旅游文化资源,使优秀的民族文化在历史长河中得以沉淀,提升了景区的整体文化氛围。

(二) 旅游类型

天河潭在未改造升级前主要以单纯的观光型景观为主,是以山岳、河流、峡谷、湖波等地质、地貌、水文为主的自然环境和园林、建筑等人文景观为主的具有独特观赏价值的景观组成的景区。天河潭是典型的喀斯特自然风光以及自然绿色风光,包含了贵州的特色地质景观,依托于自有资源的吸引力,打造形成整个区域旅游发展的吸引核。如今天河潭景区的旅游类型将由原来的观光休闲娱乐型,转变为贵阳市首个集旅游观光、休闲度假、餐饮购物、会议为一体的大型旅游综合体。景区以观光为基础,在此基础上结合一定的具有旅游吸引力产品的打造、情景化的参与互动,形成核心吸引力。针对不同的定位,景区可以向娱乐购物方面深入发展,形成更为细分的形式。

(三) 行业定位

景区的定位对于景区发展至关重要,如何对景区进行定位在一定程度上决定了其发展方向及市场潜力。通过对天河潭景区调研可发现,景区主要定位为山水观光旅游、休闲娱乐旅游、餐饮购物旅游。

1. 山水观光旅游

天河潭景区主要有梦草园、石蚌滩、卧龙湖、卧龙飞瀑、美人凼、欢乐草坪、腔灵洞、银河宫八大景点可供观光旅游,是一个融山水洞天为一体的绝佳旅游景区,完善景区山水洞天风光建设是提升景区活力的重要定位。

2. 休闲娱乐旅游

天河潭景区升级改造后新建了滨水休闲区、贵阳故事街、五色花海、水景水秀表演区等,可在一定程度上为游客提供休闲和娱乐体验,提升景区文化品位及文化特色。

3. 餐饮购物旅游

天河潭景区有丝娃娃、肠旺面、青岩卤猪蹄、遵义虾子羊肉粉、惠水马肉、鸭溪凉粉、糕粑稀饭、恋爱豆腐果、花溪王记牛肉粉、雷家豆腐圆子等特色小吃。另外，滨水休闲区有五彩黔艺专营店，专门供游客购买旅游产品，其中五彩黔艺是贵州民族服饰博物馆的代表，经营的产品种类有苗族手工艺银饰、民族风刺绣包包、民族服饰、蜡染围巾等系列文创产品。

（四）景区构成及未来发展

天河潭主要包括环湖滨水休闲区、贵阳故事街、五色花海、地下停车场、游客服务中心等基础设施，以增强景区的管理及服务能力；二期将打造精品酒店、民俗活动演艺中心等。观光游览区是景区的核心区域，天河潭景区分为钙化滩瀑布观赏、香粑沟水文化、水洞游船和旱洞游览四大游览系统及独特的历史名人隐士文化——梦草园。水旱洞游览为内景，其余景观为外景区。景区景点为腔灵洞、银河宫，其中，腔灵洞为水洞，可乘船游览；银河宫为旱洞。外景区景点分为梦草园、卧龙湖、卧龙飞瀑、石蚌滩、美人凼、欢乐草坪等。各景观相互协调，形成了天河潭整体景观形象。

自 2016 年 3 月 1 日起，天河潭一直处于封闭施工状态，10 月 1 日，经过升级改造的天河潭景区重新亮相。升级改造后的天河潭保留景区原有的自然风光，水旱溶洞采用国际先进的全息投影技术，并融入地方民族元素，使游客充分感受到贵州的山水和人文特色。由此，天河潭将打造成贵阳市首个集旅游观光、休闲度假、餐饮购物、会议为一体的大型旅游综合体。

（五）交通区位

交通区位是决定一个景区规划建设的重要因素之一，交通条件的通达度在很大程度上影响着景区后期的建设规划及市场潜力。拥有良好的交通条件对景区发展至关重要。天河潭风景区位于贵阳市花溪区石板镇境内，规划面积 13.5 平方公里，东起花溪水库大坝，西至湖潮乡上车田，北接石板镇隆昌村，南抵贵阳至安顺公路茨凹路段；距贵阳市约 24 千米，距花溪中心区约 14 千米。在贵阳花果园湿地公园起点站乘坐 211 路（单程 2 元）到天河潭终点站下车，直接到景区门口；或在火车站乘坐 203 路（单程 2 元）到花溪公园下车，然后乘坐天河潭专线小巴车到景区门口，车票 6 元，每半小时一班次。天河潭景区周边的主要交通路线有天河潭大道、思杨路延伸段、清溪路，比较方便于自驾游。

（六）客源市场

客源市场是景区发展的重要因素，广阔的客源市场可为景区带来更丰厚的经济收益。天河潭景区客源市场主要为三级：一级市场主要包括贵阳市区及周边地区的游客，如企事业单位工作者、高校学生等为天河潭景区客源市场主要来源，并基本已经形成稳定的市场规模；二级市场为贵州省其他地州市游客；三级市场主要为与贵州省相邻的省市，如湖南、云南、四川、重庆等地区的游客。二、三级市场旅游者呈一定程度的增长，天河潭景区在后期开发建设中应提高二、三级市场的知晓度,开拓客源市场,不断提高市场份额。

二、天河潭景区依托的产品及服务

经济是旅游业追求的效益,文化是旅游业发展的内核。旅游景点作为人们热捧的重要的旅游客体,是旅游人员进行户外体验的主要对象。游客在游览过程中要获得高质量、有品位的旅游体验,就必须要满足旅游消费者的体验价值及精神诉求,同时景区规划建设还要符合旅游资源可持续发展的基本规律和特征。

(一) 景点具体设计理念

旅游本身是一种文化活动,旅游景点只有拥有了特定的文化内涵,满足了游客的心理需求,才能拥有持续的生命力。因此,天河潭景区在资源调研、评价的基础上,确定核心文化,进行旅游景点的设计。天河潭景区有钙化滩、卧龙飞瀑、梦草园、石蚌滩、崆灵洞、银河宫、美人凼、欢乐草坪等旅游景点。在设计中注意到每个景点要素的有机协调,注意到围绕主题文化进行展开。对于风景建筑注意对当地民俗及风土环境等文化内涵的研究,注意从地方居民中汲取精华,从文化学角度来探讨风景建筑的文化归属,从而找出其创作的着眼点,设计出得体于自然、巧构于环境的风景建筑。同时注意文化内涵的最佳表现和参与性动态旅游景点的设计,使游客在亲身感受中体会文化的精髓。

天河潭景区的景点和建筑的设计富有很深的文化理念,从天河潭大门到景点,不管是地面建筑,还是景点都显得别致、协调,具有深厚的文化内涵。走进大门,给人第一感觉就是建筑风格彰显民族文化,天河潭景区的建筑形态各异,文化内涵突出,建筑错落有致,让人赏心悦目。在天河潭故事街内,建筑具有民国时期建筑风格,富含民国时期文化元素,其建筑还有西方建筑风格,体现了中西方文化的相互融合和协调发展。天河潭景区的地面设计是采用小石颗粒而筑成,刷上颜色,在地面上设计图案,与建筑物相得益彰。天河潭景区的景点名字在设计上也突出了文化内涵,带给游客一种舒适感。

旅游景点最重要的是能满足游客追求愉悦的心理需求,特别是旅游实施应该满足安全性、私密性和欣赏风景的要求。因此,在旅游景区设计时大到观景点、餐厅和购物场所的空间布局,小到台阶的高度,这些细节都必须坚持以人为本的设计理念,秉承"顾客是上帝"的服务宗旨,为此天河潭景区景点设计从游客角度出发,在餐饮和住宿方面,景区的餐饮种类多、富有特色,以满足多种游客的喜爱。住宿方面有客栈、宾馆等,景点内还有休息娱乐区。在景区内,座位及位置设计合理,每个景点都有座位供游客休息。景区内设置观景台,观景台高于其他景点,站在观景台上,可以俯视很多景点,一目了然,是游客观景的好地方,满足游客的旅游观光心理。台阶的高度设计合理,景区电梯、石梯共有,可以供游客选择,满足游客的体验需求和游客追求愉悦的心理需求。

可持续发展理论强调代际公平、代内公平和人与自然的公平原则,强调生态、经济和社会三大效益的和谐统一。天河潭景区景点的设计首先考虑自然生态和环境保护,并不是彻底征服自然,忽视自然条件,也不是盲目地以建筑物替代特征、地形和植被,而是寻找一种和谐统一的融合。天河潭景区的环境优美,把不适合的荒山改造升级成游客喜欢的特色景区。大自然是奇妙的,有些东西必须遵循它的原貌和独立价值存在,天河潭景区景点设计严格尊重自然的独立价值,能做到在保护生态环境的基础上合理开发利用自然资源。

天河潭景区富有文化内涵的设计理念来源于历史文化、民俗文化以及当今社会经济发展的需要。文化作为一种手段,在经济发展中越来越重要。以人为本的设计理念来源于现实的人际关系,也来源于社会发展需要。由于资源的有限和需求的无限之间的矛盾,可持续发展设计理念来源于我国未来发展的自身需要和必然选择,也来源于自身发展战略需要和经济的可持续发展。

天河潭景区具体设计理念有重要的内涵意义,对景区景点的建筑和风景区等赋予文化内涵是为了适应未来发展趋势。"文化搭台,经济唱戏",文化为天河潭景区的旅游经济发展提供了平台,促进了天河潭旅游景区相关文化产品发展,并且增加了附加值,延长产业链,有利于天河潭景区相关产品质量的提升和内涵的丰富,有利于天河潭旅游景区经济发展。以人为本的设计理念强调以游客为主体,突出游客的重要性,使游客对景区有一定的信任度,有利于形成相对稳定的客源市场,形成相对稳定的消费行为。同时,可持续发展的设计理念不是建立在短期利益之上,强调的是人与自然和谐,强调生态文明,形成可持续的发展模式,有利于经济的可持续发展和长远利益。

(二)景区娱乐节目

天河潭景区娱乐节目主要有互动性和表演性两种,互动性节目主要场地在贵阳故事街。由于贵阳故事街的建筑风格具有民国时期的建筑风格,所体现的文化也是民国时期文化,其表演的节目主要反映民国时期事情,体现民国时期文化内涵。表演形式主要是对唱和话剧,都属于小品类型,表演者女性穿着民国时期旗袍,男性穿着民国时期长袍及军阀军装。从服饰来看,体现的是民国时期服饰文化,表演内容也是体现民国时期生活环境。表演内容丰富,表演者尽心尽力,赢得了许多游客喝彩,吸引了许多游客,游客参与度也较高。通过景区表演及选定的场所能增强游客的消费量,带动故事街餐饮业经济增长,也使文化产品的销售数量增加,带动景区相关经济发展。游客参与,使表演内容更加精彩,也能给表演者提出相关意见,这样有利于表演节目长期发展下去,有利于表演内涵的加深和质量的提高。

表演性节目的场所是位于人工湖的水景水秀表演区。人工湖位于滨水休闲区旁,环境优美,视野宽广。这儿的表演节目是水秀表演,水域面积广,共有96亩,水色清秀,清澈见底,水秀表演场地位设置非常合理,水域四周是长廊环抱,长廊上每个位置都能欣赏水秀表演。水秀表演不需要游客参与,其设备自动完成表演,表演搭配的音乐是贵州特色歌曲《我在贵州等你》《天河神韵》等。水秀表演将音乐、舞蹈形式有机结合,呈现出美轮美奂的水上表演,在一定程度上为游客提供了一场震撼的视觉盛宴。天河潭水秀表演以《天河神韵》为主题,整个场面看上去非常壮观,是目前西南地区最大的水秀景,能实现"白天一景、晚上一秀"的文化体验。景区内水秀表演有利于滨水休闲区的经济增长,有利于满足游客的精神文化需求,吸引游客再次观光,间接带动天河潭景区的经济收益和长远发展。

(三)景区管理和服务

在调查中可发现,天河潭景区工作人员的态度良好,在售票和检票过程中,售票员和检票员都保持积极热情的态度为游客服务,环卫人员工作认真,景区内卫生状况良好。天河潭景区基础设施让游客感觉满意,除了人工售票外,还有自动售票机和自动取款机,为游客提供了极大方便。在贵阳故事街景区,主要提供了住宿和餐饮及娱乐服务,餐饮价格适中,住宿有客栈和宾馆。餐饮有各种特色小吃供游客选择,除此之外还有娱乐节目供游客欣赏并能参与其中。天河潭景区内休闲区主要有滨水休闲区和休闲服务区等,滨水休闲区内有水秀表演、品茶、休闲食品和五彩黔艺等,其中,五彩黔艺主要提供文化相关的产品,如银饰等。到天河潭景区,有专用的旅游观光车接送,减少时间浪费。在景区内,相应位置设置了相应的座位和垃圾桶,每一个景点都有明确的路标指示,指引景点的位置,每个景点都有相关的安全提示标语提醒游客,做到了人性化的管理服务。

在交通服务方面,可乘坐211路或者203路到达,也可自驾前往,天河潭景区的地下停车场有3个,一号停车场分为A、B、C、D、E共5个区,共有585个停车位,加上另外两个停车场共有2000多个停车位,地下停车位多,不会造成拥挤现象,除此之外还有生态停车场、公交车停车场和旅游大巴停车场,方便游客驾车出行旅游。在游客管理方面,在充分认识景区内游客行为特点的基础上,用恰当的管理技术、管理方法对游客行为进行引导、约束与管理,对旅游者生命财产安全进行保障,让游客有高质量的旅游体验。天河潭景区为游客提供良好的基础设施和优质服务,对卫生做出良好的管理。在景区内贵阳故事街里开展娱乐活动,让游客参与其中,享受其中乐趣,实行这样的管理有利于游客形成相应的管理模式与约束力,形成相对稳定的客源市场。

在环境管理方面,用法律、经济、行政、规划、科技、教育等手段,对一切可能损害旅游环境的行为和活动进行管控,协调景区发展同环境保护之间的关系,处理景区与相关的部门、社会集团、企事业单位及个人涉及环境问题的相互关系,使旅游发展既满足游客的需求,又保护旅游资源,防止环境污染,实现经济效益、社会效益和环境效益的有机统一。天河潭景区坚持可持续发展理念,在追求经济效益的情况下也注重环境保护,打造无掠夺生态的山水文化。旅游业因其综合性强、关联度高、辐射面广等特性,旅游企业的安全管理显得尤为重要。景区作为旅游业的重要组成部分之一,是游客旅游的最终目的地和重要集散地,面临的环境相对复杂,要确保景区与游客的人身财物安全,确保景区能够持续稳定地发展,安全管理是一个不容忽视的一个重要环节。天河潭景区对景点设置有安全提示牌,始终注意景区内的安全管理,例如有"镜面水池,请勿踩踏"等温馨提示语。

第二节 全域旅游背景下天河潭发展的经验及问题

一、全域旅游背景下天河潭发展的经验总结

天河潭景区开放 20 多年来,各方面建设都取得了一定的成效,形成了一些较有特色的景区发展模式和发展经验,展开对景区发展模式及发展经验的分析,有利于进一步优化景区建设,增强景区的发展活力。

(一)溶洞观光模式

天河潭景区的溶洞为薄层碳酸盐岩裸露地块,经过流水不断冲刷而形成,河床上堆积 20 多处钙化滩坝,串联着 20 余个溶洞。形成明河、暗洞、桥中洞、洞中湖、天窗、竖井、绝壁、峡道等复杂纷纭、多姿多彩的岩溶洞景观。溶洞群是由水洞和旱洞组成。乘船游览洞内奇观,经过明洞、暗洞、暗湖,穿三关、过四门、绕九道弯,犹如置身仙境。改造前观光方式主要是借助稀疏的灯光和导游的手电筒辨认着各处不同景物;改造后水溶洞和旱溶洞景点改变了传统的溶洞观光模式,采用国际先进的全息投影技术,并融入地方民族元素,能使游客充分感受贵州省的山水风光及人文特色。

(二)文化科技模式

文化科技模式主要体现在水景水秀表演。水秀表演主要在滨水休闲区旁的人工湖。水秀以 96 亩的人工水面为"舞台",运用现代高科技手段,整体平面布局以"S"形弧线与 3 组圆形相切,镶嵌在由水膜组成的巨型方阵中,"S"形弧线喷泉犹如浩瀚星空中流淌的天河。水秀主要以《天河神韵》《我在贵州等你》为主题,以水为主要元素,采用声、光、电等高科技手段,融合音乐喷泉、立体音响和三维动画等元素,让水舞动起来,变化成形态各异的图案,跟着音乐的旋律,展现水的不同姿态。天河潭水秀表演充分体现了梦幻色彩和人文特点,与景区山容水态、贵州民族风情及现代歌舞相得益彰。

(三)人造景观旅游模式

人造景观主要以景区游客服务中心和贵阳故事街为主。天河潭景区游客服

中心以贵州省土司文化的建筑风格和山水瀑布相结合,将精致的屋脊翘角、镂空的花窗、浮雕图案有机融合。整体建筑风格除了土司文化以外,还有苗族、布依族的民族元素,地面图腾融入的是苗族元素,顶部的蜡染融入了布依族的元素。据景区管理层描述,该景区服务中心是目前贵州省最大最智能的游客服务中心,最多可容纳3000人。贵阳故事街院落文化以20世纪上半叶唐家、高家、华家三大家族的代表建筑为模板,还原唐家花园、高家花园和大觉精舍(华家大院)。这三大家族的传奇故事和府邸文化,通过贵阳故事街的一幢幢建筑得以传承和体现。民国王家烈公馆、毛公馆等标志性建筑也在贵阳故事街上得到再现。

二、全域旅游背景下天河潭景区发展的主要问题

从1992年3月开放至今,随着时间推移,天河潭景区"文化定位模糊,核心文化彰显不足;宣传力度不大,缺乏与外界沟通"等问题逐渐凸显,在发展中逐步遇到瓶颈。这些问题的出现,与"爽爽的贵阳"旅游名片不断打响,以及来贵阳市游客逐年增加的事实形成极大反差。

(一)周边交通不便,区位优势利用不够

围绕"食、住、行、游、购、娱"旅游六要素的"行"进行分析,可以了解到天河潭风景区的旅游交通现状堪忧。由于天河潭汽车站位于花溪区内,南环线基本建成并已通车,因此天河潭风景区对外交通状况良好。然而景区毗邻周边村寨,景区的游览道路同时也是村民的生产生活通道,景区与村民共用相同车道,旅游旺季时往往存在交通隐患。尤其是路边的农村集市大大地阻碍了交通通行,赶集时石板镇的二级公路上人满为患,较多农民占道经营,而当地政府又没有很好地进行管理,以致交通堵塞严重。区位的选择对于景区经济活动发展至关重要。天河潭位于花溪区,距贵阳市区约20千米,距龙洞堡机场约30千米,距贵阳市北站约25千米,毗邻贵州大学城,与贵安大道、甲秀南路、环城高速、黔中大道、天河潭大道等线路无缝连接,是连接贵阳市区与贵安新区的重要节点,区位优势明显。然而目前天河潭景区对于自身的区位优势条件利用不足,致使景区后期发展存在一些困境。

(二)文化定位模糊,核心文化彰显不足

景区的文化定位应该从游客的实际需要出发,因地制宜地做出和景区文化氛围相匹配的旅游文化定位。天河潭是国家4A级的风景区,位于贵阳市花溪区石板镇境内,是典型的薄层碳酸盐岩裸露地块,在强烈的溶蚀作用下形成的"腹中天地阔"庞大空间。景区内虽有诸多的旅游景点,但是对于景区的总体文化定位较为模糊。如景区在定位为山水文化和民族文化中摇摆不定,这与景区定位为"贵州省各大旅游热点景区微缩版的集合"关联较大,因此在景区的风格定位、产品设计、服务规范等方面主题文化不突出。在民族文化利用上,没有突出较强的本地特色民族文化。整体来看,天河潭虽拥有独特的自然资源和人文资源,且历史文化资源丰

富,但是在核心文化定位上不突出不明确,以致当地的文化没有具体地体现出来,景区虽然浓缩了贵阳的山水文化,却没有主打的文化产品。

(三) 宣传力度不大,缺乏与外界沟通

加强与外界的沟通和联系,是提升景区知名度、拓展景区客源市场的重要途径。天河潭景区虽然经过进一步改造建设升级,景区内很多的自然景观、文化元素、娱乐场所得以优化,但景区对外界的"接触"和"宣传"还相对较少。在一定程度上天河潭景区仅在贵阳市及其周边地州市有较大知名度,在临近省份乃至全国范围内的知名度较低,因而很能发生名牌效应形成更为广阔的客源市场。在目前宣传广告中,天河潭景区没有主打的产品在主流网站及传统媒体上宣传,这说明天河潭景区在宣传上的投入资金还不够,景区文化产品的研发和凝练仍不足,未能形成自身的独特产品优势,从而使自身的客源市场扩大受局限。

(四) 过于依赖门票收入,二次消费不足

天河潭现在主要经济来源为门票收入,这也就说明景区在很大程度上未能有效激发游客的消费欲望,未能让消费者在景区形成较为普遍的二次消费。单一的自然资源没有足够的能力吸引太多的游客,景区没有专属的旅游产品和娱乐场所,因此目前天河潭游客在景区里的消费较少,游园时间也较短。游客的二次消费不仅包含一些游乐项目,还包括景区内的酒店住宿、餐饮、旅游纪念品等,正在建设中的天河潭景区里没有酒店,也没有特色的旅游纪念品,仅有部分入驻商家开办的餐馆。单一的景区门票模式难以支撑景区长期可持续发展,努力打造"吃住行游购娱"旅游产业链,促进游客在园区内产生二次甚至三次消费,才是摆脱"门票经济"困局的有效手段。

(五) 旅游纪念品同质化严重,创意产品开发不足

旅游纪念品是旅游者了解旅游目的地的重要窗口,在一定程度上影响了旅游者对该旅游目的地形象的认知。① 旅游纪念品不同于一般的商品,它能反映旅游地的特色,浓缩地域和民俗风情,沉淀着旅行的记忆。旅游纪念品是一个国家或地区历史与文化的缩影,它是该旅游地独有的特色商品,在旅游市场上具有独占性的商品。天河潭的旅游纪念品开发几乎没有,在考察过程中无论在景区的各大休闲还是娱乐场所都没有看见旅游纪念的产品,从而导致天河潭游客的二次消费明显不足。没有纪念品的景区无法提高人们对它的满意度和认知度,更不会有较多回头客,因此亟待加快创意性强的文化旅游纪念品的开发。

(六) 管理服务水平落后,产业链不完善

旅游服务质量是一个地方旅游产业综合竞争力的重要标志,是展现地方历史文化内涵、宣传地方文化、增强景区景点吸引力最有效的方式。只有在各个环节全

---

① 王雪晶,袁丽梅.乐山大佛景区旅游纪念品开发现状及发展对策研究[J].当代旅游:学术版,2011(6):39-40.

方位地做到高质量水平才能赢得游客的信赖与口碑,要想提高旅游区服务质量主要需从"软服务"和"硬服务"着手。由于天河潭改造升级后不久,提供服务的地方依旧较少,更没有形成完整的产业链。景区存在不清楚自己在卖什么和怎么卖的现状,没有主打的特色旅游产品,没有带动当地的少数民族进行特色文化开发与利用,周围的相关配套餐饮、酒店等产业也不发达。因此景区的游园时间较短,留不住人,无法为游客提供优质服务的问题严重存在。

第三节　天河潭未来发展路径探析

针对天河潭目前存在的一些问题,只有不断加强研究与探讨,寻找到适合的发展方向及发展对策,才能进一步优化景区环境,提升景区文化内涵,增强景区发展效益。

一、以自然生态文化为核心,合理开发利用其他文化资源

任何旅游景区都有旅游生命周期。要使旅游景区"日游日新",除了完善旅游景区的设施,增加和提升旅游景区休闲娱乐功能外,更重要的是挖掘它的文化内涵,从而保持持久的魅力。现在很多地方对旅游景区提升和文化包装走入误区,一味提升景区的范围和知名度。景区的文化定位应该从游客的实际需求出发,因地制宜地做出和景区文化氛围相匹配的旅游文化定位。旅游就是在轻松愉快的行走与观赏中,愉悦自己的心灵,因此一些主题陈旧的,或者明显会惹人不快的文化现象,不应该成为景区的旅游文化主题,更不应该是景区旅游营销的主题,一切旅游文化的目的都是取悦于游客,都是为了让游客获得更大更多更持久的欢乐和感动,更多的惊讶与惊喜,要用具有浓郁地方特色的"吃、住、行"文化方式吸引客人。旅游就是为了寻找一种"差异",是一种对民俗民风奇特性的好奇和追寻,因此,景区的"吃、住、行"文化,要结合当地的民风民俗予以充分表现,应该是明显有别于其他地域的"吃、住、行"文化,各地风俗不同,旅游的"吃、住、行"文化,也应该有明显不同。例如,到天河潭旅游吃到当地小吃,游客会很快乐,远比吃到没有特色的菜肴觉得欢喜。旅游的目的是享受,景区的文化更应该为此提供各种方便,要了解客人的心理需求,明确地为游客提供互动性极强的"游、购、娱"服务,不仅要把当地的奇风异俗推介给游客,还要把当地的名优土特产介绍给游客,只有这样才会给游客带来更大的快乐感。

天河潭景区在后期建设中要取得比较好的发展效益,就必须明确景区文化定位,提升景区文化内涵。一是通过整理、挖掘景区文化资源,达到传承、弘扬本土传

统文化的目的;二是提高旅游景区知名度和核心旅游吸引力;三是以独特、本真的文化内涵塑造旅游景区旅游形象,形成旅游市场的唯一性文化品牌;四是通过对旅游景区产品文化包装,提高产品档次,完善项目功能,形成产品系列,满足游客的文化审美需求。文化提升工作不仅面对着旅游景区自身,也要对游客负责,而且还要接受市场的考验。天河潭景区目前的主要问题是只重点开发自然生态文化,人文文化开发较少,导致景区的旅游方式比较单一,缺乏吸引力。天河潭景区位于花溪石板镇附近,是花溪少数民族聚集区,有丰厚的少数民族文化底蕴,还曾经是明末清初吴中蕃隐居之地,并留下了许多赞美的诗篇。如果纳入天河潭景区的发展规划,这些文化都能提升天河潭风景区的文化内涵,既弘扬和传承了本土少数民族的文化,又塑造了天河潭景区独特的文化内涵。这样就合理地调配了天河潭风景区的文化比例,提高了景区的档次,满足了游客的文化需求,促进景区文化比例的科学化,加深了游客对景区的印象。

二、加大宣传力度,提升文化内涵和知名度

旅游景区的宣传和推广是景区进入经营阶段后非常重要的工作内容和环节。它的成败直接关系到景区的经济和社会效益好坏问题。为此,许多景区管理者不惜重金拓展推广渠道,加大宣传力度,把景点让目标市场的客户知晓,获得最好的市场效果。旅游景区对外宣传是最直观最快捷的宣传形式。天河潭旅游风景区对外宣传应采取的主要形式有:(1)在游客主要客源地高速公路两侧投放高炮广告,在大中城市公交车上投放车身广告,在城市地铁站投放地铁广告等;(2)在中央电视台、贵州卫视等强势媒体和主要客源地市场的主要媒体集中投放天河潭旅游形象广告片,通过阶段性密集式的宣传强化,把天河潭旅游的整体形象传达给广大受众;(3)建立天河潭风景区网站,开展网络宣传等,用互联网的优势来宣传展示天河潭风景区;(4)参加各类旅游推介会;(5)在发行量大的报刊上刊登宣传广告等;(6)与旅行社合作共同宣传等;(7)加强与高校企业等合作;(8)其他宣传推介形式,如名片宣传、短信宣传、DM广告等。

为拓展天河潭文化内涵,提升天河潭风景区知名度,必须强化对景区的对外宣传力度,同时组织丰富多彩的景区节庆文化活动和特色文化活动。通过对外宣传,提升天河潭的知名度;通过各种节庆活动开展,放大节庆效应,凝聚人气并吸引客源,打造天河潭特色旅游品牌,使天河潭变成游客旅游的首选地和水乡旅游的胜地。旅游景区不同于一般的旅游产品,具有不可移动、产品质量不可预知、产品易受大环境影响等特点。宣传营销是提高景区知名度、激发人们出游愿望的一种行之有效的手段。景区应大力开发"注意力经济",创立品牌营销理念,创新营销机制,实施"整合营销",注重景区宣传营销的针对性和独特性。从多方面多渠道宣传景区,重点突出景区特色,让人们对景区产生好奇心,愿意来景区游玩。天河潭是

典型的薄层碳酸盐岩裸露地块,褶皱频繁,断裂交错,河谷拐曲,纵横深切。河床上堆积20多处钙化滩坝,串联着20余个溶洞,是研究贵州省喀斯特地貌的珍贵资料。另外,周边富含多个少数民族的文化资源,石板镇民俗文化保护村是集布依民族风情、自然山水、石板特色建筑为一体的省级文物保护单位。石板镇山布依生态博物馆,是经国家文物局、中国博物院和挪威王国共同考察认定,在自然环境、社会结构、经济生活以及民族文化传统习俗等方面仍保存比较完整,是世界上较难得的活生生的民俗文化村。芦荻历史文化村是明末清初著名诗人吴中蕃曾辞官隐居地,位于天河潭风景区九道湾岸边,景色秀丽,历史文化浓郁,各类典型的石板民居呈阶梯状分布,极具民族特色。因此天河潭景区可以设立地质研究基地,跟高校和科研团队合作,建立民族民俗文化研究中心,吸引专家学者的眼光,使天河潭的自然资源和人文资源得到可持续发展和衍生品的研发,促进天河潭景区的知名度和文化底蕴。再者,应合理利用周边地区的旅游资源,建立由"花溪公园——花溪水库——镇山民俗文化村——天河潭风景区"的"四点一线"旅游热线,以休闲度假、生态观光、农家乐等为特征的乡村特色旅游,增加天河潭景区的特色和旅游路线,延长游客的旅游时间。

在景区组织大型节庆活动,以节庆活动促旅游,是迅速提高旅游景点知名度最有效的方法。文化是旅游节庆活动的灵魂,文化性的节庆活动潜力巨大。商机需要文化去引领,有时甚至需要文化去创造。因此,天河潭风景区应该举办具有地方特色的节庆活动,以节庆活动扩大天河潭风景区旅游的影响力,带动贵阳市旅游业发展。通过开展节庆活动,邀请省内国内知名新闻媒体,对天河潭风景区作深度宣传报道,同时也可以采取与媒体合作办节方式,扩大天河潭风景区旅游的影响力,带动旅游业健康快速发展。

三、合理规划周边环境,加快周边基础设施建设

旅游追求的是一种美好的体验。实践证明,随着与景区距离的接近,旅游者渴求感受美的心理愈来愈强,产生一种对景区的企盼心理。由此可见周边的环境对于景区有重要的引导宣传意义。优美的周边环境将给旅游者带来强烈的旅游冲动,激励着他们进入景区旅游。① 天河潭景区在后期规划工作中,应将制定科学详尽的周边环境保护整治规划放在重要位置,使之成为规划文本中不可缺少的内容,在规划评审中也应作为重要部分予以审议。要坚持周边环境与景区的整体环境协调理念,这是对周边环境最基本的要求。周边环境中的建筑、设施、氛围要与景区风格一致,要推动周边环境经济发展,使当地居民从保护治理中得到实惠,激发并始终保持保护治理景区周边环境的积极性,周边经济发展也必将会为景区的可持

---

① 吴成基,胡炜霞.旅游景区周边环境及范围界定[J].长江流域资源与环境,2008(3):401-405.

续发展提供后盾。

旅游基础设施是目的地旅游发展的基础支撑之一,其中旅游交通运输是最重要的内容。政府部门及景区应加大对景区路况的建设,提升景区交通通达度。旅游接待的床位数量,是目的地接待容量的关键门槛。为了提高旅游目的地的容纳量,景区要加强酒店、宾馆等服务设施的建设,并积极与周边酒店达成合作协议。旅游餐饮购物环境设施是景区发展的重要基础,景区要积极引进特色餐饮服务,为游客提供基本旅游体验。政府部门也要积极引导景区餐饮与购物走向集约化、特色化、休憩化的发展。

景区不仅仅是留住客人的身,还要留住客人的心,完善的基础设施只是一个硬件保障,核心是服务,是精细化的服务质量。目前国内旅游景区做的不是特别出色,反而是一些古城、古镇、古村落等区域化旅游目的地做的极具水准,这源于一种心境和一种文化氛围,这些都是用金钱无法打造出来的,因此景区产品的打造要先融于地方,再衍生产品,做到产品与地方民俗以及文化氛围的无缝对接。景区交通是旅游过程中的必要服务项目,将交通服务精细化、特色化,不仅可以让景区游客运输便捷化,更能演变成一个独立的旅游项目,促进营业额增收,提升景区旅游核心吸引力,因此在景区打造过程中,应该把景区交通放在一个核心项目的高度来考量、打造和布局。

四、加快旅游纪念品研发步伐,合理开发专属旅游纪念品

具有地方特色的旅游文化纪念品往往能吸引很多游客的购买,对景区产品进行二次消费。天河潭景区在开发过程中要结合景区旅游纪念品市场的现状与旅游资源情况,筛选出最具开发价值的特色旅游资源,作为当地旅游纪念品的开发主题,进行开发规划。产品开发设计要以旅游者的购买动机和不同层次的价格定位为基础,旅游纪念品的营销策略要以产品策略和销售策略为主。一个成功的景区品牌拥有巨大的话语权,会引发目标消费群体趋之若鹜,对公众和社会产生重大的影响力。旅游景区深厚的人文与自然资源是吸引游客的根本原因。景区的文化底蕴促进了旅游发展,也促成了纪念品销售。对旅游地来说,旅游纪念品最重要的不是其实物价值,而是一种虚拟价值,是对于特定地域文化的概括与传达。因此,旅游纪念品作为旅游业整体重要的组成部分之一,必须起到传达地域文化的作用,使旅游纪念品成为重要的旅游吸引物,从而大大增强旅游业发展的深度和广度。

旅游纪念品肩负着传播景区文化的使命。随着现代人审美意识的提高,只有给旅游纪念品赋予文化价值,才能够满足旅游消费者日益提高的品位需求。世界各地的旅游景点的纪念品,几乎都无一例外地烙上了各景区的文化特征。旅游纪念品主要为旅游者及其旅游活动服务,因此要充分考虑旅游者的审美标准和情趣。旅游纪念品在设计中应体现一种现代的人文关怀,主动拉近旅游者与旅游胜地的

距离。除了旅游纪念品本身,包装也是体现人文关怀的一项重要部分。轻巧美观且实用的包装不但能够保护纪念品,方便携带,还能增加纪念品的艺术美感。因此尽量使用绿色环保材料包装,不但可以保护旅游胜地的环境,还可以宣传旅游胜地健康的、自然的美好形象。

旅游纪念品的品质也至关重要。其优良品质是建立在精湛的制造技术基础上的,精巧的设计也必须通过精湛的技术才能取得理想的设计效果。目前市场上销售的旅游纪念品有很大一部分制作工艺粗糙,大大降低了它们的欣赏价值和收藏价值。细节上的粗糙使得整件工艺品在旅游消费者心目中的印象大打折扣,看重旅游纪念品的艺术价值和收藏价值的消费者不会购买那些粗制滥造的纪念品。天河潭应配备专业人员,对新的旅游纪念品开发的主要步骤进行跟踪调查,对旅游者的消费水平、消费偏好以及市场规模等做具体的分析,根据市场需求并结合贵州省旅游纪念品资源的特点,设计适销对路的旅游纪念品。同时整合市场信息,开发升级换代产品。旅游纪念品如果不及时升级,旅游者的新鲜感就会很快降低。推出升级换代产品比重新开发一项新产品所耗费的资源少,市场风险小,甚至能延长旅游纪念品的市场寿命。完善的产品换代系统还有利于树立旅游纪念品品牌,增添旅游纪念品品牌的附加值。同时采用先进技术,在不影响旅游纪念品文化内涵的基础上,将传统工艺与现代化生产、经营方式相结合,扩大生产规模,降低生产成本。此外,旅游纪念品要尽量做到物美价廉。旅游纪念品的生产和经营者,其定价策略要薄利多销、改善经营。首先,天河潭景区旅游纪念品开发要坚持市场导向,要重视市场调查,加强对旅游纪念品市场和旅游者心理的研究,将市场调查作为旅游纪念品开发的先导。景区应通过市场调查,分析、研究国内外旅游者对旅游纪念品的需求情况,及时调整商品结构,并对原有商品进行改进、完善和提高,积极开发适应国内外旅游者需求的旅游纪念品。其次,天河潭景区旅游纪念品开发要坚持地方特色,鲜明的地方特色能极大地激发旅游者的购买欲望。文化特征越鲜明,文化品格越高的旅游纪念品,其价值越高,也越受欢迎,景区要以当地自然资源、人文资源为依托,利用当地特有材料进行开发、生产、销售景区纪念品。再次,天河潭景区旅游纪念品开发要坚持创新原则。爱好旅游的游客大多对新鲜事物充满好奇和追求,因此对于旅游纪念品开发,应该抓住游客的这种心理,不断适应市场需求,开发新产品,刺激游客产生购买欲望。

五、优化管理服务队伍,加大员工培训培养力度

旅游服务质量是一个地方旅游产业综合竞争力的重要标志之一,是展现地方历史文化内涵、宣传地方文化、增强景区景点吸引力的最有效的方式。景区景点的标志、停车、休息、卫生等设施以及旅游服务人员的用语及表情等,都是营造舒适旅游氛围、打造精品旅游的重要环节。针对天河潭景区管理服务水平落后,产业链不

完善的现状,需进一步加强改进。

首先是健全管理制度,建立考核、奖励机制。严把导游、讲解员入口关,通过严格考试,选拔合格的导游、讲解员;建立资格证书吊销制度,规范并严格执行行业进出制度;旅游从业人员要努力做到微笑服务;制定有效的奖惩措施,提高从业人员的职业道德素养和专业水平,适应旅游服务的需要。

其次是加大培训力度,建立培训工作长效机制。定期对旅游服务人员进行轮流培训,提高讲解水平和服务质量;发挥旅游主管部门的作用,切实把培训工作摆到重要位置,做到长年有计划,短期有安排,使旅游从业人员培训工作规范化、制度化、经常化;树立模范和榜样,发挥典型示范的作用,加大对优秀导游、讲解员、服务员的重点培养力度,带动天河潭景区旅游服务人员队伍整体水平的提高。

再次是建立旅游服务质量督察制度。发挥社会力量和新闻媒体的监督作用,对景区内宾馆、酒店、旅行社和旅游服务人员的服务质量进行经常性地跟踪监督,并将对他们的评价作为宾馆、酒店、旅行社和旅游服务人员评优的重要依据;将新闻媒体曝光与强化旅游主管部门的行业管理结合起来,发现问题并及时解决。

最后是景区在发展过程中要树立人性服务理念。景区的文明程度在一定意义上代表了一个地方的文明程度,建设一个文明的、人性化的景区是每个景区都追求的目标。将"游客满意"作为景区发展的灵魂,为游客营造一个环境优美、生态良好、文明和谐的场所。景区要把游客视为上帝,通过开设网站留言板和电子信箱、意见箱、热线电话、咨询台、座谈会、问卷调查等多种形式面向社会征求管理意见和建议,最大限度地调动广大游客的参与热情,邀请游客共同参与谋划景区发展的美好前景。为能够在第一时间收集游客对景区建设、服务、管理等工作中存在问题的意见和建议,景区管理单位还可以特别设立公开接待日,实行随时接听和电话预约相结合的方式解答游客和群众的咨询和意见建议。对老年人、孕妇、儿童、残疾人等特殊群体,可以考虑成立特殊服务小组,积极号召青年志愿者参加,有针对性地开展"一对一"和个性化服务,满足游客需求。作为景区管理者,除了要关注硬件设施的完备、环境的美化、服务的态度等重要因素之外,更应关注在服务过程中和服务提供后,顾客对服务质量的不满、抱怨和投诉等问题,以便对服务中出现的问题和差错给予及时、稳妥、合理的处置,如可以建立信息反馈系统,以使在下一次游览过程中避免再出现类似的错误等。

第九章　历史文化的开发与利用：以时光贵州为例

时光贵州是从清镇市的历史文化角度出发，以历史文化为发端，主要以明朝、清朝、民国时期的军屯"石文化"、商屯八大会馆文化、官屯的仕官建筑文化以及民屯的现代休闲文化为文化背景，以建筑文化为载体，对历史资源进行创意性开发，从而将贵州省数千年来的历史文化汇聚在时光贵州里，打造了贵阳市首个以历史文化传承为基础的休闲旅游主题商业街区。在文化产业蓬勃发展的大背景下，在国家文化政策向西部倾斜的机遇下，贵阳市的文化旅游业迎来了新的发展，并越来越重视历史文化的开发与利用。

第一节　时光贵州园区产品的创意性设计

为促进历史文化资源合理地开发利用，推动文化经济一体化融合发展，并使文化产业增加值得到迅速提升，贵州省紧抓发展机遇，借力于"文化＋旅游"融合创新发展模式，文化旅游业发展逐步提速。时光贵州景区讲述了贵州故事，对贵州省旅游业发展具有重要的意义。时光贵州景区规划立足于传承历史文化、民族文化，景区根据自身的环境与消费者的需求，在景区内充分展现了以创意为核心、以建筑为载体的设计理念，从而传承贵州省的历史文化，打造了具有贵州省的特色的创意型文化园区。

一、时光贵州的基本情况

时光贵州位于贵州省清镇市百花生态城，园区占地面积达157亩，景点均匀分布于整个园区，是历史与现代、西式浪漫与中式古典的融洽结合。清镇市原有文化资源为园区打造奠定了深厚的历史文化基础，也为时光贵州注入了有趣的灵魂和魅力。时光贵州是由国际一流设计机构珂曼国际建筑设计有限公司根据清镇市的屯堡文化，以清镇市明朝"调北征南"历史事件、清朝时期代表屯堡文化的"威清卫"

和"镇西卫"的历史名称,以及民国时期"海纳百川"的老贵阳风貌为重要节点,以风姿卓越的海派建筑、传统经典的明清屯堡建筑为载体,为游客打造的一个集旅游、度假、休闲、娱乐为一体的文化休闲旅游园区。园区讲述了贵州省深厚绵长的历史和文化的繁华。由于园区是建造在两亿年前东古特提斯海底的土地上,这一优势也为它自身增添了丰富的历史价值和文化价值。

(一)交通区位

交通区位是每一个景区选址的重要因素,交通的通达度、景区的位置都是影响游客到达的重要因素。因此拥有优越的地理位置和快速便捷的交通对时光贵州省发展有着重要的影响力。时光贵州地处贵阳市城西清镇北部新区,位于贵阳百花湖和红枫湖之间,距离贵州省省会贵阳市较近,而清镇又是贵州重要的交通要道,其地理位置十分优越,所以时光贵州在区位上相较于部分景区占据着很大的优势。

时光贵州在境内有多条快速城市干道和高速公路,清镇市内公交系统便捷,对内对外既方便又快捷。对于游览时光贵州园区的游客来讲,无论是自驾还是乘坐公交都是不错的选择。具体路程和时间上,从金阳客车站可乘坐 801 路经双向八车道市政干道金清线到达,清镇 6 路、2 路途经,距喷水池繁华商圈 20 分钟车程,距贵阳市火车站约 25 分钟车程,距龙洞堡机场经环城高速约 35 分钟车程。①

(二)文化定位

随着社会现代化进程日益加快,国与国之间的经济、文化交流也日益频繁,中西方的文化在无形之中开始相互融合。时光贵州是贵阳市首个以文化传承为基础,将中华民族文化、外来建筑文化融合为一体,促使海派性格、海派作风和海派魅力以建筑为载体得到发扬,其魅力就在于海纳百川、兼收并蓄的大家风范。时光贵州的起点源于贵州省美妙而精彩的故事和数亿年前的历史文化,依托于数百年移民屯堡文化,以数百年的建筑文化为指向,总结和提炼贵州省数亿年的史前文化、屯堡移民文化、建筑文化的精髓。景区的定位是东方瑞士繁荣因特拉肯(拉丁语为"两湖之间的小镇"),将军、商、官、民四巷建筑相连接,为人们讲述贵州省的历史故事。

军屯是以"石文化"为主,通过寨墙、碉楼、石头外墙打造出新"屯堡八寨",用傩戏、江南小桥流水来展示怀旧风俗的老屯堡文化;商屯里,从江南会馆到两粤会馆,处处都体现了奢华、私密的会馆文化。官屯是以"民国官范"为底蕴,民国"四大建筑"为文化主脉,融入欧式装饰、圆拱、老上海元素和明清时期的威严,重现王伯群故居和威清门等,展示了其高贵、雅致的风貌;民屯则是通过现代雕塑、有轨电车、地域元素等构建了新颖格调的现代休闲文化。

(三)功能分区

时光贵州以贵州省的本土文化为线索,集"民俗文化、休闲度假、文旅消费、特

---

① 本次调研截至 2018 年 3 月。

色策展、非遗体验"五大核心功能为一体的特色文旅小镇,涵盖文化创意、影院、儿童乐园、客栈、酒吧、餐饮等业态,分为饮食文化区、非遗体验区、休闲娱乐区、文旅消费区、旅游观光区五个功能分区。

1. 饮食文化区

享受美食是一种幸福,品味文化是一种情趣。餐饮是每一个旅游景区基础设施中必不可少、不可或缺的一部分,餐饮的质量、服务会直接影响游客对景区的评价。时光贵州作为文化旅游小镇重点打造餐饮产业,从招商选择、装修质量、运营监管等多方面进行统一规划、统一管理。景区的餐饮业分布较广,饮食种类丰富多样。餐饮类商家涵盖特色中西餐、休闲饮品、风味小吃等类型,引入了多家知名商家,如但家香酥鸭、坛子鱼、彭厨、大通冰室等。此外,也结合景区文化特色,开设了一些店铺名称别具风格的美食店,例如"格格煮""馋猫烤鱼"等。

2. 非遗体验区

贵州省是一个多民族的省份,而时光贵州是以贵州省本土文化为依托而打造的文化园区,因此非物质文化遗产的展示是一项必不可少的产品设计。在时光贵州景区内的非物质文化遗产体验区内,具有代表性的店铺有龙泉宝剑青瓷、屯堡人银饰、贵州牙舟古陶艺、染黔民族文化等,其中"苗族蜡染"技艺店铺,主要是以出售蜡染服饰和体验蜡染流程为主,店员能够带着游客一同体验苗族人的蜡染技艺,并动手制作属于自己的蜡染作品。在贵州省牙周陶古陶艺店铺内,游客能够在师傅的带领下,亲手体验做出陶瓷。每一种非物质文化遗产都有着浓浓的贵州气息,游客可以在游玩的同时学习及体验贵州省的传统手工技艺。

3. 休闲娱乐区

休闲娱乐是人们为缓解压力而选择一些游乐方式,放松心情从而获得精神追求的状态,而休闲娱乐设施是景区内基础设施的一部分。在时光贵州园区内,可将休闲娱乐设施主要分为室内、室外2种:室内有休闲吧、影院、温泉、足疗、主题婚纱和画室等,例如"养生足疗""咖啡陪你"、影院和各类消费品等;室外有滨湖广场、龙吟广场、屯堡广场、时光广场、镇西广场和万山广场6个广场和艺术文化长廊。园区内的娱乐项目主要分为2种类型:一种是偏向儿童;另一种偏向成人。在滨湖广场中央有儿童项目,如"小鱼快跑""儿童摩托车"和"变形金刚"。在滨湖广场侧边有"奶瓶喂鱼"和"蹦极弹跳器"2种儿童娱乐项目。而相对于成人的娱乐项目有"惊魂迷城""网络会所""森哒部落",还有一条街的酒吧和KTV。另外,还有一种娱乐项目对于儿童和成人都是比较适合的,就是9D动感体验馆,可以让游客体验另一种奇幻世界。

4. 文旅消费区

购买富有特色、有意义的纪念品是游客纪念旅游景区的一种方式,满足游客的文化旅游消费需求能够促进景区内旅游商品经济的飞速发展。在时光贵州园区内,秉承以满足游客的需求为宗旨,出现了一系列有趣的文化创意产品店,例如"奇思妙想""黔灵拾趣"等,这些店内摆放着数不胜数的文化创意纪念品,以及具有地方特色的产品和具有民族特色的工艺品,还有一些少数民族服饰等,能够满足游客不同的文化消费需求。

5. 旅游观光区

旅游是人们为放松身心、缓解压力、追求精神上的愉悦而进行的一种高层次的消费活动、积极而健康的社交活动以及以审美为特征的休闲活动。时光贵州旅游业的特点是以贵州省的本土文化为主,利用自身的优势条件为游客提供别具一格的旅游胜地。在景区内建造的6个广场(分别是滨湖广场、龙吟广场、屯堡广场、时光广场、镇西广场和万山广场),每个广场都是结合不同历史时期的文化特色与建筑来量身打造的,因此每一栋建筑具有不同的建筑风格,不同的文化意义,各有千秋,各领风骚。滨湖广场以百花湖为主体,有各种娱乐小活动和斜草坡,吸引了较多的游客前往;龙吟广场是根据明清时期建筑风格而建造的,体现了明清时期建筑的宏伟和威严,在通往龙吟广场的途中还可小歇片刻,品味风景如画的江南记忆,感受浓浓的江南气息;屯堡广场是根据贵州古老的屯堡文化而打造的,通过军、商、民、官四大屯堡文化,再加上屯堡人的傩戏表演,让游客更加身临其境;万山广场在节假日会有丰富的民族歌舞表演,给游客带来一场视觉盛宴。

(四)发展阶段

时光贵州景区于2014年3月开设一期景区,2016年10月开设二期景区,二期大量建筑设施目前正在逐步完善。就目前建设进度而言,时光贵州还处于发展初期,运营管理还处于逐步完善阶段,在发展过程中容易出现一些问题。虽然园区内的安全设施和服务设施已经基本完善,但其宣传力度亟待加大,管理水平也亟须提高,服务设施和服务质量尚未实现现代文化园区的高标准要求,文化旅游产品更缺乏创意。园区目前工作是以项目的组织建设为主,缺乏高端的、专业的文化管理人才,在后期发展中应注重人才的引进和培训,以将园区的巨大潜力发挥出来。

(五)客源市场

时光贵州年平均人流量达到500万左右,它借助各种优势为自身带来大量游客量。按照到达景区时间的标准来划分其客源市场,其客源市场主要分为三种:30分钟以下划分为一级市场;30分钟至4个小时划分为二级市场;4个小时以上划分为三级市场。

1. 一级市场

时光贵州区位优势突出,周边景区较多也为其带来不少游客。首先,时光贵州坐落于全国最大职教城——贵州职教城东、西两区之间的核心地带,它的客源来自37所高等职业院校、30余万职教城的师生;其次,清镇市拥有20余万人口组成的常住人口,周边分布着高端住宅区以及新政务中心;最后,加上百花湖、红枫湖年

300余万旅游人次,为时光贵州提供了源源不断的客源。

2. 二级市场

清镇是贵州省会贵阳市的西大门,是通往云南、四川、广西、安顺、兴义、六盘水、毕节等省市及黄果树、龙宫、织金洞、天龙屯堡等景区的必经之路。时光贵州便成为了贵州省西线旅游的第一站,为时光贵州提供了大量的二级客源市场。游客可以在前往目的地时,途经时光贵州时可以稍作停留以游玩景区。

3. 三级市场

随着社会经济发展,我国旅游市场自驾游的出游规模逐渐加大,越来越多的游客将目光投向那些更加具有独特性的、奇异的、新颖的旅游景点,也对那些具有综合性特征的旅游地和旅游项目(如时光贵州等)格外感兴趣。这两大优势条件为时光贵州带来更多的外来游客,如长三角城市群、珠三角城市群等经济发达地区的游客。

二、时光贵州园区的整体产品设计

园区是否具有内涵,对游客是否有吸引力,就要看园区是否将文化寓于景区中。园区的产品整体设计是否能够体现或展现园区所具有的文化元素,为游客打造具有文化特色的、让游客耳目一新的园区。在时光贵州景区内,设计师将明朝、清朝以及民国时期所拥有的历史文化以建筑的形式融合表达出来,通过一砖一瓦、一花一草来告诉人们屯堡文化的历史岁月,把贵州省的军屯文化、商屯文化、官屯文化、民屯文化逐一体现得淋漓尽致,为游客展现了丰富的文化底蕴。以下主要从主题建筑、园区活动、园区管理、园区服务4个方面对时光贵州景区的园区产品、整体设计进行介绍。

(一) 主题建筑

时光贵州主题建筑是围绕本土文化再造的文化景观,主要分为民国时期老上海的海派建筑风格和明清时期北派建筑风格。

1. 民国海派建筑

时光贵州一期以贵州省数亿年的历史文化为发端,以数千年的移民屯堡文化为依托,以近百年的海派建筑文化为载体,明朝的军屯文化,清朝的会馆文化,民国时期的建筑仕官文化等多元文化为源泉,真正意义上地表现了融合民族、生态、自然及人文格调的"老上海,新屯堡"的移民文化。

面对时光贵州的正入口,时光贵州的大门呈现出外宽内窄的"凹"字形,在凹壁上仍然留着枪眼,顶部设立的是古代战争中用作观敌瞭哨的望楼。整体用石头围墙圈围,在围墙边上设立碉堡护卫,这些建筑群体具有封闭性与防御性,有极高的军事作用。时光贵州大门以海派的建筑风格,将"望楼"的军事文化色彩展现得淋漓尽致。在景区的内部,分布着以特色餐饮、生态客栈、精品酒店等功能业态的贵州会馆、两粤会馆、江西会馆、江南会馆、齐鲁会馆、四川会馆、福建会馆等商屯会馆和王府、何公馆等官屯建筑,融合现代文化元素,打造了老上海繁荣的海派建筑的生活景象。

2. 明清北派建筑

时光贵州二期工程引入现代化设计理念,以明清建筑为蓝本,以复古、包容、创新的特质呈现出独一无二的景观构造。位于入口处的门是始建于明朝天启六年,因出此门可直接到达明代重要军事卫所威清卫(现清镇市)而得名的威清门,威清门根据清镇市屯兵练兵历史,结合文化创意产业,仿明朝建筑,充分展现出明朝的建筑风格。园区内以明清的建筑风格,分布着九州会馆和江南记忆的优美风景,倾力为游客打造 IMAX 影院、亲子游乐中心、三大名人故居等具有特色文化业态。

(二) 园区活动

时光贵州依托于其具有特色的地方性历史文化,引入节庆旅游的方法去广泛吸引游客,通过节庆旅游去促进时光贵州旅游业发展。时光贵州借助节假日,结合景点所拥有的文化,举办了大大小小、各种各样的活动,将景区的"贵州故事"以表演的形式讲述给游客,吸引游客目光,为景区带来更多游客,促进时光贵州发展。

时光贵州在中秋节、万圣节等中外节日时经常举办一些小型活动。如在中秋节举行的活动中,游客可以尝到自己亲手制作的月饼,也可以参加中秋节之夜的猜灯谜活动;万圣节作为西方国家的节日在时光贵州举办,笼罩着一层神秘的色彩,能够满足游客们求新求异的心理需求,所以游客对其会产生浓厚的兴趣,充分体现了中西结合的、休闲的海派生活。2016年国庆期间,时光贵州抓住"十一黄金周"旅游时机,邀请了专业的少数民族团体来景区为游客表演,主要有苗族的12道拦门酒、布依族的八音坐唱、屯堡傩戏表演、苗族千人长桌宴、反排木鼓舞、侗族大歌、竹竿舞、"踩歌堂+篝火晚会"等多个节目,奢华的民族服饰,富含民族特色的舞姿,婉转的、悦耳的、悠扬的歌声,充分展示了贵州少数民族异彩纷呈的文化,使游客从视觉和味觉上感受不一样的文化表演。除了这些活动以外,时光贵州将传统媒介与新兴媒介相结合,举办线上和线下相结合活动,但根据调研得知,活动中游客的参与度都较低,未能充分调动游客参与的积极性和主动性。

(三) 园区管理

时光贵州由贵阳市荣益商业管理有限公司运营,公司拥有完善高效的运营机制,秉承着统一规划、统一招商、统一推广、统一运营等四个"统一"原则。自运营以来,时光贵州的整体管理状况较好,公司对员工的管理、对景区内部的商家都有专门的规章制度,奖惩分明,要求员工始终坚持"生存第一、规则第一、团队第一、忠诚第一、服务第一"中的规则第一,要求商家遵守规章制度,维护公共卫生。时光贵州结合自身的特色,利用节假日举办各种活动,吸引游客的目光,为景区做宣传。宣传渠道有传统媒体和新媒体。传统媒体主要有报纸、传单、公交车站牌、出租车广告、当地电视广告等;新媒体主要有微博、微信公众号等。

(四)园区服务

园区服务是通过景区的基础设施和管理水平体现出来的,园区服务的好坏关系着游客的评价好坏。时光贵州对景区内部进行全方位的物业运营管理,以5A级景区的物业标准,引入24小时保洁服务、欢乐导游服务、个性化景区接待服务等服务理念与思路,以为游客服务为宗旨,最大限度地满足游客的需求,为游客提供最优质的服务。

为使游客方便进入园区,时光景区设计有多个入口,同时它的入口也是出口。时光贵州的正入口处设有游客服务中心,游客服务中心集咨询、导游、集散、医疗救护等多功能服务为一体,为游客提供咨询、行李寄存、广播、监控中心、特殊人群服务、无障碍通道以及住宿、车票、机票预订服务,并处理游客投诉等事宜。时光贵州园区内部地上停车场和地下停车场加起来有上千个停车位,免费供游客使用,园区内有自动取款机、药店、便利店等服务点。景区内部的示意图、指路牌清晰准确,有专门负责打扫卫生的人员,卫生质量好,能为游客提供清洁、优雅的环境。时光贵州的食宿方面选择较为多元化,有特色的中西餐、各地特色小吃,例如老赤水黑豆花、但家香酥鸭等。园区有会馆文化为主的生态客栈和精品酒店,例如多彩皇家酒店;有各种民族氛围的客栈,例如24度坞客栈,能为游客提供优雅的环境、贴心的服务和舒适的享受。

第二节 时光贵州发展的现状问题分析

近年来,随着社会经济的快速发展,人民的生活水平日益提高,人们对生活的需求也就越来越高,因而出现了"旅游热"的现象。而在旅游市场中,时光贵州目前处于发展初期,由于一些因素的限制,出现了互动性节目少、管理水平有待提高、园区主题有待明晰、纪念品缺乏创意、景区文化消费有待进一步引导等问题,以下将对时光贵州所存在的问题作简要分析。

一、互动性节目极少,游客参与度较低

时光贵州作为一个依靠特色建筑来向游客展示其历史文化的园区,对游客的吸引度较小。因此,要吸引更多游客来景区观赏领略历史文化,举办能够展现景区主题、吸引更多游客到来的活动是很有必要的。时光贵州园区开放以来,园区内会根据不同的节日和习俗,举行不同的文化活动,通过张贴海报、线上宣传方式进行宣传,但是部分文化活动与国庆期间的庞大的游客群体比起来显得格格不入。一

方面，由于园区举办场地的限制，园区游客的接待数量都是极其有限，很容易在园区内造成拥堵的状况，这就导致了游客参与活动的积极性不高，节目的活动性较少；另一方面，因为受设备缺失不完善及现场喧闹的环境影响，从而使节目聚集人气的效果大打折扣，例如布依八音坐唱等表演类节目，现场并没有安排工作人员对游客进行管理，导致较多游客为观赏节目而站到了节目表演的后台上，影响了节目的质量。

据对时光贵州园区内长期调研的情况来看，园区内举办的节目并不是很多，而且周期性强的表演节目和娱乐活动也较少，这使园区在无节庆活动期间人气不足，对游客的吸引力严重下降。此外，由于景区内部举行的活动表演性、专业性较强，演员与游客的互动性较少，游客的参与度较低，这使得来时光贵州的游客不能很好地体验、理解并认知园区内的主题文化。因此，急需园区相关管理部门充分发挥能动作用，提高园区节目的互动性，提高游客的活动参与度，广泛吸引更多游客的到来，助力园区及周边经济发展。

二、存在安全隐患，管理服务水平有待提高

就目前的发展状况而言，时光贵州园区的整体运营状况良好，内部始终秉承着以4A级景区服务和严谨的管理态度为游客服务。但由于受基础设施的制约，景区管理存在漏洞，存在较多安全隐患。

（一）交通管理服务的缺失

交通管理是景区不可缺少的一部分，交通的通达度是影响游客出行的重要因素，而时光贵州园区的交通存在着问题。一方面，时光贵州园区周边公路平整流畅，但目前时光贵州在贵阳除了乘金阳的801路公交车可直接到达外，并没有其他直达园区的客车，这对部分游客带来了不便；另一方面，在清镇市车站内也没有直达景区汽车，在景区门前也并未设有专门的公交站台，这对一部分转车和外地的游客造成一定的困扰。

由于景区对面是一片高档住宅大楼，住宅区楼下开设了较多餐馆，较多游客会去对面用餐。由于时光贵州附近的斑马线间隔距离较远，一些游客会横穿马路过街，十分不利于游客的自身安全；同时也造成来往车辆行驶速度较慢，严重影响了园区周边交通的顺畅运行。

园区停车场规模很大，主要由地上和地下两个部分组成。其中地下停车场有近千个车位，而地上停车场的停车位由于空间限制则少于地下停车场。另外，受时光贵州的交通条件和产品定位的影响，园区自驾游的游客数量十分庞大，加之前往地下停车场的入口在景区较为隐蔽的侧面，且没有放置指示牌，较多游客并不知晓停车场的位置，这就造成了园区地上停车场拥堵严重的情况。再加上园区内交通管理工作人员少，很可能造成车辆乱停乱放的现象。因此，这就需要园区加大安保

人员的投入力度,为游客指引道路,确保游客的安全问题,全方位提高管理服务水平。

(二)安全隐患亟待解决

2016年国庆期间,时光贵州二期正式向外开放,但仍有部分建筑的内部装修工程没有完成,时光贵州管理部门虽然将部分施工区域封锁,却有多条小路可以通向施工区域,而这些小路旁并没有任何警示标志,安全隐患极大。根据园区调研的实际情况,园区还存在以下的安全问题:一是由于基础设施不完善,施工区和游览区没有明确地分离;二是园区内部在施工区域有很多的施工场地,不仅有轰鸣施工噪音,还有刺鼻的化学物质气味。

时光贵州景区内的滨湖广场紧邻百花湖,彼此之间仅有一道稀疏的铁丝网隔离,而且这道铁丝网有较多地方已经被游客损坏以致断裂,基本上不能起到隔离的作用。尽管在铁丝网的四周有很多的警示标志,但这对游客并没有起到很好的警示作用。一些游客经由铁丝网断裂处进入湖边,赏景戏水,甚至游泳,易发生溺水事故,但园区内部却没有专门的救援人员,如果游客发生意外情况,很可能得不到及时的救援。据当地居民反映,这一地区草丛茂密,很可能有毒虫和蛇的存在,很多游客席地而坐甚至直接躺在上面享受美景时,存在较大的人身安全隐患。

(三)营业区域与生活区域重叠问题亟待管理

商店自身形象不佳不仅会影响游客对商店的第一印象,还会影响游客对商品的整体感官,进而影响商店自身的销售额。时光贵州内的商铺大多装修得很有韵味,再加上具民族特色的商品和时光贵州独具匠心的建筑,大部分店铺很容易就能收获游客的好感进而提高游客的消费欲望,但有一部分商店的营业区域与商店工作人员生活区域重叠,很多商店工作人员住在店铺内,生活区域与商店并没有任何间隔,个人生活用品就摆放在店铺内侧,这很容易影响游客对店铺的观感,在一定程度上拉低了游客对商店的评分,游客的消费热情也会随之消减。

三、特色纪念品较少,与其他景区纪念品雷同

旅游纪念品是景区开发的产品,也是景区所具有的文化名片,是游客在旅游过程中为纪念景区而购买的具有景区文化特色、地方民族特色的商品,对游客的旅游具有重要的意义。而时光贵州园区内部的旅游纪念品与其他景区大同小异。时光贵州作为刚发展不久的一个休闲旅游主题的商业街区,园区内的纪念品多为贵州比较普遍的具有贵州少数民族特色的产品,与贵州省其他景区相比时光贵州并没有明显竞争优势,而且在景区内的纪念品种类很少,大致可以分为以下几类:一是带有贵州民族特色的服饰(如带有苗族色彩的服饰、小包,蜡染服饰和物品,具有民族特色的银饰及各种饰品);二是贵州特色食品和小吃;三是各种具有民族色彩的陶器、瓷器和雕塑,如牙舟陶等。这些纪念品多数在贵州其他景区也存在,而且数量和种类更多,因而在纪念品和特色商品上面并没有独特的吸引力。园区内的纪

念品不具备独特性,纪念品与其他景区相比则同质化、低端化现象严重,在淘宝等大型网购平台上也能购买到相同或者更好更全面的文化产品,因此游客的购买欲望并不高。园区内部分商家是连锁经营的商店,产品大多为产业化大批量生产的商品,不具备独特性和唯一性等特征,甚至出现"一部分商家的商品是网购批发的产品"的状况。

四、主题文化亟待明晰

时光贵州一期以讲述"贵州故事",展现"海派生活"为主题,但在景区中所表现"贵州故事"的屯堡文化与体现"海派生活"的海派建筑结合的并不是很融洽。两者间像两条线彼此平行相望却不相交,而且两者文化表现方式都为主题建筑,形式单一,不足以撑起整个文化主题。游客置身其中会有一种隔离感和突兀感,两者之间的交接处有一种时空碰撞之感,但这种碰撞却显得很直接很激烈,这使得时光贵州自身的主题文化有了一种脱离现实的感触。

时光贵州以军、商、官、民四巷相接,串联起贵州省的历史文化,碰撞出海派生活格调。在这一碰撞中除去军屯所表现的"石文化"饱含贵州本土文化的气息外,其他3种文化都为外来文化,甚至说屯堡文化也非贵州的传统文化而是一种移民文化。当然考虑到屯堡文化在贵州600年的传承、融合与发展,也可将其当做贵州省的传统文化,而"官屯"的"大家文化"或者说"名人文化"就纯粹是上海文化或者说老上海文化,而"民屯"这种将海报墙、现代雕塑、有轨电车、竹元素等构建起的现代休闲文化,说是海派文化和贵州省本土民族文化的交融。除此之外,外界对时光贵州的主题有着不同的见解,有的认为是本土文化,有则认为是外来文化。因此,时光贵州景区的文化主题属性有待明确。

五、停留时间长,亟待提升游客消费需求

民众消费是园区盈利的重要环节。时光贵州作为国家4A级景区,是贵州省100个特色旅游景区之一,占地面积广阔,游客在其中游玩时间较长但消费情况却并不理想。景区内"食、宿、玩、购、文"全面覆盖,但产品都存在一定的问题。首先是餐饮方面,较多游客都有反映时光贵州内食品味道不好而且价钱昂贵,因此园区内的食品并不具备独特的吸引力(如青岩猪脚等),另外园区内贩卖食品的商家还缺乏必要的宣传和促销(如苗族长桌宴等);其次是园区内娱乐类商店分布过于分散,不利于游客游玩,且与其他景区店铺类似,游客消费欲望不强;再次是购物方面,时光贵州缺乏具有独特性的商品,且已有特产同质化严重;最后是时光贵州景区内表现屯堡文化及景区主题的产品缺失,而且景区内没有充分挖掘自身所独具的"文化"性质的商品。时光贵州是长期的、免费的休闲旅游街区,管理人员应调整管理制度,针对消费方面实施方案,加强游客的购买欲望,增强游客的消费幅度,带

动游客文化消费热情,促进园区文化经济增长。因此,这就需要园区采取措施,引导游客的消费热情。

第三节 全域旅游背景下时光贵州发展的态势分析

近年来,在全域旅游发展的大背景下,时光贵州在发展过程中既有优势,也存在着劣势,既遇到发展机遇,也面临着巨大挑战。本节将运用SWOT模式对时光贵州的发展态势进行分析。

一、时光贵州发展优势

由于时光贵州的地理位置优越,景区内建筑展现了历史文化,景区属于公益性可免门票进入,因此这些都成为其发展过程中的多重优势。

(一)地理位置优越,交通相对便利

时光贵州小镇休闲娱乐方式多样、土地资源丰富、周围群山连绵、空气清新怡人,且周边有红枫湖、百花湖、卫城等景区。错落有致、远山清淡、近水碧澄的百花湖,有着山外有山、水外有水、湖中有岛、岛中有湖的奇异景观的红枫湖,历史文化悠久且在贵阳地区仅次于青岩古镇的卫城,这些景区特色鲜明,各有其优势,百花湖和红枫湖具有犹如仙界的风景,卫城以商业闻名,而时光贵州兼具了这两大优点,即优美的风景和繁华的商业,再加上地处贵阳市周边,且园区气候温和湿润,温度变化不大,游客都慕名前来。

时光贵州位于贵州省会贵阳市周边的清镇市,属于贵州省的交通枢纽,因此交通通达度较高,距离喷池繁华商圈只需约20分钟车程,距离贵阳火车站只需25分钟车程,距离龙洞堡机场经环城高速只需约35分钟车程,坐801路公交经双向八车道市政干道金清线到达时光贵州,清镇2路、6路途经时光贵州,无论乘坐哪一路线都比较方便,而且相比其他景区乘车所用的时间短。

(二)整合本土文化,免门票吸引游客

时光贵州是根据贵州省的历史移民屯堡文化,以民国时期老上海的海派建筑风格为载体而建立的,景区可免门票进入。景区内部有丰富的贵州历史文化,将镇远商屯八大"会馆文化"、明清时期安顺军屯"屯堡文化"、贵阳官屯"建筑文化"、民屯"海派生活"等贵州各地的历史人文特色文化,星罗棋布的小商铺、茶楼,干净整洁的青石板街,以建筑的形态在景区内一一展现出来,赋予景区更加丰富精彩的文化内涵,如瑞士因特拉肯、云南丽江一般悠然宁静。游客在景区体验旅游、休闲的过程中,能够切身寻味贵州历史文化的丰富内涵,能够切身体验历史文化,因此景

区文化容易被游客认知并接受。

(三) 景区文化特色鲜明,游客切身体验穿越

时光贵州的周边环绕着花溪十里河滩、湿地公园、百花湖、红枫湖等一系列旅游景区,时光贵州拥有独特的文化、独特的风景,与这些景区之间文化属性不同,因此这些景区并不能与时光贵州形成竞争,而且周边的景观还会为时光贵州带来不同程度的游客资源。时光贵州的建筑展现的是民国时期的海派建筑文化、明清时期的屯堡文化,打造的时光走廊将游客引入了贵州的屯堡文化记忆中。会馆文化是以餐饮业态、娱乐休闲的形式来展现,威清门的耸立,江南记忆的风情,贵州的龙化石,名人故居,以及刻在墙上的屯堡民居的建筑、服饰,独特的娱乐方式等,使游客进入了另一个光怪陆离的世界。漫步在时光贵州的长街里,轻抚着铜色路灯,有着微醺的香味,使游客仿佛从现代瞬间穿越到明清时期享受屯堡文化的氛围,体验屯堡生活,从而广泛吸引游客的到来。

(四) 位于人口密集区,消费市场潜力大

时光贵州的周围景区环绕行政服务中心,紧邻筹备中的贵州省重点中学清镇一中,容纳37所高等职业院校近30万人口的贵州清镇职教城,人流量大、人口聚集,再加上每年约500万人次的贵阳城郊旅游客源,以及年均800余万人次的贵州西部旅游人群,使其拥有广阔的消费市场潜力。

(五) 园区基础设施较完善,注重提升管理人员素质

时光贵州园区的基础设施较为完善,入口处设有游客服务中心,景区设有地上、地下停车场,停车位近千个,免费供游客使用;园区内部分布着便利店、自动取款机、药店等,示意图、指路牌清晰明确,使游客能够很好地观赏。另外,住宿是园区必不可少的基础设施,时光贵州拥有各种具有民族特色的生态客栈、精品温泉度假酒店可供游客选择。景区内部文化景观丰富,如民族文化博物馆等。

为了能够更好地管理时光贵州景区,培养精英管理人员,贵阳荣益商业管理有限公司每年都有针对员工的技能培训和支持优秀员工外出的研习研修的机会,公司管理层每年都有前往国内旅游开发比较成功的景区参观考察学习交流的机会,且相关学习费用都由公司报销。

二、时光贵州发展劣势

就时光贵州的发展状况而言,存在的问题主要是管理和服务水平:

(一) 卫生管理水平亟待提升

时光贵州的卫生管理问题是阻碍其发展的劣势之一。据调研了解,园区内负责打扫卫生的工作人员是园区从卫城古镇抽调而来的,园区内暂时没有环卫人员。再者,虽然在景点内部的各个地方都设置有垃圾桶,但在园区内部的废水乱排乱放问题依旧突出,以致部分街区的卫生状况不好。

(二）安全管理有待加强

安全管理是每一个园区正常运营的重要环节,因此园区做好安全管理是必要的条件,也是保障园区持续发展的重要条件。在时光贵州园区内,安全管理成为了其发展的劣势,主要表现在:百花湖周边没有人员管理,湖泊周围没有防护栏甚至没有相关的警告牌和提示语等;园区内部分景点仍然在施工中,但其游览区和施工区没有明显的隔离,造成安全事故的影响较大。

(三）宣传力度比较薄弱,宣传渠道比较落后

宣传对于新开放的园区有着重要的作用。目前,时光贵州的知名度虽然有较大提升,但相比黄果树瀑布、龙宫、小七孔等景区仍有较大差距,即使是与青岩古镇相比也有一定的差距。这是由于其宣传渠道比较传统,宣传力度比较薄弱。因为宣传广告难以吸引游客,仅仅是在贵州省内部分地区有一定知名度,因此景区需针对存在的劣势,积极采取措施,加大园区的宣传力度,以吸引更多游客到来。

三、时光贵州发展机遇

近年来,随着文化产业发展,文化旅游业也在蓬勃发展。而时光贵州在这种发展的大背景下,也迎来了良好的发展机遇。以下主要从政策倾向、大数据时代、高铁时代以及文化产业发展4个方面来分析时光贵州的发展机遇。

(一）政策性倾斜较大,政府支持力度加大

政策支持是旅游业发展中必不可少的部分,能够为园区建设带来了较大支持。我国政府高度重视旅游业的地位和作用,2012年国务院出台了国发〔2012〕2号文件,提出了建设以"贵阳-安顺"为核心的黔中地区,推进贵阳市安顺经济一体化发展,打造具有国际影响的原生态民族文化旅游区。① 我国不仅颁布了《中华人民共和国旅游法》,也出台了《国民旅游休闲纲要》,制定了一系列有益的政策,坚持以推动旅游业发展为主,旨在为发展人民满意的现代服务业,从而迎接大众旅游时代的到来。而时光贵州作为一个微缩型的旅游园区,这些政策能够带动园区及周边的经济发展。

(二）大数据时代的来临

大数据产业的出现成为贵州省旅游产业必不可少的一部分,为贵州省旅游产业发展带来了巨大的发展机遇。大数据产业发展,对时光贵州园区发展具有实际性意义,例如,大数据应用能够实时对景区预测旅游高峰、旅游景区的接待情况进行数据监测,也能为游客提供交通监测数据。大数据产业博览会定期在贵阳市召开,也为时光贵州园区借力博览会平台进行宣传提供了重要机遇,从而为园区带来更多的游客量。大数据产业发展及逐步利用,有效地带动了贵州省的经济发展,也

---

① 金玉龙,姚利红.打造东方瑞士因特拉肯"贵州版":清镇市"时光贵州"生态文化旅游小镇探秘[N].贵阳日报,2014-08-13(7).

更好地带动贵州省的旅游业发展。

(三) 高铁时代的来临

随着贵州省经济的不断发展,交通的便捷化也促进了贵州的旅游业发展。目前,贵州省的高铁建设在不断地扩大范围,也不断地向各个城市迈进,方便快捷的高铁增加了游客的兴趣,贵州省高铁时代的来临,弥补了贵州省在历史上较长一段时间内交通不发达、信息闭塞的弊端,从而使游客节约了到达旅游景点的时间,带动了游客旅游的热情。

(四) 贵州文化产业即将迎来大发展

贵州省是一个文化资源和自然资源都极为丰富的西部省份。随着文化产业的发展,贵州省文化产品及服务逐步增多,越来越多的人抓住贵州的资源优势并将其转化为经济优势,不但有利于促进贵州省的旅游业发展,也给旅游市场发展带来了很大的提升空间。

2016年,贵州省通过CNN(美国有线电视新闻网)、纽约时报、法国国家电视二台等国际主流媒体在全球进一步打响"多彩贵州"品牌,贵州省有关单位与CNN、FOX(福克斯广播公司)就"多彩贵州"对外传播和旅游推介签署战略合作框架协议与合作意向书,贵州还先后组织开展了面向澳大利亚、新西兰、韩国等国"山地公园省多彩贵州风"的旅游文化推介活动。与此同时,贵州省着力打造"云上贵州·智慧旅游云",国家旅游局数据中心也落户贵州,"快旅慢游"服务体系加快构建。"十三五"期间,贵州将努力成为国内一流、国际知名的旅游目的地。① 无疑,这一系列表现将会为贵州的旅游业带来大的发展,同时也为时光贵州的发展带来良好机遇。

四、时光贵州发展挑战

目前,西部各省区旅游市场的竞争激烈程度逐步增加,各地旅游市场开发的热情也日益高涨,以至处于发展初期的时光贵州景区也面临着各种挑战。

(一) 周边景区的竞争

青岩古镇是时光贵州周边同类的旅游景区,青岩古镇的存在为时光贵州古镇带来很大的挑战。对时光贵州而言,青岩古镇是一个已经相对成熟的景区,而时光贵州作为一个刚开发不久的园区来说,在管理和服务水平上与青岩古镇相比还有一定的差距:一是青岩古镇经营管理方面远比时光贵州镇做得好;二是青岩古镇的知名度与时光贵州相比更高;三是青岩古镇的文化景观与时光贵州相比不同且丰富,在吸引游客方面上有很大优势。因此,若游客在时光贵州和青岩古镇两个景区作出选择时,多数游客会选择青岩古镇。

---

① 杨云."多彩贵州"深入人心 贵州旅游"渐入佳境"[N/OL].[2016-12-19]. http://www.chinanews.com/life/2016/12-19/8098365.shtml.

(二) 外来文化的竞争

时光贵州的文化属性是本土文化,是结合本地文化而打造出来的旅游景区,容易被本地游客接受的同时,也面临着较大挑战。2016年,贵州省逐步引进并开发建设了部分外来文化为主题的旅游园区,如在贵阳市多彩贵州城内打造了贵州第一个大型海洋馆,其文化内容是贵州省所不具备的,对游客具有很大的吸引力,与时光贵州形成很大的竞争,其竞争优势有主题文化新颖、交通状况良好、紧邻大城市文化消费人群等。

第四节 时光贵州未来发展路径研究

作为一个以贵州的历史记忆为文化主题的文化园区,时光贵州已经进行了前期卓有成效的探索,并成为贵阳市及周边省市居民游览的理想目的地。在贵州省大力实施"全域旅游"的战略中,时光贵州应努力从丰富产品设计、增添文化内涵、加大基础设施建设力度等方面入手,提升自身的核心竞争力,使自身成为一个真正承载"贵州记忆"的文化园区。

一、紧扣主题文化,启动三期工程建设

为游客提供更加丰富的文化内容、更加完善的基础设施,是每一个景区所期待的。因此,时光贵州要为游客提供更加令游客向往的景观,就要将主题文化和周边自然资源结合,建立一系列娱乐及文化设施。首先,时光贵州是贵阳市首个以文化传承为基础的休闲旅游主题商业区,从2014年3月建设一期工程到2016年10月建设二期工程,昭示着园区目前还处于发展初期,要想继续扩大工程建设,必须制定科学合理的园区发展规划,逐步启动三期工程,充分利用时光贵州位于百花湖和红枫湖之间的优势,开发水上实景演艺项目;其次,利用自然资源,在园区建造一系列的休闲娱乐设施,满足游客休闲娱乐的需要。

二、构建公共文化基地,借助承担公共文化职能提升知名度

时光贵州是免门票进入的园区,蕴含着丰富的历史文化,要构建公共文化基地,并借助承担公共文化职能来活跃园区氛围,提升知名度。从目前来看,可以主要从以下几个方面来做:一是与慈善机构、新兴媒体合作,加强园区正面形象建设,如开设相关基金会与慈善机构合作,通过类似方式提高正面形象,园区应该坚持诚实信用的原则,向有关人员明确其实施公益营销的目的,在执行公益营销的过程中,应诚实履行承诺,遵纪守法;二是应在园区内部举行展览、讲座、演讲、民俗节庆

等文化活动,推动高校及社会各阶层人员增加认知度,提高时光贵州的知名度,将园区的"贵州故事"以讲座或展览等形式展示给游客,吸引游客目光,并满足游客的各种合理化需求,从而提高游客兴趣;三是在不同季节,设立不同的独具特色娱乐活动来吸引游客到来,针对游客喜好,时光贵州可利用周边游客较多,地理位置在百花湖和红枫湖之间的优势,根据不同季节在园区内举办各种有趣的活动,提高游客对时光贵州兴趣,例如在夏天举行水枪大战、秋夜举行枕头大战等互动性较强、参与度较高的活动;四是与更多高校加强合作,以传承、宣扬历史文化为主题,提高景区知名度,并带动景区发展,把时光贵州打造成为贵州省省级文化产业示范基地。

三、加大资金投入力度,完善相关基础设施

基础设施是为游客提供保障的最基础设施,因此,必须加大对基础设施的资金、人力、物力的投入力度,为游客打造基础设施完善的、安全的园区。首先,园区要加强物力的投入力度,保证对道路、广场、公厕、水电线路、路灯、座椅、监控等公共设施进行系统的定时的检查和维修,有效地保障景区环境安全优美,在检查和施工过程中还应保证景区施工区与旅游区的隔离,保证游客安全和景区环境的美化;其次,加大财力的投入力度,园区在修建中应更加注意防灾减灾,对河道或易危险滑坡地带及时进行清理疏通和做好安全工作,建设应急避难场所,最大限度地保障游客的安全;最后,应加大人力的投入力度,安排专业工作人员定时对景区的设施进行维修和保养,以确保游客的人身安全。

四、合理利用创意资源,延伸文化产业链

时光贵州内打造了多种历史文化,会馆文化、屯堡文化、建筑文化及海派摩登文化融合在一起。因此,园区要将合理利用历史文化与现代时尚元素,从满足顾客的需求出发,加大文化创意产品的创新力度,延伸园区文化产业链,可主要从以下两点出发:

(一)注重产品文化创意

创意是开发文化创意产品的核心,园区内要注重文化创意产品的创新,做到具体问题具体分析:一是园区内有少数的陶器店,但随着经济的不断发展,旅游园区出现了各式各样的手工艺品。因此,园区内的陶器店要充分意识到要在旅游市场生存发展,促使陶器艺品工艺得到发展并为大众喜爱,就必须进行市场调查,以游客的需求为导向,充分将现代社会的流行时尚元素与传统陶器手工艺相融合,从而使陶器手工艺品符合社会的大众审美观和品位,以迎合游客的喜好。园区陶瓷店应积极引入陶艺美术大师,将陶瓷工艺品以符合游客需求、为游客所喜爱的崭新形态呈现在大家面前,引领全新的时尚潮流,使其更具景区特色。二是时光贵州内有

蜡染店铺,可园区内游客数量较少,贵州又是个少数民族地区,蜡染店铺可结合少数民族文化,在图案和颜色方面做出改进,去粗取精,适当地结合现代元素去开发蜡染技术。据游客反映,店内的产品缺乏创新,只是一味地延续原有的技术和元素,已经难以跟上现代人的审美眼光。因此,可以在店内设置体验区,游客可以在体验区观看和参与蜡染制作,提高游客的兴趣和积极性,这可大大促进蜡染的传播,也可提升该景点的游客量。

(二) 注重科技与文化结合,打造新的文化旅游创意形态

文化园区的发展离不开内容创新,也离不开技术进步和创新。科技是推动文化产业发展的力量,文化与科技的融合,无疑将会为文化市场打造出新兴的文化旅游形态。科技的进步为文化园区提供了新的传播手段,同时也使文化以新的表现方式展示在游客眼前。文化创意园区的创新赋予了文化旅游创意产业新的内涵和意蕴。因此,时光贵州只有将历史文化创新与科技进步有机衔接,才能推动时光贵州不断向前发展。

时光贵州的手工艺品,不仅要增加产品种类,突出产品特色,使其具有极强的开发价值,还要不断提高产品的科技含量,提高产品的文化品位,提高文化创意产品——手工艺品在文化旅游市场中的市场份额。在现代信息技术不断发展的推动下,时光贵州应以历史文化和创意为核心,将传统的文化旅游产业与现代信息技术产业更加紧密地联系在一起,研发提供具有传统文化底蕴和现代表现形式的历史文化旅游创意产品和服务。如运用大数据等现代科技手段,可考虑打造以历史文化为主题的文化旅游创意园区,将地方历史文化、民族风情与大数据等元素创新组合,让旅游者在体验民族风情和穿越到历史中去旅游。

(三) 依赖于产品形象的创意、设计和宣传

旅游产品的文化符号是无形的、抽象的,是以文化创意为核心而打造的,所以旅游产品的发展要依赖于产品形象的创意、设计和宣传,通过旅游产品,加大对时光贵州景区的宣传力度。另外,完善景区产业链条,充分挖掘景区潜力,时光贵州年平均人流量达到 500 万左右,随着游客对各种景区慢慢地产生审美疲劳,越来越多的游客不仅愿意选择那些更奇特、新颖的旅游景区,而且游客更多青睐那些具有综合性特征的旅游地和旅游项目,这为时光贵州带来更多的外来游客。时光贵州未来发展具有无限可能和很大潜力。在此基础上充分地完善景区的设施和加强各种产业的链接,为时光贵州提供更大的提升空间。

五、传统媒体与新兴媒介相结合,进一步加大宣传力度

随着社会现代化进程加快,贵州省也迎来了良好的发展。要想提高时光贵州的宣传力度,就要把握时机,利用新兴媒体进行宣传。

(一) 将大数据寓于宣传之中

大数据应用,推动了贵州经济发展,也极大地推动了贵州省旅游业发展。贵州

省是少数民族聚集地,拥有浓厚的文化氛围,因此要依靠政府主导,获取清镇市政府甚至贵州省政府的强烈支持,推广以及大数据的应用。宣传必须要有着重点,围绕景区的主题文化,充分展现出自己的特色,旅游市场中各景点少不了休闲、娱乐主题的景区,因此各景点积极确定自己的宣传主题,通过确定文化主题,开展广泛的各类宣传,积极进行请进来或者走出去宣传,在目标市场上加大推介力度,利用大数据进行全方位、多层次、多方向的详细宣传。

(二)新兴媒体与传统媒介相结合,加大宣传力度

要加大景区宣传力度,提高景区知名度,就要注重新兴媒体与传统媒介的结合。一方面,要跟随时代步伐,充分利用新兴媒介,新兴媒体主要包括微博、微信、贴吧、官网等,要积极在各个平台上投入广告,加大对景区的宣传力度,吸引更多游客到来;另一方面,传统媒介主要包括电视、公交车、报纸、报刊、杂志等;移动电视具有覆盖广、反应迅速、移动性强等特点,除了传统媒体的宣传和欣赏功能外,还具备城市应急信息发布功能,因此,除了电视广告,还应积极在其他传统媒介平台上投放广告。

(三)与周边景区共同宣传,提高游客的认知程度

随着百花新城和贵安新区等一系列的规划项目落地,时光贵州周边将形成围绕百花湖和红枫湖的超级城市集群。另外,贵阳市将围绕两湖建设环湖走廊。届时将沿湖修建车道,可以举办国际性汽车拉力赛,也可以沿湖举办毅行活动,市民可以在湖边感受品质慢生活,品尝拉菲或茅台酒的高品质生活。

六、依托大学生消费群体,丰富园区民俗节庆活动

旅游节庆活动依赖于不同人群参与节庆活动的积极性和活跃度,举办方、商家、当地群众都能充分地了解时光贵州的风土人情,为时光贵州周边的具有特色的特色产品提供更广阔的市场空间和更多的交易平台,这就要依托于大学生消费群体,园区内要积极吸引群众和商家参与,也要吸引广大外来游客参与,注重游客得到休闲与精神的满足,因此时光贵州应坚持以游客的需求为导向,以文化产品为载体,根据各个时间段的节日点,结合园区自身的发展方向以及所要发展的特色,依托于大学生消费群体,为游客打造专属的、有特色的、有吸引力的民俗节庆活动,也可注重虚拟的与现实的相结合,为园区营造浓厚的过节日的氛围,同时拥有丰富的旅游、观光、文化活动项目以及良好的环境,从而丰富景区民俗节庆活动,推动园区发展。

第十章　草原文化的保护与利用：以高坡景区为例

随着城市化进程的加快,乡村旅游也慢慢发展成为比较主流的旅游形式,基于城乡一体化建设和农村可持续发展的理念,乡村旅游正在全国如火如荼地进行。乡村旅游资源的开发不但有利于发挥乡村地区的自然生态优势,而且还可以助推城市化进程中精准扶贫等问题的解决。草原文化等生态文化同样是贵州省文化的重要组成部分,如何利用绿色的生态文化资源,实现当地社会效益与经济效益的"双赢",是贵阳市在城市化进程中要解决的重要问题。本章以高坡景区为例,探讨草原文化的创意性开发与利用,实现自身文化经济一体化发展的现实问题。

第一节　高坡景区的创意性设计

随着"高铁时代""大数据时代""轻轨时代"的到来,贵阳市的城市化进程逐步加快。高坡乡村旅游发展已经迈向关键时刻,如果高坡能在城市建设、产业升级、生态旅游等方面抓住机遇,寻找突破口,那么高坡必将可以借机成为贵阳市发展"山地旅游"和"全域旅游"的热土。

一、高坡景区发展的基本情况

花溪高坡位于贵阳市东南端,距贵阳市约 51 千米,距花溪区政府所在地约 31 千米。从贵阳市中心出发,经花溪、青岩、黔陶至高坡约需要一个半小时的车程。高坡乡属高寒山区,最高海拔达到 1712.1 米,北高南低。北部为高山台地,高坡之所以得名,大抵由此。高坡乡地势独特,整个乡村散落在一个渐次升高的山坡之上,山谷中隆起很多平台,四面则是峡谷深陷,为典型的喀斯特地貌。

高坡乡自然风光优美,旅游景观可分为 4 条线 17 个点,有峡谷、石林、草场、多级瀑布、天然大盆景、万亩田园等景观,属于典型的喀斯特地貌,大小溶洞随处可见。其中,高坡乡的总面积达到 107.4 平方公里,是一个颇具游览价值且民族风情浓郁、名胜古迹独特、田园和自然风光秀丽的旅游之乡。

目前,高坡主要景点有云顶草原、云顶滑雪场、红岩峡谷3个景区,景点位置按从花溪到高坡的路程远近来划分的话,是先到达红岩峡谷,其次到云顶滑雪场,最后到云顶草原,其中,云顶滑雪场与云顶草原相距比较近,且距离红岩峡谷约10千米。

(一) 贵阳市高坡景区的主要景点

高坡作为贵州省著名的旅游景区之一,它所特有的景区环境及草原风景是其闻名于世的一个主要原因,因此高坡景区主要是以其独特的草原文化作为景区的品牌经营发展。

1. 贵州云顶草原民族风情园

贵州云顶草原民族风情园位于素有"城市明珠"之称的花溪境内,占地面积约为2000亩,海拔1600多米,造就了其独特的气候条件。距离花溪约32千米,是一个集休闲娱乐、美食、避暑及民族文化欣赏为一体的综合性民族乐园。云顶草原的特色在于云顶草原气候独特,纯天然的自然环境,浓郁的民族风情及典型的喀斯特地貌,周围大小溶洞随处可见,凭借其高海拔的地势,使得每年的平均气温在15℃左右,其中,1月平均气温多在-5~0℃,偶尔还会产生"雪原"这一奇特景观,7月平均气温也仅在20~22℃之间,夏季气候清凉,是贵阳市及周边省市游客夏季旅游避暑的必经路线之一。

目前,云顶草原还展开了多种类型的旅游活动,如骑马、射箭、草地越野车以及民族篝火晚会等。

2. 贵阳云顶滑雪场

贵阳云顶滑雪场是贵阳市开展的以滑雪、滑草为特色旅游景区,是集娱乐、美食、会议、垂钓、滑雪拓展培训学校为一体的体育休闲主题乐园,也是贵州地区唯一提供四季滑雪的运动场所。雪场采用美国知名厂商的造雪设备和国际先进的旱雪技术,确保滑雪爱好者在一年四季都可以享受到滑雪运动的乐趣。它所采用的先进的电子收费系统、合理的计时方式和优质体贴的全方位服务,不仅给游客提供滑雪乐趣,还使得游客享受到了更多人性化关怀。不仅如此,云顶滑雪场还拥有强大的专业滑雪教练阵容,为游客在动作和技术上提供规范、细致的指导。

云顶滑雪场主要建有大型室内、外滑雪区,其中,包含初级滑雪道、中级滑雪道、雪圈滑道、雪地摩托道、冰雪DIY、欢乐戏雪区、雪具大厅、蓄水池、餐饮、娱乐配套设施以及大型停车场等项目,占地面积约180亩。其独特的自然环境使得滑雪场可在一年四季经营,且娱乐设施齐全,是距离贵阳市区最近的滑雪场地,不仅可以露营,吃到美味的烤全羊,欣赏雪景,还可以体验滑草和滑雪相结合等娱乐方式。

3. 红岩峡谷

从巅北进入峡谷,峡谷内岩石赤红,所以被称为"红岩"峡谷。谷长10多千米,深约500米，峡谷内红色石壁处处凸现，谷中植被茂密，并有三叶杉等珍稀植物生长，两侧悬崖峭壁，登悬梯上谷南顶，有高山平地，深秋时节，满山盛开的红色枫叶，让游客颇有"霜叶红于二月花"的意境。而临近峡谷旁有一寺庙，称作灵应寺，终日青烟袅袅，层次梯田风光与峡谷美丽风景交相辉映。红岩峡谷是集高原、梯田、峡谷、溶洞等自然景观为一体的旅游景区，地理位置优势，资源丰富，且交通便利，是独具民族风情的旅游场所。

（二）高坡景区的特色卖点

高坡乡三大景区不仅环境保护状态完好，且远离城市喧嚣，风景怡人，为较多游客自驾旅行的绝佳去处，其特色卖点也具有独到之处。

1. 绿色休闲

在空闲时间能去农村居住、度假，获得一种全新的生活方式是现代人们所追寻的绿色休闲和度假旅游。而高坡恰恰可以满足游客这一需求，在高坡乡规划修建暑假度假山庄和少数民族风情园等景区，为城市出游的人们提供一个舒适的放松的环境。在这里可以根据游客需要举行大量文化性、知识性、技术性的活动，让游客在闲暇时间做到真正地身心放松、享受大自然。现今，它在原有的草原旅行、滑雪以及峡谷探险的基础上加入一些新的项目，例如骑马、射箭、围棋等活动，不仅给经常在城市中忙碌的游客提供闲暇、休闲的活动方式，还可进一步提升人民群众保护和关爱环境的绿色生态意识。

2. 劳作体验

旅游业的发展最终是以经济发展为目标的，如何能够提高当地村民的收入和生活水平才是最根本的问题。将高坡现有的梯田规划成农业体验区，既可以给长期在城市居住的游客体验自然与田园交融的劳动方式，又可以满足游客对农具和种植的好奇心。

与传统的农业劳作不同，高坡乡村旅游规划着力提高旅游的可参与度，更多的是体验式农业，承包景区相邻田地开展农业体验区，在观光、购物、品尝等经营形势的基础上，发展采摘、租赁、参加农业活动等新的经营形式。农户可将农田划分为不同大小的地块，租给游客，平时由农户种植，周末游客可以来体验田园风光，利用农户所给的农具身体力行，从中体验农业生产的乐趣。

3. 农家乐

贵阳市高坡景区的商品定位是采取中、低档相结合，且餐饮服务突出地方饮食文化，并力求休闲、娱乐、餐饮一体化，积极地开发出富有民族特色、地方特色和时代特色的风味食品，促进饮食服务业等第三产业的多元化发展。高坡利用农村现有的野生菜打造特色菜馆融入景区餐饮，野生菜具有原汁原味的乡土风味，是当今时尚的"绿色食品"之源，可以利用高坡的特产的产物，饮食作为旅游要素中的重要组成部分之一，让游客可以吃到独特的当地农家菜，或者是令人怀念的家乡菜。

其次,高坡可推出自己的特色红米。"高坡红米"较为有名,煮熟后色泽红润,香气袭人,入口糯软爽口。大力宣传红米等特产,并推出有机农产品生产,发展高坡高品质红米,加大生产规模,从而推动高坡特色有机食品基地建设。因此,发展高坡特色红米不仅可带动当地种植业发展,还可以加快高坡特色产业健康发展,从而提升农民收入,解决就业等问题,促进当地经济水平的快速发展。

(三) 高坡景区的发展阶段

目前高坡景区正处于混合经营发展初期。云顶草原是属于个人承包制,管理、服务人员较少,几乎都是一人身兼多职,售票和安保人员都是同一人。虽然开发时间久,但一直保留着原始的管理模式。盈利来源主要为门票收入,但由于私人开发所形成的景点,地理位置偏远,无外来人员的投资,管理人员学历不高,也没有专业的景区管理经验,因此草原没有得到好的发展。另外,景区内开设的骑马项目,所用马匹是当地居民喂养,并没有经过专业训练。

云顶滑雪场目前计划在园区内修建宾馆。自开放以来,云顶生态旅游一边开放运行、一边完善设施。道路、围墙以及部分办公用房已竣工,征地工作也已完成,建设内容主要是旅游景区基础配套设施,如酒店、宾馆、旅游接待中心、旅游娱乐中心、停车场、旅游观光车道、峡谷观光便道、旅游公厕等公共基础设施,着力打造出独具特色的生态旅游、乡村旅游。

(四) 高坡景区的主要客源市场

由于景区的知名度不高,主要是在贵阳市内进行宣传,因此高坡景区的客源主要来自贵阳市区内的居民以及在校大学生,年龄段在20~50岁,其中25~35岁为主要人群,大多为学生、公司职员和个体户。高坡景区的各景点分布范围较广,并且各个景点间的距离相隔较远,所以推荐自驾游,不仅可以观赏公路两旁成片的油菜花和金黄的稻谷,还可以观看千亩梯田带来的壮观美景。

二、高坡景区产品整体设计

景区的整体设计是高坡整个园区的文化体现和反映,并且对游客具有强大的吸引力,以下主要从高坡最主要景区的基本情况、景区的管理和宣传以及景区服务进行了解。

(一) 高坡景区的整体设计

贵阳市云顶草原地理位置独特,与周边山脉相对脱离,在驱车前往草原的路途中会经过一片天然林场,可以领略到大自然的原生态气息。云顶草原基础设施配备完善,目前,云顶草原已经建有约2千米的机动车道、12栋圆顶蒙古包、1座综合演艺厅以及配套用房,能同时接待上百游客。

贵阳云顶滑雪场占地约480亩,目前已建设完成长度约260米初级滑雪道两条,长度约300米中级滑雪道两条,长度约150米雪圈道8条,雪地摩托区约3000

平方米,水域面积约45亩的水库一座,水域面积约1500平方米的游泳池一个,能同时停放1200辆车的大型停车场,容纳1000人的接待服务中心大厅约3500平方米,并且滑雪场还配有旱雪场。其中,雪场配置了美国SMI进口雪炮12台,瑞士ARECO雪炮8台,大型进口压雪车一台,雪地输送魔毯两条共420米左右,并从北京引进具有多年雪场管理经验的优秀管理团队,以优良的雪质、一流的服务、良好的设施为顾客提供一个很好的滑雪运动休闲度假场所。①

红岩峡谷,其名得自于峡谷中出产的红色岩石。红岩峡谷谷峰相对高差约450米,河谷长度9千米左右,基本上是东西走向。峡谷中有两个潭,位于上游方向的叫小龙潭,面积约70平方米,下游一端的叫大龙潭,面积较之小龙潭稍胜一等。小龙潭和大龙潭之间相距约600米,都处在中段。

(二)高坡景区整体管理与宣传

随着我国人民经济水平的不断增长,旅游消费占家庭的消费比例也在不断扩大,人民对物质与精神的追求也不断提升,因此游客对于景区品质的需求也随之攀升。在旅行中,期待在景区旅游过程中获得高品质的旅游体验,因而景区管理的良好与否就决定了是否能增强旅游景区的竞争力。

旅游景区管理,是指在景区中,管理者通过有效地组织人力、物力、财力等多种资源,达到预定管理目标的过程。旅游景区管理主要可分为风景区日常经营与管理、人力资源管理、风景区财务管理、风景区旅游信息管理等多个部分,不论哪个环节出现问题都会影响风景区的整体竞争力。近年来,虽然我国主题公园类景区在管理方面积累了一些经验,但同时也暴露出较多问题,与国外发达国家的管理相比还有较大差距,这些问题的出现制约着景区竞争力提升。

目前,高坡景区管理呈条块分割,各个景区负责、管理与运营也都各不相同,且管理人员组织人数过多,呈现出一职多人的现象。而在景区的经济收支上则采用事业单位经营制度,政府不对景区进行经济扶持,要求景区自负盈亏,却要其承担地方经济支出等负担。在宣传方面,高坡景区主要是依靠网络以及媒体宣传,或是根据微博宣传、微信公众号、人口相传等方式得知高坡,在特殊节日开展相关节日活动,再依靠媒体以及网络的宣传推广,吸引游客到此参观游览,从而进一步提升景区的知名度与游客吸引力。

(三)景区服务

由于高坡景区只有一个出入口,且有相应的管理人员进行秩序维持,游客们统一在售票处按先后顺序进行购票后方可进入园区。景区的主要售票方式是人工售票,且门票的设计较为合理,美观大方。同时,在景区的入口处还为游客提供了密码柜,用于存放私人物品,并在距景区入口处约300米,有为游客提供免费停车场。

---

① 马丽娅.高坡云顶滑雪场开放,市民可在市内乘免费直通车前往[N].贵州都市报,2017-01-01(A04).

而在景区的餐馆可以品尝到极具草原文化的食物以及其他各类小吃,如各种羊肉、猪脚火锅和各种农家小吃以及在路边或草原上的露天烧烤等,也有相对高档的餐饮区,为游客提供多种选择。其次,园区还为游客提供了在草原上安营扎寨的帐篷和房车,房车费用为600元/天,车内配有电视、卫生间、床、衣柜、灶台、桌子等,并且为租住房车的游客提供早餐和体验票滑雪1小时的免费套餐,而租住单人和双人帐篷的费用分别为80元/天、100元/天。高坡景区整体的基础设施服务相对完善,景区内的垃圾筒、路标、指示牌、示意图比较明晰,与园区所体现的主题文化也相对一致。其中,景区的卫生情况相对较好,主要对景区卫生负责打扫的人员在年龄与性别上并没有限制,都为景区周边居民。而在景区的餐饮区,每层都为游客提供洗手间,在女性洗手间也进行了独特性的设计,空间较大且布局合理,并配置有淋浴间。

综合来说,景区的各项设施正在不断地建设完善,为游客提供一个良好的旅游环境和条件,对旅馆、科学普及、医疗卫生、社会保障以及环境保护等领域也在进一步加快建设中。

第二节 高坡景区发展基本模式

高坡属于贵阳市的一个少数民族自治乡,并不是一个单纯的旅游景点,且高坡乡有着明显的混合型异质化旅游景点汇聚的特点,不同于贵州省其他景区,具有自己的独特景点。高坡集高坡云顶草原和梯田的田园风光,云顶滑雪场,大峡谷的红色景点以及悬棺洞葬等多种旅游景观于一身,不仅有多项旅游项目,而且还有政府在政策和资金等方面的大力支持,有着广阔的发展前景。

一、景区现有的文化旅游发展模式

(一)依托民族文化发展乡村文化旅游

高坡是一个典型的少数民族地区,它是一个布依族苗族自治乡,有着丰厚的少数民族文化底蕴,因此高坡有着独特的民族风俗习惯、生活方式、生产方式和民族特点等。严格来说,高坡就是一个少数民族人口集聚区,由于居住的居民多数为少数民族,因此民族文化底蕴深厚。其中,布依族的数量最多,其次是苗族。一段时间以来,高坡的地理位置是贵州省海拔最高的地区,路面崎岖,凹凸不平,道路老旧且常年失修,路况危险。所以不管是从贵阳市到高坡,还是其他地方到高坡都只有一条山路通往山顶,且交通工具只能选择乘坐小巴车,这就导致高坡乡的各种动态信息不能及时更新,网络上也没有关于高坡乡的完整信息,景区的宣传力度也就有所下降。从另一方面讲,也正是因为高坡交通不便和信息的封闭,恰好保存了高坡民族文化的完整性,减少被外界文化的冲击,保持了高坡乡所独有的民族特色和民族文化,再加上高坡村充分挖掘了现有的少数民族文化资源,不仅进一步激活乡村文化旅游的发展活力,依托其特有的草原文化与少数民族文化的相互结合,改善村民的居住环境,同时还能给景区周边的村民提供就业机会,使高坡乡的乡村旅游得到多元化发展。

(二)依托山水文化打造特色的草原文化景区

我国疆域辽阔,自然景观丰富多彩,更是蕴藏着丰富的自然资源和文化资源。山水文化正是我国人民认识自然、改造自然的产物,高坡亦是如此。高坡有着美丽的田园风光,比如梯田、草原、大峡谷等,再加上高坡地处避暑之都——贵阳市,拥有得天独厚的气候环境,造就其独特的山水文化。贵阳市高坡乡是贵州省海拔最高的地方,温度极低,风力极强,辐射强度很大,因此有旅游公司根据其特点投资建设了高坡云顶草原,并在云顶草原附近修建了一座可以滑雪和滑草的云顶滑雪场,形成了高坡乡独特的旅游方式和娱乐方式。同时,由于贵州省地处西南地区,常年气候温和,不易见到雪迹,满足了贵州省人民求新求奇的玩乐心态。贵州游客不出贵州省就可以感受美丽的雪景,凭借这一点就造就了广阔的消费市场。另外,由于高坡地区海拔高,风力极大,高坡景区便依据此特点在云顶草原上修建风力发电厂。而它的存在不仅给高坡民众的绿色生活和环境保护带来了许多便利,而且也在高坡形成了一道靓丽的风景线。

(三)依托乡村文化发展休闲文化旅游

如今,久居城市的人们越来越倾向于从喧闹的城市生活离开,回到幽静的乡村田园生活中放松身心,以乡村文化为基础的休闲旅游文化不断受到广大城市居民的青睐,因此乡村文化的大力发展正是迎合了广大城市居民的精神需求。由于高坡地理位置偏僻,交通和通信方式单一,对于外界信息的接收也稍显迟缓,所以高坡的乡村特色和民族文化都保存得比较完整,这也使高坡的乡村文化显得独具一格。在高坡景区居住着较多的少数民族,高坡有着苗族特有的风情,他们的语言、服饰、建筑、生活习惯都保持着古老而浓郁的习俗,高坡苗族会在"跳场""跳硐""四月八""斗牛节"和"吃新节"等民族节日进行庆祝活动,借机举行赛马、斗牛、对歌和芦笙会等表演,在这之中又以苗族的"四月八"最为隆重。在旅游旺季时,高坡景区会结合少数民族的特色节庆活动,在晚上为露营的游客准备晚会表演,表演的节目也具有高坡民族特色和乡村特色。这些表演不仅让游客感受到高坡独特的乡村文化,又能使游客远离城市的快节奏生活从而感受到乡村旅游的轻松惬意,还能让游客更好地了解到高坡的民族文化。

综上所述,异质化是景区发展的核心竞争力之一,异质化的实质是更新立异,只有通过创新,在技术、创造、销售和服务等领域找到突破口,另辟蹊径,找到自身的特殊之处，才能在市场上形成自己的特色之处，从而增强景区的竞争力，真正走上异质化的发展之路。而一个景区的核心竞争力正是在同质化时代有别于其他景区的异质形式表现。可以说，要在各地景区同质化时代探索异质化，就是要找到景区自身的核心竞争力。高坡景区是贵州省境内罕见的草原文化旅游景区之一，而在贵州省境内的各大旅游景区大多以公园文化、红色文化以及少数民族特色等文化为景区的主题文化，因此高坡只有通过创新，形成了区别于各大景区的异质化景区，以自身特有的草原文化为主题，标新立异，才能突出重围，在旅游市场上开拓出属于自己的旅游文化道路。

二、景区的发展经验

（一）注重宏观环境及衍生产业的建设

宏观营销环境指的是对景区营销活动产生市场机会和环境威胁的主要社会因素之一。分析景区宏观营销环境的目的在于更好地认识市场环境，再通过景区自身营销努力来适应社会环境及变化，达到景区的营销目标。

而对于高坡的宏观大环境，当地政府给予了大力扶持。针对高坡云顶草原的高海拔、低温度、强劲风力等特殊情况，政府选择在云顶草原附近的高处和风口处建设了风力发电厂，不仅使得高坡及高坡附近的居民和村落用电便利，还给云顶草原增添了一道靓丽的风景线。在通往高坡的道路状况不理想的情况下，政府积极地投入道路修缮中，使通往高坡地区的交通状况逐步得到改善。在高坡乡还有着一个知名度较低的红色文化景区红岩大峡谷，是一个极适合结伴远足的地方。当地政府为了提升红岩大峡谷的知名度，正大力并积极地修缮和进行后期开发建设，使大峡谷成为游客旅游观光和游玩的红色景点。

（二）坚持短期发展与长远发展

景区坚持短期发展与长远发展相结合。根据不同时期发展的不同需要进行调整，做到长远考虑、整体布局、科学规划。长期的发展方向与短期收益应该是一个相互促进的关系，也就是说景区的长期发展战略应该能够带动短期的发展，从而实现景区的收益。但是，景区盲目地追求短期效益或者脱离目前的发展实际，而追求所谓长远的发展战略是不可取的行为。市场的多元化造就了景点必须要适应新的市场机制下的发展规律，而在规划景点近期发展战略希望其实现盈利目标的同时，就应该考虑到景点长期发展能否在现有基础条件下进行转变和利用，否则短期的发展只能是成为限制景点长期发展的绊脚石。乡村旅游是以具有乡村性的自然和人文为旅游目标来吸引游客，以乡村的自然生活为依托，吸引旅游者前往景点进行放松、观光、体验等多形式的旅游活动，它所具备的鲜明浓郁的乡土气息和经济实惠的消费水平，吸引着城市的游客前往观光、体验，以乡村文化为旅游主题的景区具有游客可参与性强、游客重游率高等特点。

贵阳市高坡乡的旅游资源充裕，不仅有梯田等自然美景，还有丰富多彩的少数民族文化。近年来，贵州省在加快建设旅游大省的战略决策背景下，把乡村旅游作为贵阳市未来旅游发展的一项重要发展战略，并增加对乡村旅游的投入，提高乡村整体建设水平，逐步形成了一个比较完善的乡村旅游格局，不仅增加了农民的收入水平，还产生了较好的经济效益和社会效益。可以说，乡村旅游的建设发展，在一定程度上推动了乡村自然和历史文化资源的开发利用，但从长期发展的角度来看，乡村旅游是属于自然和人文资源的薄弱区，需要加大对旅游资源的保护。但由于当地群众思想观念的限制，对于乡村可持续发展的意识不足，使得乡村旅游资源遭到破坏，损害了乡村旅游发展的基本条件和可持续发展。因此，在高坡景区发展过程中，不应为了短期利益和发展而破坏景区生态环境，应该把短期发展和长远发展、景区发展和乡村旅游有机结合起来，使得景区能够可持续发展与繁荣。

（三）借民族民间文化助景区增长之风

高坡乡拥有 87 个自然村寨，乡内自然资源十分丰富，民间民族文化活动也丰富多彩，因此境内旅游资源丰富，旅游开发的潜力巨大。作为典型的布依族苗族少数民族村落，为了继承和发展少数民族优秀传统文化，增强民族文化素质，促进社会主义精神文明建设和物质文化建设，同时发展当地的旅游产业，贵阳高坡景区应在旅游旺季，积极开展少数民族元素的晚会表演活动。

高坡乡的传统民俗节日主要有四月八、苗族婚俗、射背牌、跳洞、斗牛、洞葬、悬棺、吃新节等。悬棺葬，是高坡苗族最古老的丧葬习俗之一。老人去世后，用棺材装殓后，将棺材置放在万丈悬崖陡壁的缝隙中，使之能见天光却又不遭雨淋。选择置放棺材的缝隙，均在笔陡的绝崖壁上，而且上下离地面和崖顶都有数十丈高，人兽不能及。在科技不发达的古代社会，村民的祖先是如何将棺材摆进悬崖绝壁的缝隙中的，至今仍然是个谜！高坡乡的水塘村，至今仍然能看到一处不知何年放置绝壁的悬棺葬。正是因为高坡独特的民族风俗，给高坡增添了一种神秘感，也给高坡地区的旅游景点增添了特色。除此之外，高坡还有其他富有民间文化特征的旅游娱乐项目，如云顶草原的骑马，云顶滑雪场的滑草、钓鱼等特色娱乐节目。高坡汇集了多个景区，且各个景区的娱乐项目都各有不同，各有特色，让游客尽情体验到了不同游乐项目。

第三节　高坡景区发展的现状问题

目前，高坡景区是贵州省发展草原文化主题景区的重要自然文化景区之一。它有着广阔的发展前景，但由于开发时间不久，且经营者缺乏对此类景区的发展运营经验,因此高坡景区仍旧存在着诸多的问题与困难,需要政府及学术界帮助解决和克服。

一、季节性变化明显,淡旺季游客差距较大

　　高坡是贵阳市海拔最高的地方。夏季正是草原植被长得茂盛的时候,天气晴朗,气温凉爽,放眼望去都为一望无垠的绿色,即使是晴空万里也不会太热,所以夏季去高坡游玩的游客比较多,客流量比较大。冬季则属淡季,相较夏季来说,云顶草原上四面空旷,比较寒冷,再加地理位置比较高,就使得冬季的草原游客稀少。云顶滑雪场是比较现代化的娱乐景点,基础设施相对于其他两个景点要好,云顶滑雪场景区提供有烤全羊、烤全鸡、烤猪排,还有其他烧烤类,另有各种自助餐、盖饭、盒饭等颇具高坡特色风味。然而,美中不足的是,由于云顶滑雪场受季节限制,冬季是游客高峰期,其余时间游客则相对较少。红岩峡谷游客游览数量通常集中在夏季,冬季是红岩峡谷的旅游淡季,由于冬季地面结冰,基本无人前往游览,而旺季峡谷凉风习习,树木葱郁,能给游客带来视觉和精神上的非凡享受。综合来说,高坡景区虽然具有独特的风景和气候优势,但也恰恰是其季节性变化的气候给景区的长远发展带来了不少阻碍。

二、景区的管理及服务水平亟待进一步提升

　　云顶草原的管理服务人员几乎都为一人身兼多职,如售票员身兼管理员、清洁工、安保人员等,这就出现了景区管理人员缺乏导致管理服务水平难以提升的现象。因此,在园区里时常出现游客逃票的现象,由于景区围墙拥有多处缺口,不自觉的游客便从此进入,且当地村民前往景区时也都通过小道进入景区,当有景区工作员巡查时就躲避在山上,或是趁工作人员未到上下班时间便迅速窜入景点游览,使得景区管理出现极大的安全隐患,也损失了一定的门票收入。其次,在旅游景区中一旦忽视了游客的体验度,便失去了在市场竞争中生存的最基本的发展条件。云顶草原和红岩峡谷主要属于自然风光,基本设施要求相对较低,因此,景区的基础设施建设策划和施工较为粗糙,难以打造出精品景区和高品质的旅游产品,不能为游客提供良好的景区体验度,因而降低了游客的景区重游率。

　　总而言之,高坡景区对于基础设施的建设与安全管理需要更进一步策划与提升,做到在为提供游客优质服务的同时排除一切基础设施的安全隐患,不断加强对景区的管理与服务。

三、宣传力度明显不足,缺乏多样化营销手段

　　旅游景区发展与否取决于景区游客量的增减,而景区的游客量增加主要是靠景区对外影响以及景区自身大力宣传所提升的知名度。因此,对于自然景观旅游

区来说,积极宣传提升自身知名度是景区发展的首要任务之一。由于高坡景区受到人力、资金以及管理意识等多方面因素的限制,使得高坡景区在对云顶草原、红岩峡谷以及云顶滑雪场等各个景区的宣传力度明显不够,再加上自身区位优势不明显,导致景区的知名度较低,未能在"高铁时代""全域旅游"时代到来时而大获其利。在现今网络与信息飞速发展时代,高坡的景区宣传仅仅只停留在高坡苗族乡人民政府的官方微信公众号中,而缺乏对其多样化的宣传营销手段。在未来建设发展中,只有不断地宣传出景区特色卖点,并紧紧围绕着"游客希望了解的"和"需要游客了解的"这两个重点,进行多样化、全方面地积极宣传,才能使高坡的各个景点走上快速发展的道路。

四、旅游纪念品研发力度不足,二次消费疲软

云顶草原是娱乐最为齐全的景点,目前草原开展了不少的旅游项目,如骑马、射箭、草地越野车、民族篝火晚会、草原山地自行车等,且受天气影响较小,能够在旅游旺季获取较多的旅游收入。红岩峡谷则保持有较好的原生态风光,风景宜人,但所在地形受天气影响较大,也存在安全隐患,且基础设施建设相对滞后。再加上这几个景点接受商业化程度低,所以它的市场竞争力较弱,因此对于旅游纪念品的开发力度还不够,没有旅游纪念品在景区内销售。同时受综合交通、环境和服务等其他因素的影响,使景区对游客的吸引力不足,降低了游客的景区体验度,难以提升景区的知名度,导致游客缺乏对高坡景区的向往,二次消费水平处于较低水平。因此目前高坡乡3个景点的绝大部分收入都来自门票收入。

五、旅游景区发展与精准扶贫工程亟待有效整合

由于高坡乡的信息、交通相对外界来说发展相对滞后,因此为了稳步推动旅游景区发展,并不断推进精准扶贫工程实施,促进高坡景区又好又快地发展,2015年6月,在花溪区、经开区扶贫开发工作推进会中,区政府副区长秦永康传达《中共贵阳市花溪区委、贵阳市花溪区人民政府、贵阳国家经济技术开发区党工委、贵阳国家经济技术开发区管委会关于印发〈花溪区、经开区2015年精准扶贫工作实施方案〉的通知》①的精神,并强调不仅要统一思想,充分认识精准扶贫工作的重要意义,还要转变观念,为高坡贫困村做好发展规划,齐心协力打赢扶贫与景区开发这场攻坚战。而对于高坡旅游景区的发展来说,要针对其自身的特殊性,从经济、社会和环境效益等多个方面考虑它的经营管理体制和改革路径,在对风景旅游区的开发保护同时,还要充分发挥景区的文化特色。2017年7月5日,贵阳市国家经济技术开发区产业发展局对高坡苗族乡贫困户开展"7+2扶贫"工作调查,突出解决

---

① 高祚文.齐聚力、强措施、抓落实、促扶贫[EB/OL].[2015-06-25]. http://www.hxxc.gov.cn/pages/show.aspx?id=15576.

基础设施、水资源利用等基本问题,并要求充分挖掘民族文化资源,突出民族特色,发展旅游产业,以产业带动高坡乡增收,促进景区发展和精准扶贫工程有效整合。①

第四节　高坡景区未来发展路径探析

为避免乡村旅游陷入同质化发展的困境,在进行策划时应该运用可持续发展的思想和理念,来指导贵阳市周边地区民族文化资源开发与利用的实践。针对高坡整体特色不明显,经济发展存在异质化竞争等问题,应从营销的视角对未来规划区内的两个景点进行定位。美丽乡村文化中的草原文化,私人开发型的草原走"文化＋创意"之路,开发为草场和滑雪场,以重点打造高坡的旅游产业,将乡村旅游、山水旅游、风情游相结合。

一、明确发展定位,进行多元化创意性宣传

高坡景区的几个主要景点由于缺乏统一发展规划,对于景区未来发展方向的规划以及自身的定位都不明确,且运营者对景点的宣传和创新力度不够,就导致景区的发展较为缓慢,缺乏对游客的吸引力。因此,高坡景区首先要明确自身主题定位,并不断加强对景区的宣传和创新意识,提升景区的知名度,增强景区的对游客的吸引力,从而提高游客对景区的重游率。

在提升景区对游客吸引力的同时,景区还应当明确自身景区的定位。由于云顶草原和红岩峡谷主要是受地理因素影响形成,所以主打自然风光更利于景点发展,而云顶滑雪场主要是利用现代设施来吸引游客,所以发展人文风光更利于景点发展。在具体发展过程中,充分利用好附近的民族文化资源,将民族文化资源和景区长远发展有效地结合在一起。再对景区进行多种形式的宣传,并积极开发出多元化的活动项目。如可以对主要的几个景点进行广告投入,在相关网站投放广告宣传语;借助大数据的优势,探寻贵州及周边各省游客热爱草原文化的具体群体、消费水平、收入水平等具体信息,推动"集体经济＋互联网"的发展路线,并对景区开发的创意性项目或活动在互联网上进行大力的宣传和推广。最后应当加大景区的招商引资力度,在促进当地经济发展的同时改善景区基础设施条件,从而加大对景区的宣传力度,提升景区知名度,以更有利于城乡之间建立长期的合作关系。

---

① 文林.王保健调研高坡乡精准扶贫工作[EB/OL].[2017-07-06]. http://www.hxgov.gov.cn/ztzl/fpggzls/21720.shtml.

二、开发专属旅游纪念品,扩大文化产业发展链条

现今,旅游购物越来越成为现代旅游活动中不可或缺的组成部分,因而形成的旅游收入也成为旅游经济中一种重要的组成部分。开发旅游纪念品,不仅能满足游客需求,还是景区培育新的旅游经济增长点和促进产业结构调整的重要途径。再者,旅游纪念品不仅是我国旅游产品的重要构成部分之一,还在我国旅游经济发展中有着独特地位。因此,开发创造出游客喜闻乐见的旅游产品,不仅能反映景区所在地区的自然与文化特色,还彰显着独特的审美价值,并且制作精良的旅游纪念品,对活跃旅游市场、促进地区旅游经济社会发展和塑造我国旅游景区的良好形象都有着重要意义。

目前,高坡的主要景点中开展有不少娱乐项目,如云顶草原开展的娱乐项目骑马、射箭、草地越野车、民族篝火晚会、滑草、草原山地自行车等,但是对于拉动景区二次消费的纪念品开发明显不足。高坡乡居住着苗族、布依族等少数民族,是少数民族聚居区,因此在部分景点中可以将少数民族文化与景区建设相融合,设立少数民族文化博览室。此外在景区内可以对少数民族手工艺品进行创意性开发和改造,丰富旅游纪念品的民族元素,扩大旅游纪念品的种类和数量,如可开发实用性、民族性和创意性兼具的民族服饰和民族文化创意产品等。相信通过引入民族文化,将会大大提高景区的文化内涵,增强景区的核心竞争力,在传承并传播少数民族文化的同时,提升了景点的产品质量和游览价值。

三、加大管理人员及服务人员培训力度,提升管理服务水平

众所周知,旅游业终究是服务产业。旅游业的市场竞争就是各景区服务质量的竞争,只有高质量的服务水平才能长久地吸引游客的注意力。而随着经济水平的不断提升,旅游消费观念的日益成熟,游客越来越追求高质量的生活或旅游品质,因此游客在衡量某个服务产品的价值时,已经逐渐把以往传统的"贵不贵"的消费观念替换成了"值不值"的消费观念。因而在景区服务中要尽最大能力为游客提供达到甚至是超出他们预期值的服务,为游客带来全方位的超值感受,从而提升他们对景区的满意度,并为游客营造舒适、文明、和谐与自然的旅游环境,提升游客对景区的评价,提高游客的重游率。

在针对高坡的景区管理中,管理者应当积极加强对景区建立分类管理模式,对不同的景区选取不同的管理模式,以期达到最有效的管理效果。其次,对于景区的管理人员应当有针对性地对其进行技能培训,如素质意识培训、服务意识培训以及职业道德培训等等,并要求新员工尽快熟悉岗位职责和所在岗位的有关规章制度,适时对其进行安全管理、安全应急基础以及服务水平等技能考核,或有意识地培养管理人员,并对其提供外出研修机会,不断加大景区管理人员的培训力度,从而提

升景区管理人员的服务水平,为景区未来发展打下坚实的基础。

四、结合草场与雪场的互补模式,弱化景区季节性文化程度

高坡乡属高寒山区,最高海拔达到1712.1米,是贵阳市海拔最高的地方,而云顶草原和滑雪场都位于高坡乡,受季节性影响较大,其中,草场所受限制要少于滑雪场。云顶草原客流量旺季主要在春、夏季,此时正是草原生长茂盛的时候,所以春、夏季的游客数量比较多,而冬季则属淡季;而云顶滑雪场游客主要集中在冬季,但由于海拔过高,受寒冷气候的影响,因此云顶滑雪场的游客冬季也相对较少。云顶草场和滑雪场距离较近,可以让两个景点进行合作,推出一票游双园的优惠套餐,扩大游客数量,拉长游客在高坡游览的时间,从而才能有效刺激游客消费。如可以规定套票在两个景区使用会有优惠,在景区内购买商品享受打折优惠,或赠送小礼品给套票购买者等;其次,两个景区可以进行资源互补,在草场旺季时,可以让游客同时去雪场进行滑草、烧烤等娱乐项目,而在滑雪场旺季时可以让游客去草场进行骑马、射箭、体验蒙古包等娱乐活动;最后,两个景点可以开设景点观光车,以便于游客折返游玩,同时也可加强景区间的交流与联系。

五、深化草场文化主题,加快二期三期建设进程

景点基础设施建设是一个景区的重要组成部分之一,景区基础设施决定了景区是否能健康发展。基础设施更体现了景区的整体素质。目前高坡乡相关景点都存在一些弊端:这三个景点中只有云顶滑雪场的设施相对完善,云顶草原的设施建设则比较落后;红岩峡谷目前还属于未开发状态,景点几乎没有相关的基础设施;各个景点的园区主题文化都不够鲜明,缺乏科学权威的发展规划做指导。

第一,景点的二期工程主要是在各个景区设置了太阳能或者风能路灯,这几个景点主要是自驾游居多,路灯更便于晚间游客自驾游玩,同时也为游客夜晚行车提供安全保障。第二,在景点各路段设置垃圾箱和垃圾收集站,为游客创造良好的旅游环境。第三,景点内设置污水处理设施,有利于保护生态和水资源的循环利用。第四,景区的进出口只有一个,且设施相对简单,应加快侧门、后门等建设;第五,美化景区,在景点内开展绿化,增加景点美感,同时有利于游客在游览景区时缓解疲劳。景区的三期工程主要是在景点设立游客服务中心,服务中心设有医疗室、休息室、娱乐室等,且景区内开设Wi-Fi和GMS电话网覆盖,为游客提供相关服务;开设小型购物中心,为游客提供购物环境;在附近开设农家乐和旅馆,为游客提供住处;开设儿童专区,提供儿童娱乐设施等;在景点设置残疾人通道,为残疾人提供相关服务。

对于高坡景区二、三期工程的建设不能展现出高坡景区的草原文化主题,草场和滑雪场景区内基础设施相对单调,缺乏景区设计创新,难以体现出园区的主题文

化,且出口设施相对单一和落后等实际情况,应结合自然和人文资源优势,凸显各个景区的主题文化。另外,景区的进出口是景点重要的形象体现,也应做好进出口的设施建设,以更利于景区形象的建立和提升游客的游览体验度。因此,在后期高坡应当加快二期、三期工程建设,并建设出突出草场文化的主题园区。

参 考 文 献

[1] 罗伯特·柏克.城市社会学[M].北京:华夏出版社,2001.
[2] 凯文·林奇.城市意象[M].北京:华夏出版社,2001.
[3] 奥斯瓦尔德·斯宾格勒.西方的没落[M].北京:商务印书馆,2001.
[4] 凯文·林奇.城市形态[M].北京:华夏出版社,2001.
[5] 刘易斯·芒福德.城市发展史[M].北京:中国建筑工业出版社,2005.
[6] 保继刚.主题公园研究[M].北京:科学出版社,2017.
[7] 陈炜,朱岚涛,文冬妮.滇黔少数民族传统体育文化资源调查与开发利用研究[M].北京:科学出版社,2017.
[8] 陈娴颖.文化产业园区治理模式研究[M].北京:社会科学文献出版社,2016.
[9] 冯根尧.中国文化创意产业园区[M].北京:经济科学出版社,2016.
[10] 华旅兴."全域旅游"热词[M].北京:人民出版社,2018.
[11] 华智海,边世平.青海民俗文化与旅游资源开发[M].北京:旅游教育出版社,2012.
[12] 李大华,周翠玲.历史文化资源与城市风格定位:以广州为实例[M].北京:人民出版社,2008.
[13] 刘斐.河南乡土文化资源产业化研究[M].郑州:河南人民出版社,2016.
[14] 林峰.全域旅游孵化器:自主旅游时代[M].北京:中国旅游出版社,2017.
[15] 李广明,章墓,汪传才.主题公园相关多元化经营管理研究[M].广州:暨南大学出版社,2015.
[16] 林焕杰.中国主题公园与区域经济[M].北京:经济科学出版社,2013.
[17] 李和平,肖竞.城市历史文化资源保护与利用[M].北京:科学出版社,2016.
[18] 刘民坤,郭南芸,周武生.全域旅游大时代:广西特色旅游名县升级发展研究[M].北京:中国旅游出版社,2017.
[19] 李沛新.民族文化资源开发利用新思维:以广西为例[M].北京:中国经济出版社,2017.
[20] 兰义彤.中国数谷:爽爽贵阳的文化名片[M].北京:光明日报出版社,2017.
[21] 兰义彤.创新型中心城市:大数据引领的贵阳探索[M].北京:人民日报出版

社,2016.

[22] 潘桂芳.贵阳花溪花苗服饰[M].北京:九州出版社,2017.

[23] 孙爱东.文化产业园区发展模式探索[M].长春:吉林人民出版社,2015.

[24] 史寿山.全域旅游:增城旅游发展的实践与思考[M].广州:暨南大学出版社,2016.

[25] 史征.文化产业园区发展研究:机理·评价·对策[M].杭州:浙江工商大学出版社,2013.

[26] 王爱华,罗中昌.红色文化资源与地方经济开发[M].成都:西南交通大学出版社,2012.

[27] 武常岐.世界经典文化产业园区[M].北京:中国建筑工业出版社,2015.

[28] 魏成元.全域旅游:实践探索与理论创新[M].北京:中国旅游出版社,2017.

[29] 王强.北京市历史文化资源若干典型案例研究[M].北京:经济科学出版社,2013.

[30] 项福库.渝东南民族地区红色文化资源的调查、开发与利用研究[M].成都:西南交通大学出版社,2015.

[31] 徐学书,喇明英.羌族特色文化资源体系及其保护与利用研究[M].北京:民族出版社,2017.

[32] 尹华光,蔡健刚.全域旅游背景下张家界旅游业可持续发展研究[M].成都:西南交通大学出版社,2017.

[33] 杨剑飞.文化产业园区生命周期研究[M].北京:社会科学文献出版社,2016.

[34] 姚伟钧.文化资源学[M].北京:清华大学出版社,2015.

[35] 于少东,李季.中国经典文化产业园区[M].北京:中国建筑工业出版社,2015.

[36] 张成源.旅游嬗变:全域旅游概念、设计、政策[M].北京:旅游教育出版社,2017.

[37] 朱海霞.曲江文化产业园区运营模式与大遗址文化产业体系建设[M].北京:科学出版社,2016.

[38] 张奇.旅游文化资源融资模式研究[M].北京:经济科学出版社,2014.

[39] 郑微波.后三峡时期的文化资源开发[M].北京:知识产权出版社,2012.

[40] 陈桂,梁正海.民族传统文化资源的整合、开发与保护:关于构建乌江傩文化村的思考[J].中南民族大学学报,2017(6):73-77.

[41] 杜森,刘岩芳,过仕明.我国文化资源整合研究现状及其展望[J].情报科学,2013(12):141-146.

[42] 冯丹娃.大学文化产业园区建设发展研究[J].中国高教研究,2013(12):94-96.

[43] 郭莉.试论福建省文化产业园区建设的推进之策[J].福建论坛,2012(11):

157-161.

[44] 郭全中.我国文化产业园区研究[J].新闻界,2013(18):62-67.

[45] 高维和,史钰琳.全球城市文化资源配置力评价指标体系研究及五大城市实证评析[J].上海经济研究,2015(5):53-61.

[46] 韩敏,段渊古.城市文化主题公园景观设计探析[J].中国农学通报,2012(16):310-316.

[47] 何柳.上海文化创意产业园发展历程及模式分析[J].中国报业,2016(24):19-20.

[48] 何柳."互联网+"背景下上海文化创意产业园重构探析:基于创新网络理论研究[J].中国报业,2016(8):60-61.

[49] 何其鑫,向国华,余雪源.红色文化资源在培育社会主义核心价值观中的应用[J].江西社会科学,2013(10):235-239.

[50] 黄松,李燕林,李如友.桂林地区地质遗迹与民族文化资源的空间关系及成因机理[J].地理学报,2015(9):1434-1448.

[51] 黄天蔚,刘容志.长江经济带文化创意产业园创新能力评价研究[J].科研管理,2016(S1):482-488.

[52] 何志宁,许汉泽.城市文化产业园的社会功能及问题反思:台中和南京的比较研究[J].东岳论丛,2012(9):15-21.

[53] 姜春燕,刘在森,孙敏.全产业链模式推动我国乡村全域旅游发展研究[J].北京:中国农业资源与区划,2017(8):193-197.

[54] 江凌,倪洪怡.上海文化产业园区管理:现状、问题与对策[J].福建论坛,2013(4):53-59.

[55] 江明生.关于构建侗族文化产业生态园的构想[J].民族论坛,2015(2):57-61.

[56] 李爱民,刘家文.新疆文化创意产业发展的挑战与出路:新疆七坊街文化创意产业集聚园区的调查与分析[J].新疆师范大学学报,2012(1):35-39.

[57] 李春.以传统科举文化为主题的文化园区设计研究:以南宁青秀山状元泉文化园区为例[J].中华文化论坛,2015(11):152-155.

[58] 刘呈艳.少数民族地区全域旅游的发展探析:以西藏拉萨市为例[J].黑龙江民族丛刊,2016(6):72-76.

[60] 刘东超.新时代文化资源的开拓和利用[J].东岳论丛,2018(1):66-68.

[59] 刘嘉欣,潘钰,王雨晴,等.上海文化创意园区旅游的可持续发展[J].特区经济,2014(1):125-127.

[61] 刘新田.西部少数民族文化资源分析与产业化开发对策研究[J].中央民族大学学报,2012(4):72-78.

[62] 刘小铁.文化产业集群生成和发展的影响因素分析:以我国八大文化产业集群为例[J].江西社会科学,2014(11):47-51.

[63] 罗晓蓉,刘艳红.环京津文化资源与文化产业融合研究[J].山西财经大学学报,2012(S1):87-88.

[64] 李杨,邵长斌.台湾文化创意园区发展及其对大陆的启示[J].山东社会科学,2014(11):124-129.

[65] 孙宝庆,孙爱东."政产学研资介"六位一体文化产业园区发展策略研究[J].税务与经济,2015(1):55-58.

[66] 盛毅,盛祖添.基于地区经济专业化视角的全域旅游解析与定位[J].区域经济评论,2017(6):120-126.

[67] 唐剑,张明善.少数民族文化资源的产权界定与保护性开发:基于巴泽尔产权经济理论视角[J].民族研究,2016(6):12-22.

[68] 唐烨.全域旅游视角下我国乡村旅游发展研究[J].中国农业资源与区划,2017(7):207-217.

[69] 王健南.工业遗产历史文化传承与城市生活的互动:兼谈南京晨光1865科技创意产业园现状及改进[J].北京规划建设,2017(6):90-93.

[70] 王杏丹,刘俊雅."全域旅游"对民族地区的文化涵化影响与涵化路径引导[J].中外文化论坛,2016(9):142-147.

[71] 王志标.传统文化资源产业化的路径分析[J].河南大学学报,2012(2):26-34.

[72] 徐海龙.文化创意产业园区的生态种群关系和管理策略[J].理论月刊,2017(5):47-51.

[73] 徐珊.注意力经济视角下江苏文化产业园集聚研究[J].传媒观察,2014(12):51-53.

[74] 谢相权,黄昕.工业遗产保护的功能定位与研究方法探索:以"汉阳造"文化创意产业园区为例[J].中外建筑,2014(8):97-98.

[75] 肖云.创意产业系统的自组织特性研究:以北京"798文化艺术创意产业园区"为例[J].经济体制改革,2014(4):191-195.

[76] 肖艳,孟剑.大数据视域下我国文化产业园区"智慧升级"研究[J].经济纵横,2017(9):112-116.

[77] 熊正贤.西部地区文化资源的分布特征、利用原则与开发秩序研究[J].西南民族大学学报,2013(7):149-153.

[78] 杨光荣.全域旅游是提升旅游城市竞争力的有效载体[J].中国党政干部论坛,2016(5):87.

[79] 杨槿,陈雯,袁丰.苏州老城区文化产业空间格局演化及其机理分析[J].地

理科学,2015(12):1551-1559.
- [80] 闫闪闪,梁留科,余汝忆,等.城市修建主题公园适宜性评价指标体系研究[J].地理科学,2013(2):213-221.
- [81] 赵东川.文化产业园区"热"的冷思:论文化价值的创造、重塑与产业发展[J].社会科学战线,2013(7):281-282.
- [82] 朱鹤,刘家明,桑子文,等.民族文化资源的类型特征及成因分析:以格萨尔(果洛)文化生态保护试验区为例[J].地理学报,2017(6):1118-1132.
- [83] 张锦.河南文化产业集聚的基本特点、实践模式与政策建议[J].河南师范大学学报,2016(1):84-87.
- [84] 张凌云.西方文化(产业园)区:理论、实践与启示[J].东岳论丛,2014(5):101-113.
- [85] 曾添.创意产业园区改造过程中的政府职能定位研究:以"武汉 824 汉阳造"改造为例[J].理论月刊,2013(6):163-166.

附　　录

一、花溪夜郎谷景区调研问卷

为了更加全面地了解花溪夜郎谷景区的旅游发展现状,对景区存在的有关问题进行改进,进一步完善夜郎谷景区的相关产品、设施及服务,为了向您提供更加舒心的游览体验,我们特意组织了此次问卷访问活动。除特别说明外均为单选题。本次访问采取无记名方式进行,您的问卷不会对外公布,不会对您的隐私造成任何影响,希望能够得到您的支持与协助。衷心感谢您的参与,祝您生活愉快!

1. 您目前的居住地为(　　)。
　　A. 贵阳市内　　　　　　B. 贵州省内
　　C. 贵州省外　　　　　　D. 其他
2. 您的性别是(　　)。
　　A. 男　　　　　　　　　B. 女
3. 您的年龄是(　　)。
　　A. 18 岁以下　　　　　 B. 18～29 岁
　　C. 30～50 岁　　　　　 D. 50 以上
4. 您的文化程度是(　　)。
　　A. 小学　　　　　　　　B. 中学(含高中及初中)
　　C. 大学　　　　　　　　D. 研究生
5. 您的职业是(　　)。
　　A. 学生(跳至第 7 题)　 B. 老师
　　C. 企事业单位人员　　　D. 其他
6. 您每月的平均收入为(　　)。
　　A. 1000 元以下　　　　 B. 1000～3000 元
　　C. 3001～5000 元　　　 D. 5000 元以上
7. 您是通过(　　)渠道了解到夜郎谷的。
　　A. 电视报纸网络等媒体　B. 旅行社
　　C. 他人介绍　　　　　　D. 其他

8. 您来夜郎谷的次数为(　　)。
   A. 1次　　　　　　　　B. 2~5次
   C. 6~10次　　　　　　D. 10次以上

9. 您觉得夜郎谷的交通条件(　　)。
   A. 非常方便　　　　　　B. 方便
   C. 一般　　　　　　　　D. 不方便
   E. 非常不方便

10. 您觉得夜郎谷的基础设施(　　)。
    A. 非常完善　　　　　　B. 完善
    C. 一般　　　　　　　　D. 不完善
    E. 非常不完善

11. 你觉得夜郎谷的景区环境卫生(　　)。
    A. 非常好　　　　　　　B. 好
    C. 一般　　　　　　　　D. 不好
    E. 非常不好

12. 您觉得夜郎谷的景区景观(　　)。
    A. 非常好　　　　　　　B. 好
    C. 一般　　　　　　　　D. 不好
    E. 非常不好

13. 你对夜郎谷景区文化的评价(　　)。
    A. 非常好　　　　　　　B. 好
    C. 一般　　　　　　　　D. 不好
    E. 非常不好

14. [多选题]您认为夜郎谷景区需要改进的地方有(　　)。
    A. 基础设施　　　　　　B. 卫生环境
    C. 景观环境　　　　　　D. 娱乐设施
    E. 景区管理　　　　　　F. 安全保障
    G. 其他

15. [多选题]您认为夜郎谷景区应该增加的旅游项目有(　　)。
    A. 住宿设施　　　　　　B. 旅游商品
    C. 娱乐项目　　　　　　D. 夜郎文化博物馆
    E. 体验项目　　　　　　F. 其他

二、极地海洋世界周一至周五节目单

时间 \ 星期	星期一	星期二	星期三	星期四	星期五
10:45 13:00 15:00	美人鱼表演和俄罗斯水下芭蕾表演（美人鱼剧场）	美人鱼表演和俄罗斯水下芭蕾表演（美人鱼剧场）	美人鱼表演和俄罗斯水下芭蕾表演（美人鱼剧场）	美人鱼表演和俄罗斯水下芭蕾表演（美人鱼剧场）	美人鱼表演和俄罗斯水下芭蕾表演（美人鱼剧场）
11:30 14:00 16:00	俄罗斯水上芭蕾表演,海狮表演和海豚表演（海豚剧场）	俄罗斯水上芭蕾表演,海狮表演和海豚表演（海豚剧场）	俄罗斯水上芭蕾表演,海狮表演和海豚表演（海豚剧场）	俄罗斯水上芭蕾表演,海狮表演和海豚表演（海豚剧场）	俄罗斯水上芭蕾表演,海狮表演和海豚表演（海豚剧场）

注：美人鱼剧场表演时长为8～10分钟,海豚剧场表演时长为30分钟,该节目单仅供参考,有时会根据游客的数量进行变更。

三、极地海洋世界周末节目单

时间 \ 星期	星期六	星期日
10:20 11:00 13:00 15:00 16:00	美人鱼表演和俄罗斯水下芭蕾表演（美人鱼剧场）	美人鱼表演和俄罗斯水下芭蕾表演（美人鱼剧场）
11:30 14:00 17:00	俄罗斯水上芭蕾表演,海狮表演和海豚表演（海豚剧场）	俄罗斯水上芭蕾表演,海狮表演和海豚表演（海豚剧场）

四、多彩贵州城极地海洋世界旅游满意度调查问卷

1～12题为单选题,13题为多选题。
1. 您的性别为（　　）。
　　A. 男　　　　　　B. 女
2. 您的当前年龄段为（　　）。
　　A. 18岁以下　　B. 18～30岁　　C. 31～50岁　　D. 50岁以上
3. 您来自（　　）。
　　A. 贵阳市　　　B. 贵州其他市区　C. 贵州邻省　　D. 其他

4. 您的职业是(　　)。

   A. 学生　　　　B. 上班族　　　C. 生意人　　　D. 其他

5. 您来极地海洋世界主要是(　　)。

   A. 观光　　　　　　　　　B. 度假

   C. 会朋友　　　　　　　　D. 参加会议

   E. 其他

6. 您是通过什么方式知道极地海洋世界这个景区的(　　)。

   A. 朋友介绍　　B. 看到广告　　C. 其他

7. 您是乘坐(　　)交通工具来到极地海洋世界。

   A. 自行车　　　B. 私家车　　　C. 公交车　　　D. 其他

8. 您在极地海洋世界消费(　　)。

   A. 500元及以下　　　　　　B. 501～1000元

   C. 1001～3000元　　　　　 D. 3000元以上

9. 您一般(　　)时候来极地海洋世界。

   A. 不限　　　　B. 周末　　　　C. 假期　　　　D. 节庆

10. 极地海洋世界给您的印象(　　)。

    A. 不满意　　　B. 还行　　　　C. 可以　　　　D. 赞

11. 您觉得您会(　　)来一次极地海洋世界。

    A. 一周　　　　　　　　　B. 一月

    C. 半年　　　　　　　　　D. 一年

    E. 其他

12. 您一般会在极地海洋世界这里的景区停留(　　)。

    A. 一天　　　　B. 两至三天　　C. 一个周　　　D. 其他时间段

13. 您认为极地海洋世界(让您不太满意)需要改进的地方是(　　)。

    A. 没有娱乐节目或不精彩

    B. 景点太少或没什么看法

    C. 清洁工作弄得不太到位

    D. 服务员服务态度不太好

    E. 其他